크리스천 지도력 시리즈 1

영적 돌파

'죄로 가득한 본성'을 이기고 영적 성숙에 이르는 길

모든 인간은 하나님의 형상을 닮은 존엄한 존재입니다. 전 세계의 모든 사람들은 인종, 민족, 피부색, 문화, 언어에 관계없이 존귀합니다. 예영커뮤니케이션은 이러한 정신에 근거해 모든 인간이 존귀한 삶을 사는 데 필요한 지식과 문화를 예수 그리스도의 사랑으로 보급함으로써 우리가 속한 사회에 기여하고자 합니다.

크리스천 지도력 시리즈 1

영적 돌파

초판 1쇄 펴낸 날 · 2010년 12월 20일 | 초판 1쇄 찍은 날 · 2010년 12월 15일

지은이 · 김창원(Paul C. Kim) | **펴낸이** · 김승태

등록번호 · 제2-1349호(1992. 3. 31.) | **펴낸 곳** · 예영커뮤니케이션
주소 · (136-825) 서울 성북구 성북1동 179-56 | **홈페이지** www.jeyoung.com
출판사업부 · T. (02)766-8931 F. (02)766-8934 e-mail: edit1@jeyoung.com
출판유통사업부 · T. (02)766-7912 F. (02)766-8934 e-mail: sales@jeyoung.com

copyright ⓒ 2010, 김창원

ISBN 978-89-8350-548-4 (04230)
　　　978-89-8350-549-1 (세트)

값 12,000원

- 잘못 만들어진 책은 교환해 드립니다.
- 본 저작물은 저작권법에 의하여 한국 내에서 보호를 받는 저작물이므로 무단 전제와 무단 복제를 금합니다.

영적 돌파

'죄로 가득한 본성'을 이기고 영적 성숙에 이르는 길

김창원(Paul C. Kim) 지음

예영커뮤니케이션

| 차례 |

추천자의 글 · 6
머리말 · 10

1. 사망에서 생명으로 · 15
   살아있는 말씀 | 원치 않는 열매

제1부 공공의 적

2. 편견 · 30
   마음을 지배하는 힘 | 죄로 가득찬 본성 | 지배적 사고 | 바울의 고백

3. 끌리게 하는 힘 · 50
   행동과 동기 | 복잡한 동기화 과정 | 혼동케 하는 동기부여

4. 영원히 비참한 수레바퀴 · 79
   사람의 일들 | 해방을 위한 노력들 | 뿌리가 되는 지배적 사고 | 실질적 존재

제2부 하나님의 충만

5. 충만의 상실과 회복 · 104
   영원한 충족 | 충만에 거하는 자의 신분 | 충만에 거하는 자의 자세

6. 끝나지 않은 과업 · 139
   두 지배적 영역 | 보조 기구들

제3부 하나님의 목소리

7. 구원에 이르는 지혜 · 160

8. 온전케 하심 · 169
   준비시키는 일 | 지배적 사고를 변화시키는 일 | 성숙의 과정

9. 선한 도구 · 211
   그날의 자랑 | 영원히 숭고한 가치

제4부 하나님 나라 일

10. 하나의 소망, 하나의 목적, 하나의 사역 · 240
    왕 노릇 | 하나의 몸, 하나의 머리 | 하나의 사역

11. 힘을 부여하는 일 · 257
    하나님 나라의 지도력 | 성경의 모형들 | 시대 상황적 사례들

제5부 끝나지 않은 투쟁

12. 편견에서 자유 · 284

13. 새 술은 새 부대에 · 294

미주 · 300

추천자의 글

"Many churches in both the East and the West have adopted a model of ministry that has inhibited the growth of the people of God. In the Bible 'ministry' is a term used for the whole people of God. All people who know Christ are considered ministers or servants. Unfortunately, we have taken the term 'minister' and applied it to only a few we call clergy. Clergy, pastor and minister have become synonymous, therefore real ministry is viewed as that which is done by professionals. This has left the laity (laos), God's special people, with secondary roles in the church. Dr. Paul Chang Kim's book appropriately entitled *Breakthrough*, provides a biblical vision for how to break out of this trap and release the whole people of God to their potential. When this happens, look out, a sleeping giant will have been awakened. Get this book and put it to use and see your ministries transformed."

Dr. Greg Ogden,

A previous Professor in Fuller Theological Seminary

Executive Pastor of Discipleship, Christ Church of Oak Brook,

Author of *Unfinished Business: Returning the Ministry to the People of God.*

동서양을 막론하고 많은 교회들은 하나님 백성들의 영적 성장을 저해하는 사역을 모델로 취하고 있다. 성경에서는 '사역(Ministry)'을 하나님 백성 전체가 감당해야 하는 것으로 묘사하고 있다. 예수 그리스도를 아는 모든 사람은 사역자, 즉 종으로 간주된다. 하지만 불행히도 우리는 사역자라는 용어를 성직자라고 불리는 소수에게만 적용시켜 왔다. 성직자, 목사 그리고 사역자를 동일시하여 참 사역은 전문가들에 의해서 이루어지는 것으로 생각해 왔다. 이러한 일반 관념이 마침내 하나님의 특별한 백성들인 '평신도(Laos)'를 교회에서 보조역할자로 전락시켰다. 하나님의 백성들의 영적 성숙에 관한 『영적 돌파』(Breakthrough)라는 폴 김 박사의 이 저서는 이와 같은 올무에서 해방되는 길과 하나님 백성들의 잠재력을 일깨우는 성경적 비전을 제시하고 있다. 이 비전이 성취될 때, 잠자고 있는 거대한 하나님의 백성들이 깨어나는 것을 발견할 수 있을 것이다. 이 책을 택하여 적용시키면 여러분의 삶과 사역이 변화되는 것을 발견하게 될 것이다.

그레그 옥덴 박사
전 풀러 신학교 교수, 옥 브룩 그리스도 교회 목사
『끝나지 않은 업무: 하나님 백성의 사역으로 돌이킴』의 저자

추천자의 글

The greatest need in Korea Christian churches today is transformation by God's Holy Spirit through its members' disciplined walk with Jesus Christ. And it is the pastor [leader] who must lead the way as they are transformed into the likeness of Jesus Christ.

Dr. Paul Chang Kim has written an excellent new book on transformational leadership in ministry. The book, entitled Breakthrough, provides in depth descriptions of programs for spiritual growth. Dr. Kim believes the most effective means of growing one's Church is through a strong emphasis on spirituality. His book is a must read for those who wish to grow deeper in Christ and see their churches transformed.

Dr. Lane Scott
Professor of Theology and Ethics
Azusa Pacific University

오늘날 한국의 교회가 가장 필요로 하는 것은 성도들이 영적 훈련을 통해 예수 그리스도와 동행하도록 성령에 의해 변화(Transformation)되는 일이다. 또한 지도자들이 예수 그리스도의 형상을 닮도록 인도해야만 하는 일이다.

폴 김 박사는 하나님 사역에서 변화의 지도력에 대한 새롭고 훌륭한 책을 이번에 출간하게 되었다. 『영적 돌파』(Breakthrough)라는 이름의 이 책은 영적 성숙에 대한 과정을 심오하게 묘사하고 있다. 김 박사는 교회가 성장하는 가장 효과적인 방법은 영적 성숙의 강조에 있다고 역설한다. 그의 책은 그리스도 안에서 영적으로 좀 더 깊이 성숙되기를 바라고 교회가 새로워지기를 원하는 자들이 꼭 읽어야 할 필독서이다.

레인 스콧 박사

Azusa Pacific University

조직신학 교수

머리말

내 일생에 잊을 수 없는 한 사건이 있었다. 초등학교 시절 동네 어귀에 조그마한 예배당이 하나 있었는데, 친구 따라 그 예배당에 가곤 했다. 그러던 어느 날 뜻하지 않게 파란 눈을 가진 선교사님을 만나게 됐다. 한 번도 대화를 나눈 적이 없었을 뿐 아니라 이름조차 모르는 분이었다. 다만 먼발치에서 그분을 보았을 뿐이다. 그래도 그 사건이 잊혀지지 않는 것은 천사와 같은 그 모습 때문이었다. 그동안 그 누구의 모습 속에서도 볼 수 없었던, 누군가를 영원히 사랑하고 한없이 용서해 줄 것 같은 온유함과 인자함은 전에는 느낄 수 없었던 신선한 충격이었다. '예수님이 바로 저분과 같지 않을까?' 하는 생각이 내 뇌리를 스쳤고, 그후 방황 속에서도 항상 그와 같은 모습의 예수님을 연상하게 되었다. 그 만남이 버팀목이 되어 마침내 신학공부까지 하게 됐다. 어쩌면 내가 유학을 결심한 것도 이 사건과 무관하지 않았을 것이다. 내 마음의 중심에 그분에 대한 동경심이 있었기 때문이라 생각된다. 마음속에 그리던 그 모습과 다른 나자신을 보면서 항상 신앙적인 허전함을 느꼈다. 진리는 동일한데 왜 우리에게는 그런 모습이 없는 것일까? 신학을 하면서도 내 마음 한구석에 있는 의구심을 떨쳐버릴 수 없었다. 내가 미처 알지 못하는 그 무엇이 있지 않을까 하는 막연한 동경심이 나로 하여금 태평양을 건너게 하지 않았나 하는 생각이 든다.

이 책을 쓰는 데 무려 10년이라는 시간을 소요했다. 사실 처음 시작은 이 책과는 무관하였다. 신학 공부를 다 마치고 '성경을 어떻게 읽어야 하나?' 라는 책을 쓰기로 결심했다. 도미 후 대학에서 지도력을, 몇 신학교에서 신학공부를 하는 동안 큰 도전이 된 내용이었기에 나만 간직할 수 없어 다른 크리스천들과 그 내용을 나누고 싶었다. 그러나 하나님께서는 내가 쓰고자 하는 의도와는 전혀 다른 방향으로 나를 인도하고 계심을 깨닫게 되었다. 그래서 쓴 것이 바로 이 책이다.

이 책을 쓸 때 많은 고통이 있었다. 무려 한 달 동안이나 애써 쓴 내용들이 쓰고자 하는 내용과 맞지 않아 모두 없애 버려야 하는 아쉬움을 너무 많이 경험했다. 앞뒤가 막히고 독 안에 든 쥐처럼 몸부림조차 칠 수 없어 책상을 두들기며 내 자신의 분노를 삭이지 못했던 부끄러움도 있었다. 하지만 바로 그 막힘 속에서 하나님은 내가 미처 알지도, 깨닫지도 못한 다른 영역의 세계로 나를 인도하여 내 스스로 넘을 수 없는 장벽을 넘게 하셨다. 그 감격과 환희 속에서 내 믿음의 부족함을 뉘우치고 하나님께 다시 한 번 감사 드리는 일을 수없이 반복하였다. 나는 이 책을 단순히 내 개인이 쓴 논문이나 어떤 신학적 논리 전개로 생각한 적이 없다. 내가 확신하는 바 이 책은 내 민족, 내 조국의 크리스천들에게 주시는 하나님의 사랑의 편지라 믿는다. 또한 나는 이를 전하는 심부름꾼이라는 것을 조금도 의심하지 않는다.

이 책을 쓰는 동안 또 다른 갈등도 있었다. 소경이 소경을 인도하는 것은 아닌가? 하는 의구심이었다. 내적 변화에 대한 글을 쓰면서 나 자신 또한 그 변화와 무관한 것을 보았기 때문이다. 나를 슬프게 하는 한

장의 사진이 있다. 어렵사리 여행을 하는 동안 내 아내가 어린 두 딸을 데리고 쓸쓸히 먼 곳을 바라보는 모습이 담긴 사진이다. 그 사진을 볼 때마다 내 마음 깊은 곳에서 흘러나오는 슬픔을 막을 수 없었다. 하지만 여전히 하나님은 영적 성숙을 향한 글로 미흡한 나를 인도하셨다. 한 달 안에 도착할 수 있는 가나안 땅을 앞에 두고 40년 동안이나 광야에서 맴돌아야 했듯이, 1년 내지 2년 안에 마무리되어야 했던 책이 10여 년이란 기나긴 세월이 요구된 것을 이제야 이해할 수 있을 것 같다.

바로 이 시점이 한국의 크리스천들에게 이 책을 주시는 하나님의 정하신 때임을 확신한다. 그러기에 오랫동안 기다리게 한 이유가 여기에 있다고 믿는다. 또 하나의 이유가 있다. 이 책의 내용이 하나님의 이야기일 뿐 아니라 바로 나 자신의 이야기가 되어야 하는데 그렇지 못했기 때문이다. 내 아내와 교우들은 항상 내가 웃을 때 가장 아름답다고 말하곤 했다. 그러나 마음대로 되지 않았다. 이제야 내 입가에 나도 모르는 작은 미소가 피어나고 있다. 세상이 아름답게 보이고, 모든 것 속에서 하나님을 보게 되었다. 운전하는 중에 다른 운전자와 마주치면 그 사람들에게 "Hi" 하며 인사하고 싶은 마음이 든다. 나를 슬프게 하였던 그 사진도 이제는 아름다운 추억의 사진으로 변했다. 우리 주 예수 그리스도로 말미암은, 그 누구도 알 수도 빼앗아 갈 수도 없는 하늘의 평화가 어떻게 하나님의 백성들에게 임하시는지 귀로만 아니라 눈으로 본 바 그 이야기를 전할 수 있게 됐다. 어려움이 닥치면 그 옛날 모습으로 돌아가는 반복 속에서도 잠시 후 하나님 나라의 풍성함이 다시 나를 다스리시는 것을 경험할 수 있게 되었다. 하나님의 풍성함에 대한 말씀을 깨닫는 데 그 많은 세월이 필요했던 것 같다.

이 책은 다시 한 번 말하거니와 내 스스로 쓴 책이라고 생각하지 않는다. 이 책은 우리를 여전히 슬프게 만들고 여전히 두려워하게 하며 그리스도를 욕되게 하는, 원치 않는 '죄와 사망의 법'에서 능히 우리를 해방되게 하시는 하나님을 만나도록 돕는 글이다. 고역이 아니라 예수 그리스도로 말미암은 이미 완성된 평강과 희락과 감사를 누리게 하는 글이다. 부끄러운 내 과거처럼 그 비참한 죄의 사슬에 매여 시간을 낭비하는 크리스천들을 위한 글이다.

나 자신이 이 책을 읽으면서도 내 힘으로는 불가능한 일이었구나 생각하지 않을 수 없다. 다만 이 거룩한 쓰임에 내 표현의 능력이 부족하여 하나님의 일에 걸림돌이 되지 않을까 고심했다. 하나님은 이를 위해 다른 은사를 지닌 크리스천들의 헌신을 예비하셨다. 조신욱(강도사), 한미리(영문학 교수), 김승현(방송작가), 유선희(편집인) 형제자매들이 바로 그분들이다. 또한 이 책을 쓰는 일에 매달리는 동안 하나님께서 나의 가정을 불기둥과 구름기둥으로 인도하시며 만나와 메추라기 같은 것으로 모든 필요들을 가득 채워 주셨다. 오랜 세월 동안 내 불평을 받아 준 내 아내, 그리고 하나님 나라를 위해 인내 속에서 영적으로 무럭무럭 자라고 있는 내 두 딸에게 감사한다. 내가 부족한 것을 알면서도 오랜 기다림으로 함께한 선한 사마리아인과 같은 무명의 하나님의 사람들에게 누구보다 감사한다. 또한 세상에서는 초라한 분이셨으나 내게는 가장 크고 든든한 동역자이셨고 이 책을 가장 바라시던, 지금은 아브라함의 품에 계신 사랑하는 어머니 신원식 권사님과 함께하지 못함을 아쉽게 생각한다. 또한 그 무엇보다도, 내가 불평하고 원망을 해도 끝없이 나를 용서하시고 사랑해 주시는 하나님께 눈물겹도록 감사하지 않을 수 없다.

2010년 2월

김창원(Paul C. Kim)

당부의 글

1. 단단한 음식을 먹을 수 있을 때 장성한 자에 이르게 된다. 영어 제목(Breakthrough)처럼 이 책은 죄로 가득한 인간 본성의 한계를 뚫고 생명으로 인도하는 내용이다. 따라서 깊은 사고가 요구된다. 또한 세상 생각으로는 힘든 일이나 영으로는 도리어 꿀과 송이꿀보다 더 달콤하여 깊이 빠져들 수 있는 내용이다. 소설을 읽는 것처럼, 서두르지 말고 기도하는 마음으로 읽어 나가면 전에 느끼지 못한 하늘의 기쁨과 평안을 느끼게 될 것이다.

2. 영적 성숙은 전에 보지도 경험하지도 못한 시온성을 향해 순례자가 조금씩 걸어가는 순례길처럼 조금씩 새로움으로 변화되는 과정(On going process)이다. 어린아이가 장성한 자로 자랄 때 건너뛰거나 취사 선택할 수 없는 것과 같이 성숙 과정에도 쉽게 뛰어넘을 수 없는 고비들이 있다. 이때 쓰러지지 않도록, 때로는 반복적으로 때로는 생활의 예를 들어 설명하였다. 첫 부분이 제일 어려운 고비가 될 수 있다. 겸허한 마음으로 차근차근 끝까지 읽어 나가면 더 큰 하나님 나라의 풍성함을 체험하게 될 것이다.

3. 가능한 한 성경공부 교재와 함께 그리고 소그룹 활동 속에서 서로 대화하며 공부에 임했으면 한다. 그리스도인들의 영적 성숙은 결코 세상 종교처럼 격리 속에서 홀로 깨닫게 되는 일이 아니다. 다른 지체가 온전해질 때 비로소 나도 온전해질 수 있다. 특히 영적 성숙은 악의 세력을 물리치고 영적으로 성숙하는 과정이다. 이를 방해하는 악의 세력을 혼자 대항하기가 힘들기에 모이기를 힘쓰고 서로서로 힘을 부여할 것을 성경은 강력히 요구한다. 특히 남이 가르쳐 주는 대로 따라 하면 처음에는 쉬울 수 있으나 그 자리에 계속 머물게 되어 결국 자라는 데 방해가 된다.

4. 이 책은 크리스천 지도력 시리즈 중의 하나다. 자칫 지도자를 교역자들이나 교회 제직으로 제한시키는 편견을 가질 수 있다. 잘못된 생각이다. 한 사람의 피교육자만 있어도 바로 당신이 지도자가 될 수 있다. 성경의 언급처럼 먼저 믿은 자(맏아들) 모두는 지도자다. 하나님 나라를 세우도록 그리스도 몸의 지체로 부름 받은 모든 자들은 다른 사람들을 도와야만 한다. 지체가 지체를 서로서로 세우는 일(Empowering God's people)이 곧 크리스천 지도력이다.

1. 사망에서 생명으로
- Breakthrough

"때가 오래 되었으므로 너희가 마땅히 선생이 되었을 터인데 너희가 다시 하나님의 말씀의 초보에 대하여 누구에게서 가르침을 받아야 할 처지이니 단단한 음식을 못 먹고 젖이나 먹어야 할 자가 되었도다. 이는 젖을 먹는 자마다 어린 아이니 의의 말씀을 경험하지 못한 자요 단단한 음식은 장성한 자의 것이니 그들은 지각을 사용함으로 연단을 받아 선악을 분별하는 자들이니라."_ 히 5:12-14

무디(D. L. Moody)는 시카고 빈민가에서 구두를 닦던 소년이었다. 예수의 수제자 베드로처럼 교육을 제대로 받아 본 경험이 없는 사람이었다. 세상의 약자였던 베드로를 통해 기독교의 기초가 세워졌던 것처럼, 무디도 자신의 신분을 초월하여 미국 역사를 새롭게 장식한 인물이 되었다. 무엇이 이들을 바꿔 놓았는가? 그것은 바로 성경말씀이었다. 1861년, 미국의 한 대통령 취임식장에서 당선자가 단상에 올라 성경을 높이 들고 "오늘 내가 대통령이 된 것은 오직 이 성경 때문입니다."라고 외쳤다. 미국 캔터키주 오막살이집에서 가난한 농부의 아들로 태어나 미국 16대 대통령이 된 아브라함 링컨(Abraham Lincoln)의 당선 소감이었다. 신앙 깊은 어머니의 영향으로 어려서부터 성경말씀을 사랑하며 가까이 했던 링컨은 일찍 어머니를 여의고 한때 슬픔과 실의 속에서 지내기도 하였다. 그러나 성경말씀을 통해 모든 만관을 극복하며 하나님의 빛된 자녀로 살아갈 수 있었다. 세상이 어두움 속으로 치닫고 있을 때마다 암흑을 뚫고 빛을 발한 인물들은, 이처럼 말씀을 사랑하며 말씀으로 변화를 받은 사람들이었다.

살아 있는 말씀 | The Living Word

성경은 종교적 관념이나 신조, 허황된 이론이나 현실성 없는 스토리를 담고 있는 종교경전이 아니다. 성경은 살아서 역사하시는 하나님의 말씀이다. 또한 동시대를 살아가는 사람들과 함께 호흡하며 그 사람들을 움직여 어둠에서 빛을, 무(無)에서 유(有)를, 죽음에서 생명을 만들어 내는 살아 있는 진리의 말씀이다. 영원히 변치 않는 존재이며, 인간 한계를 뛰어넘게 하는 유일한 능력의 통로다.

사도 바울은 빌립보 성도들(교회)에게 한 가지 비결을 배우게 되었다고 고백한다(빌 4:12). 그 비결은 세상을 초월할 수 있는 능력이었다. 비천할 때나 풍부할 때나 어떠한 상황에서든지 주어진 환경을 초월하여 항상 변함없이 마음을 지키는 능력이었다.

가난과 부유함 앞에서 마음이 흔들리지 않고 초연할 수 있는 것은 결코 쉬운 일이 아니다. 가난은 가난 그 자체로도 불편하지만 그보다 외부 시선과 평가에 대한 자기 스스로의 내적 갈등이 더 큰 마음의 동요를 불러오기도 한다. 또한 초라함에 대한 자책과 자괴심은 마음의 동요를 극복할 수 없도록 만드는 요인이 되기도 한다.

통상적으로 가난할 때는 낮아지는 태도를 갖게 되고, 부유할 때는 자신감을 드러내게 된다. 그러나 세상 지위의 높낮이와 관계없이 가난할 때나 부(富)할 때, 배고플 때나 배부를 때, 초지일관 흔들리지 않고 변치 않는 마음을 유지하는 것은 성을 점령하는 것보다 어렵다(잠

16:32). 사실 부(富) 자체는 문제의 대상이 아니다. 다만 부유함으로 인한 자신의 태도 변화가 문제가 된다. 형편이 어렵던 친구가 출세하자 갑자기 거만해지고 거들먹거리는 모습을 보면 더 이상 옛날의 그 친구가 아니라는 사실에 슬픔을 느낀다. 부유해진다는 것은 환경이 바뀌었을 뿐 자신의 본질적 변화와는 전혀 무관한 것인데, 사람들은 어리석게도 환경의 변화를 마치 자신이 다른(우월적인) 존재로 변화된 것처럼 착각한다. 그리고 자신도 모르게 어느덧 스스로가 만든 그와 같은 우상을 따라 행동하게 된다. 이는 인간이 자기 자신의 힘으로는 그 착각의 덫에서 벗어날 수 없는 존재이기 때문이다.

하지만 바울은 이 착각이라는 한계의 벽을 뛰어넘을 수 있는 능력, 즉 부요할 때도 교만하지 않고 겸손하며, 비천에 처할 때도 비굴하지 않고 당당한, 세상을 초월할 수 있는 비결을 전하고 있다. 세상을 이기신 예수 그리스도로 말미암아, 능력 주시는 자 안에서는 무엇이든 초월할 수 있다고 자신의 경험을 통하여 간증하고 있다.

성경이 사도 바울을 통해 독자에게 전달하려는 이 비결에 대한 메시지는 단순히 배고플 때와 배부를 때만으로 국한되는 내용이 아니다. 모든 상황 속에서 동일하게 적용되는 메시지이다. 즉, 인간의 능력으로 뛰어넘을 수 없는 인간의 한계를 극복하는 비결에 대한 설명이다.

우리는 존 웨슬리(John Wesley)가 회심하는 계기가 되었던 북아메리카 전도 여행을 잘 알고 있다. 항해 도중 풍랑으로 배가 침몰할 위기에 처하자, 존 웨슬리와 일행들은 두려움과 공포에 가득 차 떨고만 있었다. 하지만 그런 가운데서도 평강 가운데 하나님께 기쁨으로 감사의 찬송을 부르는 모라비안 교도 일행을 목격하게 된다. 옥스퍼드 대학의

'거룩한 동아리(Holy Club)'라는 모임에서 성경공부를 인도하던 그였기에 이 사건은 웨슬리로 하여금 오랫동안 충격에 휩싸이게 하였고 자신의 신앙을 돌아보게 하는 결정적 계기가 되었다. 그러한 경험 이후 어느 날 말씀을 보던 존 웨슬리는 로마서 서문을 접하는 순간, 거듭남에 대한 새로운 깨달음을 갖게 되었다. 그리고 훗날 기독교 역사를 새롭게 바꾸는, 하나님이 쓰시는 귀한 인물이 되었다. 죽음과 두려움의 공포를 초월할 수 있는 하나님의 말씀과 진정으로 만나게 되자 그의 운명이 완전히 새롭게 바뀐 것이다.

하나님은 알파와 오메가이시다. 처음과 끝이 동일하신 분이다. 아브라함과 함께하셨던 하나님이 이삭, 야곱과도 함께하셨다. 변하지 않는 진리, 처음과 끝이 동일하신 하나님은 오늘도 동일하게 그 말씀으로 백성들과 함께하신다. 죽음 앞에 의연했던 모라비안 교도들, 죽음 앞에서 천사의 얼굴을 했던 스데반, 풍랑에 아랑곳하지 않고 배 밑에서 주무시던 예수님의 평안함도 먼 옛날 남들의 이야기가 아니다. 말씀은 특정인의 성역이 아니다. 이스라엘 백성은 진리를 거부한 채, 자신들만이 구원을 약속받은 아브라함의 자손이라고 생각하였다가 하나님에게 버림을 받았다. 이토록 어리석은 착각과 실수는 그들만으로 족하다. 인간의 한계를 넘어 세상을 초월하는 하나님 나라의 도래는 말씀 안에 거하는 모든 자들에게 허락된 하나님 아버지의 선물이다.

원치 않는 열매 | Unwanted Fruit

인간이 무엇이든 볼 수 있고 무엇이든 들을 수 있다고 생각하는 것은 착각이다. 그렇지 않기 때문에 도구를 이용하여 인간의 한계를 보완하기도 한다. 아주 먼 곳을 볼 수 없기에 망원경을 사용하고, 아주 작은 물체를 볼 수 없기에 현미경을 사용한다. 인간이 들을 수 있는 능력 역시 그 한계를 지니고 있다(20hz-20,000hz). 한정된 소리만 들을 수 있다. 매우 높은 음(高音)뿐만 아니라 매우 낮은 음(低音) 역시 들을 수 없다. 대체적으로 남자가 여자에 비해, 어린아이가 성인에 비해, 건강하지 못한 사람이 건강한 사람에 비해 그 청력(Audible range)이 낮다고 한다.

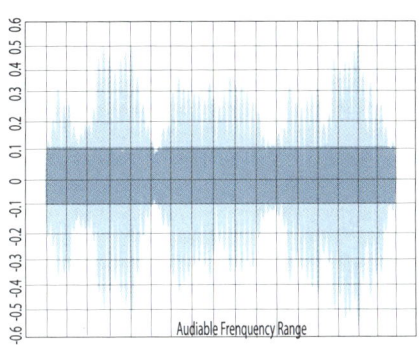

아무리 아름다운 음악이 연주된다 할지라도 낮거나 높은 음을 들을 수 있는 청력이 없다면 우리는 그 아름다운 소리를 들을 수 없다. 세미한 음성(Little voice)까지 들을 수 있는 청력이 있을 때에야 비로소 음악의 아름다운 선율을 온전히 즐길 수 있다. 들을 수 있느냐 없느냐 하는 것은 각자가 지닌 들을 수 있는 능력[청력 범

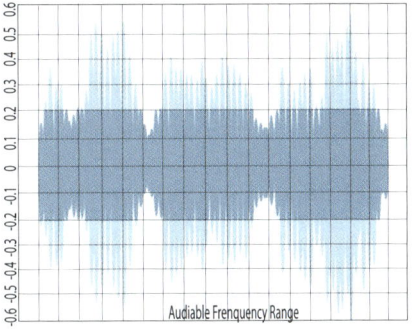

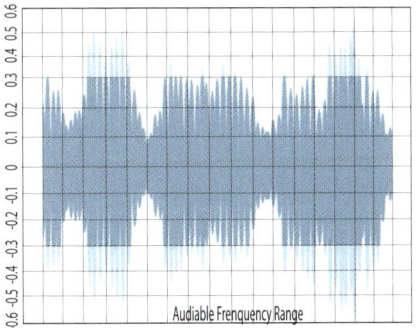

1. 사망에서 생명으로 19

위(Range)]에 따라 좌우된다.

예수님은 "듣기는 들어도 깨닫지 못할 것이요 보기는 보아도 알지 못하리라."(마 13:14)라고 말씀하셨다. 인간이 저술한 세상의 책들은 듣고자 하면 누구나 들을 수 있고, 보고자 하면 누구나 볼 수 있다. 그러나 하나님의 말씀은 다르다. 다른 영역에 속한다. 성경은 인간 스스로는 풀 수 없는 비밀, 신비, 경륜, 수수께끼 등의 은유적 표현을 사용하여 자신의 정체성을 정의하고 있다. 성경은 우리를 하나님 나라로 인도하는 비밀스러운 법이며, 인간의 한계를 초월하여 평안과 안식을 누리게 하는 생명의 법, 즉 생명의 본체에 대해 말하고 있다. 말씀은 풍랑과 두려움 속에서도, 가난할 때나 부유할 때도, 어두운 세상의 모든 것을 넉넉히 이기게 하는 힘이다. 또한 이 땅을 초월하는 하나님 나라의 거룩한 것을 우리에게 임하게 하는 무궁한 힘의 원천이다. 하지만 성경은 감히 아무나 침범할 수 없도록 잠금장치(Protection key)가 되어 있다. 따라서 누구에게나 허락된 말씀이 아니다. 오직 들을 수 있는 귀가 있어야 들을 수 있고, 볼 수 있는 눈이 있어야 볼 수 있는 말씀이다.

베드로는 인간 한계와 세상을 초월하는 하나님의 선물이 우리들에게 전달되지 못하는 원인을 크게 두 가지로 설명한다(벧후 1:3-11). 한 가지는 '소경의 상태', 나머지 하나는 눈은 떴어도 어린아이처럼 한정적인 것만 보는 '멀리 보지 못하는 근시의 상태'이다. 전자는 그분의 진리와 접촉이 불가능한 이방인들의 상태를 묘사한 것이며, 후자는 비록 그리스도를 믿어 진리 가운데 있어도 그 진리를 바로 인식하지 못하는, 초등 학문에 속한 크리스천들을 지칭한 언급이다.

어린아이는 감각(Sensory)에 따라 행동한다. 그렇기 때문에 선과 악을 직관적인 감각에 따라 판단한다. 자신에게 이로운 것은 모두가 선이며, 비록 선한 의지에 의한 행동이라 해도 눈앞에 괴로움을 주는 요소라면 그 모두를 악으로 인식한다. 보이는 대로 보고, 느끼는 대로 반응한다. 감각적이고 직관적으로 상황을 바라보기 때문이다. 결과가 좋으면 행동이 좋은 것이며 결과가 나쁘면 무조건 그 행동은 그릇된 것으로 인식한다. 그것은 여러 겹으로 포장된 실체(Reality)를 구분할 수 있는 분별력이 발달되지 않은 상태이기 때문이다. 결국 어린아이 수준의 인식으로는 겉으로 보이는 화려함(Fantasy)과 속에 있는 실체(Reality)를 동일시할 수밖에 없다.

성경은 감각적 수준으로만 이해될 수 있는 글이 아니다. 어느 부분은 추상적으로, 어느 부분은 은유적으로 표현되어 있다. 또한 인간의 이성으로는 이해하기 힘든 변증적이며 역설적인 내용도 포함되어 있다. 누구나 읽을 수 있는 감각적 수준만이 아니라 인간 이성으로 전혀 이해할 수 없는 영(Spiritual)의 영역까지 수록되어 있다. 단단한 음식은 건강하고 장성한 자들이 소화시킬 수 있는 것처럼, 일반인이 해석하기 힘든 말씀은 영적으로 성숙한 자들에게 주어지는 선물이자 몫이다.

성경 본문을 직관적으로 이해하다 보면 많은 오류를 범하게 된다. "그의 은혜의 영광을 찬송하게 하려는 것이라."(엡 1:6)에서 '찬송'이라는 은유적(Metaphor) 개념을 직관적, 문자적으로 인식하여 입으로 부르는 노래로 잘못 이해할 수 있다. 또한 '교회'의 은유적 개념을 건물로 혹은 지교회(Local churches) 조직체로 인식하거나, '예배'를 주일성수로 대치시키는 등의 오류를 낳을 수 있다. 영적인 깊이가 없다면 추상적이고 은유적인, 변증적이며 역설적인 개념으로 표현되어 있는 성경을 감각적인 수준으로 잘못 이해할 수밖에 없다. 단단한 음식을 소화시킬 수 없어 배탈이 난다. 알지 못하여 죄를 짓듯이 영적 무지가 결국 하나님 말씀을 임의로 가감(加減)하는 무서운 오류를 범하게 한다.

아무리 좋은 기기가 있다 해도 쓸 수 있는 능력이 없다면 그림의 떡과 같으며, 멋진 영상이 눈앞에 펼쳐져도 그것을 온전하게 담아 보여 줄 수 없다면, 그 기기의 가치는 수준 이하로 평가절하될 수밖에 없다. 성경 역시 독자의 영적 수준에 따라 생명력이 좌우된다.

동방의 작은 나라, 한국 교회는 세계 선교 사역에서 당당히 그 역할을 감당할 만큼 하나님의 은혜와 축복을 입었다. 그런데 모순되게도, 외적으로는 화려한 업적을 쌓았지만 내적으로는 쇠퇴기를 맞고 있다. 반드시 풀어야 할 딜레마가 아닐 수 없다. 이사야서의 '극상품 포도를 심었는데 들포도 열매가 맺혀 한탄하는 농부의 심정'이 아닐 수 없다. 씨를 뿌려 열매 맺기까지는 오랜 기간이 요구된다. 성장이 이렇게 더디 오는 것처럼 쇠퇴 역시 성장 과정만큼 오랜 기간이 소요된다는 사실을 안다면 그 원인 또한 명료하게 알아차릴 수 있을 것이다.

말씀선포가 약하거나 성경공부를 소홀히 했기 때문에 한국 교회가 영적으로 쇠퇴하게 되었다고 속단할 수는 없다. 흔들리지 않는 말씀선포는 여전히 예배의 중심에 항상 놓여 있으며, 성경공부를 위한 등불 역시 도시에서 시골까지 방방곡곡에 걸쳐 꺼질 줄 모르고 밤낮을 밝히고 있다. 또한 교회의 지도자가 되겠다고 신학교를 찾는 자들이 교회사의 전례를 찾아볼 수 없을 정도로 재수, 삼수에 이르는 우스꽝스러운 진풍경을 펼치고 있다. 뿐만 아니라 이제 말씀은 제한된 공간에 국한되지 않고 길거리나 일터, 화장실에서까지 접할 수 있도록, 최첨단 기술과 기기들이 동원되고 있다. 그러나 한국 교회를 비추던 생명의 불빛은 점점 희미해져 가고, 생명의 촛대는 다른 곳으로 옮겨지는 것처럼 보이는 것이 한국 교회의 현주소다.

히브리서 기자는 때가 이미 오래되어 마땅히 선생이 되어야 할 때(연령)가 되었음에도, 이(어른의 체구)를 지탱하기 위한 단단한 음식조차 먹지 못하는 어린아이와 같은 신앙을 지적하고 있다(히 5:12-14). 한국 교회는 그 연령이 얼마나 되었을까? 부인할 수 없는 사실은 영적 선생이 되어야 할 만큼 한국 교회의 역사가 이미 오래되었다는 사실이다.

히브리서는 예수님이 승천하신 후 30~40년(주후 70년경)이 흘러 쓰인 글이다. 초등 학문에 머무는 신앙을 지적한 히브리서 본문은 그때 그 세대를 살고 있었던 독자들에게 주신 글이다. 한국 교회 선교 역사는 이제 100주년을 훌쩍 넘겼다. 이는 히브리서의 기록 연대(AD 70)와 비교해 볼 때, 시기적으로 장성한 자가 되어 있는 상태, 즉 영적 선생이 되어야 할 때가 이미 지났다는 의미이다. 한국 교회는 많은 해외 신학자들이 교회성장의 연구모델로 삼을 만큼 오랫동안 충분한 은혜와 축복을 누려 왔다. 이제는 부드러운 음식만으로 그 거대한 몸집(한국 교회의 외형적 실체)을 유지하고 활동시키기에는 매우 벅찬 시기가 왔다. 거대한 한국 교회 역사를 지탱하기 위해선 단단한 음식이 필요하다. 만약 가정을 이루고 자녀를 양육해야 할 장성한 어른이 남이 타 주는 우유병이나 입에 물고 다닌다면 어떻게 될까? 웃음거리가 될 뿐만 아니라 먹고 또 다시 먹는다 하여도 거대해진 몸을 지탱할 수 없어 영양실조(영적고갈)에 이를 수밖에 없다. 말씀 선포가 항상 모임의 중심에 서 있고 밤낮 성경 공부를 위한 등불이 꺼지지 않는 한국 교회라고 해도,

여전히 젖이나 얻어 먹는 말씀의 초보적인 상태라면 영적 쇠퇴는 불을 보듯 자명하다. 한국 교회가 감각적이고 직관적인 어린아이의 수준에 머물고 있는 한, 생명의 촛대를 감당하기에는 역부족일 수밖에 없다. **누가 무너뜨려서 쓰러지는 것이 아니라, 지탱할 수 없어서 스스로 무너지고 만다.** 그럼에도, 한국 교회의 선교는 활성화되고 있다. 하지만 진리를 외면하면서 속으로 아브라함의 자손이라고만 생각하였던 바리새인들처럼, 지난날 누렸던 은혜에 젖어 우유병이나 물고 다니는 상태로 영적 선생의 역할을 감당하려고 한다면 선교의 문 역시 닫힐 날이 멀지 않을 것이다.

사망에서 생명으로 | Breakthrough

예수 그리스도를 영접한 우리는 더는 세상에 속한 자가 아닌 하나님 나라의 시민이 되었다. 세상을 초월할 수 있는 신령한 은혜의 상속자인 크리스천들은, 말씀을 통해 허락된 것을 볼 수 있으며 주시는 일들을 감당할 능력을 갖추어 나가게 된다. 감당할 만한 자격이 없는 미성숙한 갓난아이에게 어른이 할 일을 맡길 수는 없다. 누가 제한하는 것이 아니라 스스로 감당할 능력이 없기 때문에 제한을 받는 것이다.

성경의 역할은 무엇일까? 또한 성경을 가르치는 은사를 받은 지도자의 역할은 무엇일까? 성경은 결코 초자연적 힘을 일으키는 마법의 책이 아니다. 성경의 역할은 구원에 이르게 하며 하나님 나라의 풍성한 은혜에 동참할 수 있도록 하나님의 사람을 온전케 하는 데 있다(딤후 3:15-17). 성경을 가르치도록 지도자의 은사를 허락하신 이유도 여기에 있다(엡 4:8-13). 성경이 말하는 온전함이란 능력을 갖추는 일이다. 볼 수 있고 들을 수 있는 능력이 없다면 눈이 있어 성경을 읽거나, 귀가 있어 말씀을 듣는다고 해도 말씀으로 임하시는 하나님 나라의 신비로운 능력과는 무관할 따름이다. 예수님 말씀처럼 '돼지 앞에 던져진 진주'가 될 뿐이다.

소경된 자들의 눈을 뜨게 하고, 눈을 뜬 자들은 더 멀리 볼 수 있도록 하여 하나님 나라의 풍성함을 누리도록 하기 위해 성경은 교훈하고 가르치고 책망하고 훈련하는 역할을 한다. 단단한 음식과 같은 추상적이고, 은유적이고, 변증적이며 역설적인 요소를 소화시킬 수 있는 능력을 갖게 하여, 인간의 한계를 초월하는 측량할 수 없이 깊고, 높고, 넓은 풍성한 하나님 나라의 열매를 맺도록 하기 위해서다.

크리스천들의 성숙은 외적 변화를 의미하지 않는다. 크리스천들의 변화는 결코 세상에서 세상으로 수평 이동하는 표면적 변화가 아니다. 인간 스스로 할 수 있는 외형적, 표면적 변화(Transaction)가 아니라 세상에서 맛볼 수도, 들을 수도 없는 하나님 나라의 영역으로 인도하는 본질적이고 내면적이며 영적인 변화(Transformation)이다. 나무가 스스로 다른 나무의 열매를 맺을 수 없는 것같이 인간도 자신 스스로 그 한계의 벽을 깰 수 없다. 가난과 풍요, 기쁘거나 슬프거나, 변화무쌍한 어떠한 환경 속에서도 변치 않는 마음을 지니는 능력, 풍랑뿐만 아니라 죽음에서조차 자유할 수 있는 능력은 세상을 초월하여 존재하는 하나님 나라가 우리 마음에 도래하게 될 때 가능하게 된다.

시계의 분법은 생활화되어 있는 십분법과 같지 않다. 시각을 알리는 분법은 10이 아닌 전혀 다른 60을 기준으로 하기 때문이다. 달력 역시 10개월이 아닌 12개월을 1년으로 삼고 있다. 일반화되어 있는 우리의 법(10분법)과 그것들의 법이 다르기 때문에 그것들을 인식하기 위해서 새롭게 배우는 수고를 해야만 한다. 서로 다른 영역 간의 소통을 위해서는 자기의 것을 버리고 다른 편의 기준을 택해야만 하는 수고와 번거로움이 수반된다. 인간의 타락 후, 하나님께서는 인간과 교통할 수 없었기에 그분 자신의 것을 버리시고 피조물인 인간의 몸으로 오시는 비하(卑下)의 고통을 겪으셨다. 접촉점(Connecting point)을 위해 기꺼이 감내하신 희생이었다.

"내 나라는 이 세상에 속한 것이 아니니라."(요 18:36)라고 언급하신 예수님 말씀처럼 하나님의 나라는 세상에 속한 나라가 아니다. 세상과는 전혀 다른 영역에 속한 그분의 나라다. 목마름도, 배고픔도, 상함도, 좀도둑도 없는 나라다. 소멸되거나 변질되거나 부족함이 없는 충만한 나라이며 영원한 빛이요 생명의 나라다. 세상이 주는 상대적 안락함이 아닌 절대적 안락함만이 존재하는 나라다. 세상에서 경험할 수 없는 나라이기에 예수님은 자신의 나라에 대해 말씀하실 때 부득불 세상의 것을 예로 들어 설명하셔야 했다.

사망을 향해 치닫고 있는 인간들에게 영원무궁한 그분 나라를 주시기 위해 예수 그리스도께서 자기를 포기하고 인간의 몸으로 오셨던 것처럼, 우리도 하나님 나라의 기준으로 변화되기 위해서는 우리의 것이 제거되는 고통을 감수해야 한다. 우리 몸을 지배하던 옛 습관(세상)이 버려져야 하고, 세상을 이기기 위해 싸워야 하고, 세상에 속한 찌꺼기와 같은 불순물들이 제거되어야만 한다. 중력 상태에서 조건이 전혀 다른 무중력 상태로 진입하는 인공위성처럼, 변화과정에는 인간 한계의 벽을 깨기 위한 해산의 수고와 고통이 수반된다. 넓은 길을 버리고 좁은 길을 가는 수고와 더 큰 기쁨을 위하여 지불해야 하는 대가가 요구된다.

예수님은 '새 포도주의 비유'를 사용해 이스라엘 민족 지도자들의 지도력을 비판하셨다. 때가 이미 오래되어 새 부대로 갈아야 할 시기가 지났음에도 여전히 묵은 포도주를 마시는 즐거움에 젖어 새 술과 새 부대를 거부하는, 영적으로 타락한 그들의 모순됨을 지적하셨다(눅 5:39). 이 말씀은 그때 그들에게만 주신 말씀이 아니라 모든 시대 성경 독자에게 주시는 불변의 비밀이며 보편적 진리의 계시다. 저녁 하늘이 붉어지면 다음날은 맑아진다는 천기를 분별할 수 있듯이 이미 역사는 우리에게 무엇이 문제인지 지적해 주고 있다. 이벤트(Event) 같은 집회, 변화의 고통과 인내를 외면하고 감각을 자극하는 순간적이고 선동적인 예배의식과 말씀선포로 젖이나 사모하게 하는 사역의 방법들은 과거 어린아이 시절로 족하다. 새 포도주를 담을 수 있는 작금의 새 부대의 역할은 무엇일까? 또한 새 포도주와 같은 진리를 거부하게 하는 장애물은 무엇인가? 멸망의 가증한 것들이 거룩한 곳에 서서 하늘의 신령한 만나를 노략질하게 하는 그 정체는 무엇인가? 귀 있는 자는 들을 수 있을 것이다.

영적 성숙에 관한 히브리서의 말씀(5:12-14)은 그분의 백성을 향한 성경적 명령(Biblical mandate)이다. 동시에 우리의 현 상황에서 생명의 촛대를 되찾기 위한 치료제이자, 시대 상황적 명령(Situational Mandate)이다. 그것은 곧 말씀의 회복, 영적 생명력의 회복이다. 또한 크리스천 지도력의 회복이며, 교회의 회복, 예배의 회복이다. 영적 성숙은 단순히 사역의 일부분(Secondary)이 될 수 없다. 모든 사역의 전부(All about

Christian ministry)가 된다.

페리 요더(Perry Yoder)는 말씀의 생명력에 관하여 "인간의 노력에 의한 방법이나 성령의 인도하심 중 어느 한쪽만으로는 충분할 수 없으며 두 요소가 온전히 구비되었을 때 비로소 올바른 이해를 가져올 수 있다."라고 주장했다.[1] 성경말씀은 성령의 감동으로 쓰인 글인 동시에 인간들이 알아들을 수 있는 인간의 언어로 구성되어 있다. 따라서 위의 두 필요조건이 충족될 때 비로소 성경 말씀에 운동력이 생겨 인간을 하나님 나라에 속한 새로운 피조물로 거듭나게 하며, 인간의 운명과 삶을 변화시키는 생명체로 작용하게 된다. 만일 그렇지 않다면, 즉 마음의 변화를 받아 우리의 삶이 어두움을 이기는 그리스도의 형상으로 새롭게 바뀌지 않는다면 인간들이 해야 할 노력과 성령의 인도하심 중 어느 하나를 배제하였기 때문이라고 결론지을 수 있다. 이런 맥락에서 본서는 성령의 인도하심이 배제된 상태를 '편견'으로 지칭하고, 어린아이 수준을 넘지 못하게 하는 모든 인류의 공공의 적으로서 이 '편견'이라는 장애물의 정체를 규명하고자 한다. 더불어 오직 그리스도로 말미암아 인간 한계의 벽인 이 '편견'을 뚫고(Breakthrough) 해방에 이르게 하는, 성경이 제시하는 그 신비의 비밀(하나님의 목소리)을 밝힐 것이다. 또한 본서에 이은 다른 책을 통하여 인간의 수고가 배제된 또 다른 '편견'과 그 해방에 대해 다룰 예정이다. 전자는 성경이 무엇 [What(진리/생명/비밀)]을 말씀하고 있는지에 대해, 즉 성령의 인도하심에 대한 것을 다루고, 후자는 성경이 비밀로 담고 있는 생명체를 어떻게 [How(방법/형식/구조)] 접근하여 찾아갈 것인지, 즉 인간이 해야 할 일들에 대해 다루게 될 것이다.

_ 제1부

공공의 적
The Public Enemy

2. 편견
- Own Biases / Sinful Thoughts

성경은 그 유례를 찾아보기 힘든 베스트셀러다. 기독교인들은 물론이고 비(非)기독교인들에게도 널리 읽히고 있다. 성경이 종교적 의미에서뿐만 아니라 삶의 지혜와 교훈 그리고 마음의 수양에 이르기까지 모든 면에서 그 가치가 탁월하기 때문이다. 다양한 문체 구성(표현 방법)은 문학적 측면에서도 타의 추종을 불허할 만큼 그 가치가 으뜸이 된다. 특히 예수님의 다양한 수사학적 표현들은 그중에서도 가장 높게 평가받는 문학적 표현으로 예술적 극치를 이룬다. 성경이 문학도들은 물론 글 읽기를 즐겨하는 모든 사람들에게 필독서로 자리 잡게 된 이유도 이 때문일 것이다. 그러나 이렇게 많은 사람들이 읽고 있음에도, 성경을 접한 사람들의 심령의 변화는 생각처럼 많이 일어나지 않는다. 사람의 마음을 감동시키는 문장들과 그 안에 담긴 놀라운 지혜와 교훈에 탄복하면서도 그 말씀이 담고 있는 진리(생명), 즉 하나님의 목소리(본질적 의미/진리/생명)를 바로 인식하는 독자는 흔치 않다.

성경은 메시지를 전하는 ❶ 전달자, 즉 성경기자(Speaker/Writer)와 그 메시지를 전달받는 ❷ 수신자(Recipient), 그리고 메시지(본문)에 담겨 있는 하나님의 뜻인 ❸ 의미(Meaning)로 구성되어 있다.[2]

우선, 성경 독자가 눈으로 직접 확인하게 되는 것은 말씀의 의미가 아니라, 그 의미를 담고 있는 글자 즉, 겉으로 드러난 문장들이다. 그러나 독자가 성경을 통하여 진정으로 알고 깨달아야 하는 것은 외적으로 드러난 아름다운 문체나 문장의 화려함이 아니다. 독자가 바로 알아야 할 것은 성경기자(Agents)를 통해 기록된 메시지[문장(Passage)] 안에 숨겨져 있는 진리의 본체인 본질적 의미(말씀/진리/생명/하나님의 목소리)다. 성경 기록의 목적이 메시지 속에 숨겨져 있는 본질적 의미를 독자에게 전달하기 위해서라면, 왜 성경의 문장은 화려한 표현방법으로 가득한 것일까? 이유는 간단하다. 성경의 의미를 효과적으로 전달(Effective communi-cation)하기 위해서다.

하나님 말씀은 진리다(요 17:17). 이 진리를 담고 있는 것이 곧 성경이다. 하지만 그 진리는 세상에 속한 것이 아니다. 세상에 속하지 않은 진리를 세상의 언어와 세상의 표현법들로 사람들에게 전달해야 하기 때문에 소통의 극대화를 위해 성경은 아름다운 글과 문장들로 구성되어 있다.

성경은 독자들이 가볍게 읽고 이해할 수 있는 세상 풍조의 시, 수필, 소설 수준의 서적이 아니다. 비록 다른 종교서적과 별다를 것 없이 지혜, 교훈, 도덕, 인간관계와 자연 법칙에 이르는 평범한 내용을 수록하고 있지만 성경 속에 감춰진 비밀(진리)은 누구나 쉽게 인식할 수 있거나 쉽게 풀 수 있도록 기록되지 않았다. 성경 속에는 인간의 이성으로는 이해할 수 없는, 하나님 나라에 속한 비밀이 숨겨져 있기 때문이다. 즉 세상에서는 볼 수도, 들을 수도, 느낄 수도 없는 다른 영역(Kingdom of God)의 비밀을 담고 있다. 세상에 없는 그 비밀의 영역을 설명하기 위해 부득불 세상의 교훈, 지혜, 인간관계, 자연의 법칙 등 세상의 관점을 빌려 표현하고 있다. 하지만 하나님의 영이 거하지 않는 자들에게는 여전히 비밀로 가려져 잡힐 듯하나 잡히지 않고, 보일 듯하나 보이지 않는 존재일 뿐이다. 그리고 앞장에서 언급한 것처럼 영의 눈은 떴으나 인식 능력이 부족한 어린아이와 같은 자들에게는, 보이긴 보이되 여전히 볼수 없는 존재가 된다. 그들에게는 말씀의 비밀(진리)이 보이는 것이 아니라, 비유(막 4:12)로 설명된 지혜, 교훈 혹은 교훈이 가득한 도덕책으로 인식될 뿐이다. 예수님은 진리가 우리를 세상 굴레에서 자유케 한다 선언한다. 하지만 예수 그리스도 그리고 그로 말미암은 진리와의 만남이 없다면 그것은 자유가 아니라 또 하나의 무서운 짐이 될 따름이다. 사랑해야 할 이웃을 오히려 비판하고, 나보다 남들이 나았을 때 나도 모르는 사이에 가슴이 뛰며 미움 시기 질투가 일어나는 자신의 모습을 보며 뒤돌아서서 죄책감을 느끼며 살 때가 많다. 진리가 자유케 하는 것이 아니라 오히려 억압과 속박과 같은 짐이 된다. 세상 사람들과 다를 바 없이 그들처럼 불안해 하고 두려움 속에서 근심 걱정을 떨치지 못할 때가 많다. 잠시잠깐 세상 굴레를 초월한 것처럼 느꼈으나 다시 세상 굴레의 자리로 맴도는 이유가 무엇인가? 보아야하고 만나야 할 다시는 주리지도 목마르지도 않게 하는 말씀의 본질인 진리와의 만남이 아니라 이사야 선지자의 말처럼 다만 마당만 밟고 그 주위를 맴도는, 즉 진리와의 진정한 만남이 없기 때문이다.

따라서 성경을 대하는 태도에 대하여 클라인 윌리엄(Klein W. William)의 언급처럼 우리 자신들의 지식으로 이해할 수 있는 의미(편견의 목소리)를 확인하는 데에 만족하지 말고, "하나님의 음성(본질적 의미/비밀/진리)을 듣는 것에 초점을 두어야 한다."[3] 일반적으로 성경을 읽는 많은 사람들은 성경을 읽는 것, 그 자체에 대해 만족해하며 자기 자신에 대해 자긍심을 가질 때가 많다.[4] 그래서 윌리엄은 성경을 읽는 바른 자세에 대해 조언하기를, 성경을 읽고 묵상하고 공부하는 것 자체에 목적을 두지 말라고 한다. 오히려 하나님의 음성(목소리)을 바로 깨닫기 위해 "편견"과 싸워야 한다고 강조한다.

하나님의 바른 음성을 듣기 위해 '편견과 싸우는 것'에 대하여 이미 서두에서 언급했듯이 첫째는 죄로 인하여 타락한 인간들의 잘못되고 일그러진 편견(Own Biases)에 대한 싸움이며, 다른 하나는 세상 풍조가 만들어 낸 그 시대의 문화적 편견(Culture's Biases)에 대한 싸움이다.[5] 하지만 본서가 이 편견과 그 해방을 다루는 이유는 그 누구의 주장 때문이 아니다. 성경말씀이 이를 핵심 주제로 다루고 있기 때문이다.

마음을 지배하는 힘 | The Power that Controls Our Mind

성경에 감춰져 있는 수수께끼와 같은 비밀을 풀고, 그것으로 생명을 누리는 것은 저절로 이뤄지지 않는다. 그것은 예수님의 씨 뿌리는 비유에서 설명하고 있는 것처럼, 말씀과 소통하는 것을 방해하는 장애물이 항상 존재하기 때문이다. 결국 풍성한 생명력은 능동적 싸움을 통해서 쟁취할 수 있다. 아무리 하나님 말씀을 접한다 할지라도, 성령의 열매를 맺을 수 있도록 심령이 변화되지 않는다면, 본질(말씀/진리/생명)과 진정으로 만난 것이 아니다. 편견에 대한 영적 싸움을 배제한 채(어린아이 수준), 그저 문자(글) 자체로 이루어진 말씀만을 받아들인 것에 불과하다.

성경은 성령의 감화로 쓰인[기호화(encode)] 글이므로 말씀에 대한 바른 이해는 성령의 감동으로만 가능하다. 성령의 교통하심이 우리 안에서 온전하게 이루어질 때, 글 속에 담겨져 있는 하나님의 비밀(뜻)이 그분에 의해 드러나게 된다. 그러나 일그러진 편견과 문화적 편견은 비밀을 풀어 주는 성령의 인도하심을 차단하고 눈을 어둡게 하여 세상을 이기게 하는 비밀이 아니라 다시 세상으로 맴돌게 하는 종교적 교훈으로 전락시킨다. 곧 하나님의 뜻을 바르게 이해하는 것을 방해하는 장애물이 된다. 성경은 이 장애물을 하나님과 '원수(Enemy)' 된 관계로 정의하고 있다(롬 8:7). 또한 사망의 법이라고도 표현한다. 생명의 법이 하나님의 말씀인 반면, 편견은 사망의 법이 된다. 따라서 이러한 편견을 가지고 말씀을 읽게 되면 생명의 길이 아니라 도리어 타락과 사망의 길로 향하는 위험한 일이 발생할 수 있다. 또한 잘못된 편견을 진리로 착각하여 숭배하는 어리석음을 범하게 된다.

하지만 말씀뿐만이 아니다. 기도, 묵상, 찬양, 예배의식, 헌신 등 영적 성장을 위한 방편들 역시 동일한 결과를 가져다준다. 칼을 잘못쓰면 오히려 흉기로 변하듯 하나님을 향한 모든 일들이 도리어 진리를 왜곡시키는 무서운 세력의 무기로 변질될 수 있다. 적과 싸울 때 백전백승하기 위해서는 먼저 적을 알아야 한다. 그렇기 때문에 이러한 잘못된 편견의 정체를 제대로 파악하고 이(잘못된 편견)에 능동적으로 맞서 싸워 하나님의 뜻을 바르게 알아가는 것은 무엇보다 중요하다.

편견(Bias)이라는 단어는 헬라어로 프로소포렘프시아(prosopolempsia)라고 하는데, 성경의 여러 곳에서 사용되고 있다. 이 단어는 번역본에 따라 편애, 편견, 부분적, 편파, 불공정 등으로 그 표현을 달리하고 있다. 우리말 성경(개역한글/개정)은 대체적으로 편견이라는 표현보다는 '외모'라는 단어로 번역하고 있다. 인간의 기준과 달리 하나님께서는 결코 겉에 나타나 보이는 '외모'로 사람들을 판단하지 않으신다는 성경 구절(롬 2:11; 엡 6:9; 골 3:25; 약 2:1)이 그 표현의 대표적인 사례이다. 어원적 유래를 살펴볼 때 이 단어는 '인간의 얼굴(face)', '광대의 가면(Actor's mask)'에서 기원되었다고 한다.[7] 이러한 유래로 보건대 '판단 기준이 한쪽으로 기울어진'이라는 뜻을 지닌 '편견'이라는 단어를, 겉으로 나타나 보이는 인간들의 '외모'와 동일시하여 번역했음을 알 수 있다. 이 두 단어는 쓰임과 뜻이 서로 다른 단어로 보이지만, 그 의미를 생각해 보면 매우 밀접한 연관성을 지니고 있음을 알 수 있다. 영어 번역본 중의 하나(Good News Bible)는 이 단어에 대해 "하나님은 인간과 동일한 기준으로 사람들을 판단하지 않는다."(롬 2:11)라고 번역하고 있다. 이 말은 '인간의 판단기준이 잘못 세워져 있기 때문에, 무엇을 판단하고 결정하는 것 역시 잘못될 수밖에 없다.'고 해석할 수 있다. 즉, 전후 형성과정을 볼 때 이 문장이 함축하고 있는 것은 인간은 편견에 치우친 판단 기준을 지니고 있기 때문에 인간들 눈에 올바르게 보이는 행동도 정상적인 하나님의 기준으로 볼 때는 잘못일 수 있다는 의미이다. 겉모습(외모/겉사람)은 참모습(속사람)이라는 마음의 기준에 의해 나타난다. 인간의 타락은 참모습의 변질을 가져왔다. 모두 다 치우치게 되었다(롬 3:12). 그렇기에 변질된 참모습에 의해 나타나는 외모(겉모습) 역시 편견에 치우칠 수밖에 없다. 그러므로 사람들의 편견에 따른 판단의 결과(외모)는 하나님께서 결코 취하실 수 없는 기준이 된다.

우리는 인간의 마음을 '거울과 같은 존재'로 비유하는 타종교의 주장이나 일부 기독교인들의 주장을 듣는다. 그들은, 인간의 본질인 마음이란 마치 맑은 거울과 같고, 죄란 그 거울 위에 날아와 붙은 먼지와 같은 것으로, 그 먼지를 깨끗이 제거하면 다시 순수한 본연의 모습으로 되돌아간다고 주장한다. 따라서 선한 인간 본연의 모습으로 돌아가기 위해서는 그릇된 욕망(먼지)을 비우는 해탈 과정이 필요하다고 말한다. "마음이 가난한 자는 복이 있다."라는 예수님의 선포 역시 욕심을 비우는 해탈(무소유)과 동일한 것으로 해석하여 기독교를 타종교와 같은 종교로 주장하는 경우가 많다. 하지만 이렇게 사람들을 혼란스럽게 하는 주장들은 겉으로 드러난 것만 가지고 판단하는 인간의 편견이 만들어 낸 결과물이다.

바울은 "다 치우쳐 함께 무익하게 되고 선을 행하는 자는 없나니 하나도 없도다. 그들의 목구멍은 열린 무덤이요 그 혀로는 속임을 일삼으며 그 입술에는 독사의 독이 있고"(롬 3:12-13)라고 말하고 있다. 성경은 결코 거울에 낀 먼지를 제거하듯 인간들의 더럽혀진 겉모습만 깨끗이 하면 된다고 말하지 않는다. 거울의 본바탕이 일그러졌다면 아무리 표면을 깨끗이 닦는다 해도 일그러진 그 모습은 그대로 남아 있을 뿐이다. 누구나 할 것 없이 모든 인간이 죄 가운데 거하는 것은 바로 우리의 본모습이 일그러져 있다는 증거이다. 겉모습은 속사람의 참모습에서 나오기 때문에 표면만 깨끗이 하는 것은 무의미하다. 그래서 성경은 겉모습의 변화보다는 속사람의 변화를 강조한다.

인간의 행동이란 빙산의 일각이라고 볼 수 있다. 의식적인 행동이든, 무의식적인 행동이든 겉으로 드러나 보이는 것이 전부가 아니다. 인간의 눈으로 볼 수 없는 마음속엔 수많은 생각(동기)들이 뒤엉켜 있는데, 부정적인 것(치부)은 감추고 사람들에게 보이기 좋은 것들만 행동으로 드러낸다.

예수님은 "가시나무에서 포도를, 엉겅퀴에서 무화과를 따겠느냐?"(마 7:16)라고 말씀하셨다. 좋은 나무에서 잘못된 열매를 얻거나, 나쁜 나무에서 좋은 열매를 얻을 수 없다는 자연의 이치에 대해서 말씀하신 것인데, 이는 잘못된 출발에서 좋은 결과가 나올 수 없다는 평범한 진리를 잘 알아들을 수 있도록 표현하신 것이다.

잘못된 결과는 대부분 잘못된 출발에 기인한다. 따라서 행동의 원인(동기)은 생각하지도 않고 겉으로 드러난 잘못된 행동만 문제 삼고 고치려고 노력하는 인간적인 노력은 결국 근본적인 해결과는 거리가 멀어지게 할 뿐이다. 곧 무너져 버릴 모래성을 쌓는 것처럼 허상을 가꾸려고 애쓰는 것과 같다. 본질적으로 마음의 변화가 없는 외적인 변화는 일시적이다. 아무리 화려한 외모로 꾸민다고 할지라도 그 아름다움은 곧 사라진다. 그리고 본인의 노력이 헛되었음을 깨닫는 순간 허탈함과 상실감만 남게 될 뿐이다.

리차드 포스터(Richard Poster)는 이에 관하여 "의지가 강한 인간들의 노력에 의해 잠시 동안은 선한 모양을 보일 수 있으나, 조만간 인간의 입에서 부주의한 말들이 흘러나와 마음의 진상이 드러나게 되는 때가 온다. … 만약 우리에게 원한(미움)이 가득 차 있다면 그 원한(미움) 역시 밖으로 드러나기 마련이다."라고 서술하고 있다.[8]

인간이 편견이라는 마음의 올가미에서 해방되려면 무엇부터 시작해야 할까? 인간의 본성은 타락으로 인해 이미 일그러지고 찌그러졌다. 그렇기 때문에 하나님의 기준대로 바로 서지 못하고, 한쪽으로 기울어진 편견의 잣대로 세상을 대하게 된다. 진정, 편견이라는 마음의 올가미에서 벗어나고(Breakthrough) 싶은가? 그렇다면 거울의 먼지를 털어 내듯 표면만 깨끗하게 할 것이 아니라 겉을 좌우하는 속사람, 즉 행동을 지배하는, 타락으로 인한 잘못된 뿌리(편견의 마음)를 하나님의 기준으로 돌이키는 (Transformation) 것이 전제되어야 한다.

죄로 가득찬 본성 | The Sinful Nature

타락한 인간을 지배하는 죄의 본성을 성경은 '육신'이라고 표현한다. '육신'이라고 번역할 수 있는 헬라어인 'sarx(Flesh)'란 단어는 우리말로 옮겨지면서 다양하게 표현되고 있다. 우리말 성경(개역한글/개정)은 이 단어를 '죄의 정욕'(롬 7:5), '육신'(롬 7:18, 25; 고전 5:5), '육적 몸'(골 2:11), '정욕/육체의 정욕'(롬 13:14; 벧전 2:11), '악한 마음'(히 3:12), '행악'(시 5:5) 등으로 다양하게 번역하였다. 다른 한글 번역본들 역시 그 범주를 넘지 않고 있다. 우리말로 옮기는 과정에서 이렇다 할 적절한 단어를 찾을 수 없었기에 전후 문맥 속에서 말하고자 하는 초점에 따라 각기 다른 단어를 사용하여 그 뜻을 전하게 된 것으로 보인다. 상기할 만한 것은 영어성경(NIV) 번역본이 다양하게 표현된 이 단어를 '죄로 가득 찬 본성(Sinful/Sinful Nature)'이라는 하나의 단어로 통일하여 표현한 사실이다.

사실 우리와 전혀 다른 문화적 배경 안에서 형성된 개념을 접하게 될 때, 그 개념을 바로 이해하는 것은 결코 용이하지 않다. 수많은 세월을 영어 공부에 투자해도 여전히 소통이 어려운 이유 중의 하나는 단어에 대한 이해(개념) 차이다. 언어는 그들이 살고 있는 문화 속에서 자연적으로 생성된다. 따라서 전혀 다른 문화 속에서 생성된 단어들의 의미를 우리 문화 속에서 형성된 개념으로 이해하려면 어려움이 따른다. 작은 개념의 인식 차이가 소통을 불가능하게 만드는 것처럼, 성경에 있어서도 역시 여러 가지 개념에 대한 이해 부족으로 어려움을 경험하게 된다. 성경을 이해하는 데 생기는 가장 큰 오류는 다른 나라의 언어를 우리식 개념으로 해석하여 인식하게 될 때 발생한다. 종이 한 장 차이처럼 보일지 모르나, 해석이 조금만 달라져도 전체적인 의미가 달라질 수도 있기 때문에 매우 유의(留意)해야 한다.

기독교 문화에 오랫동안 젖어 온 서양인들에게는 쉽게 인식될 수 있는 개념들이 우리에게 전혀 다른 생소한 개념으로 다가올 때가 많다. '육신(Sinful nature)'이라는 단어 역시 서양인들과 달리 우리 개념으로는 쉽게 이해될 수 없는 단어 중의 하나다.

현대 성경 번역본(영어 성경 번역본/NIV)들은 효과적인 소통을 위해 다양한 표현들을 하나로 묶어 '죄로 가득 찬 본성(Sinful Nature)'이라고 표현하고 있다. 이 단어의 의미가 영어권의 현대인들에게 그 본질적 개념을 보다 효과적으로 이해시킬 수 있기 때문이다. 영어권 사람들은 이 단어를 마치 '사과', '선생님' 등의 단어들과 같이 쉽고 분명하게 인식하고 있다. 때로는 이 단어에 '생각(Thoughts)'이라는 단어를 덧붙여 '죄 된 생각(Sinful thoughts)'이라는 의미로 구체화하기도 한다.[9] 어떻게 표현되고 번역되었든지, 그들에게는 쉬운 이 단어가 우리 문화적 개념에서는 쉽게 이해될 수 없는 단어임이 틀림없다.

우리말 성경의 '육신(Flesh)'이라는 헬라어 단어(sarx)는 우리말 성경(개역개정)으로 옮기는 과정에서 직역되었다고 할 수 있다. 헬라 문화권에서만 소통되었던 이 단어를 우리말로 번역하는 과정에서 무엇이라 명확하게 표현할 수 없었기 때문에 직역한 것으로 보인다. 사실 이 단어는 크리스천들이 영적 성숙을 이해하게 돕고 그들을 성장케 하는 데 핵심이 되는 중요한 단어다. 이 단어에 대한 개념을 바로 깨닫지 못하는 한 영적 성숙은 기대할 수 없다. 그럼에도, 한국 교회 안에서 이 단어가 보편화되어 인식되지 못한 이유는 아직까지 크리스천들의 영적성숙이 이루어지지 않았음을 의미한다. 언어의 장벽을 뛰어넘어 이 단어의 합당한 의미를 찾는 노력이 결여되어 있었기 때문이다. 분명한 사실은 이 단어는 인간의 생물학적 육체를 의미하는 것이 아니라, 성경시대에 소통될 수 있었던 특수한 개념의 종교적 용어라는 점이다.[10] 역사적으로는 이 단어의 본질적 의미를 문자적으로 해석하여 '금욕주의'라는 결과를 낳는 오류를 범하기도 하였다.

우리말 성경에 쓰인 '육신(sarx)'이라는 단어의 전후 문맥을 살펴보자. 우리말 개념의 뉘앙스로 볼 때 단순히 인간의 육신을 의미하지 않는다는 점을 짐작할 수 있다. 죄(Sin) 자체를 의미하는 것도 아니고, 사탄의 정체로 정의하는 것도 아닌, 이 모든 것을 포함하는 포괄적인 의미를 지니고 있다. 이 단어가 가지고 있는 여러 가지 개념은 다음과 같

이 몇 가지로 구분하여 정의할 수 있다.[11]

첫째, '아담에게서 상속된 악한 인간의 본성(Being Inherited)'으로 악을 생산하는 뿌리와 같은 개념이다. 시편기자는 "내가 죄악 중에서 출생하였음이여 어머니가 죄 중에서 나를 잉태하였나이다(Sinful at birth, NIV)."(시 51:5)라고 말하며 자신의 본질적인 정체성을 고백하였다. "네가 어찌하여 나를 선하다 일컫느냐? 하나님 한 분 외에는 선한 이가 없느니라."(막 10:18)라고 예수님은 말씀하셨다. 바울 역시 "의인은 없나니 하나도 없다."라는 구약의 말씀을 인용하여 예수님과 같이 인간의 본성을 정의했다(롬 3:10). 행동을 지배하는 뿌리인 인간 본성이 '선'이 아니라 '악' 임을 묘사하고 있는 언급들이다. 인간 내면에 자리 잡고 있는 타락으로 인한 편견(삐뚤어짐) 때문에 외적인 편견은 필연적으로 드러나 보인다. 참고로, 사도 바울이 주로 사용하였던 이 육신이라는 단어는 비기독교인들에게 적용되었던 것이 아니라, 바로 믿음 안에 있는 기독교인들을 향한 것이었다. 따라서 바울이 말한 육신은 죄 자체가 아니라 타락으로 인해 모든 인류에게 유전된 악한 본성을 의미한다고 볼 수 있다.

둘째, '크리스천들 안에 실제적으로 존재(Being dwelled)'하는 정체로 정의할 수 있다. 피상적으로 존재하는 개념이 아니라, 우리의 내면 깊숙이 자리 잡고 있어 마음과 생각과 행동을 실제적으로 지배하고 영향을 끼치는 악의 뿌리로 정의한 것이다. "내 속 곧 내 육신에 선한 것이 거하지 아니하는 줄을 아노니"(롬 7:18)라는 바울의 고백에서 볼 수 있듯이 '육신(sarx)'이란 자기 정체를 철저히 숨기고 실제적인 힘을 행사하는 무서운 정체라 할 수 있다.

셋째, 사망으로 몰아넣을 만큼 막강한 힘을 갖고 모든 인간들을 통솔하며 복종하도록 '조종(Being committed)하는 존재'로 정의할 수 있다. "내가 행하는 것을 내가 알지 못하노니 곧 내가 원하는 것을 행하지 아니하고 도리어 미워하는 것을 행함이라. … 이제는 그것을 행하는 자가 내가 아니요 내 속에 거하는 죄니라 내 속 곧 내 육신(Sinful Nature)에 선한 것이 거하지 아니하는 줄을 아노니"(롬 7:15-18상)라고 바울은 고백한다. 우리는 원하지 않지만, '육신(sarx)'은 죄를 야기하는 힘을 지닌 무서운 존재로 우리 안에 공존하고 있다.

지금까지 편견을 낳게 하는 인간의 본성이자, 헬라 문화권에서 소통된 '육신'이라는 개념에 대한 풀이들을 성경을 토대로 찾아보았다. "내가 한 법을 깨달았노니"(롬 7:21)라는 바울의 이야기에서 엿볼 수 있듯이 '육신'이 의미하는 바는 바울조차 뒤늦게 인식했을 정도로 쉽게 인식할 수 있는 정체가 아니다. 이해를 돕기 위해 우리의 세계와 보다 친숙한 현대적 용어들을 통하여 그 의미를 찾아보도록 하겠다.

현대적 표현들 | Modern Terminologies

행동의 변화보다 사고[생각(Thinking/Belief)]의 변화가 앞서야 한다는 사실은 누구나 알 수 있다. 인간의 행동이란 결국 그 행동을 지배하는 보이지 않는 사고가 표출된 것이다. 무심코 조그만 개울을 넘을 때도, 우리의 사고가 '이 개울은 건너가도 안전하다.'고 판단하였기 때문에 비로소 뛰어넘는 행동으로 옮겨진다. 이처럼 인간의 모든 행동은 의식적이든 무의식적이든 뿌리 깊이 내재하는 지배적 사고에 기인한다. 현대적 용어를 빌려 설명하자면 마치 컴퓨터 프로그래밍과 같다. 인간의 본질적 정체성을 '잘못된 프로그래밍(Wrong Programing)'으로 래리 크랩(Larry Crabb)이 표현한 이유도 바로 그런 까닭이다.[12] 우리가 사용하는 컴퓨터는 이미 그 안에 형성되어 있는 프로그램에 의해 작동된다. 그래서 우리가 무엇을 입력하든지 프로그래밍에 의한 결과물만이 나오게 되어 있다. 인간 행동 역시 컴퓨터의 프로그램처럼, 우리 안에 이미 자리 잡고 있는 본질적 사고(본성)에 의해 지배된다. 무엇을 하든 본성을 거스를 수 없다. 현대 심리학에서는 이와 같은 지배적 사고를 '에고(Ego)' 혹은 '무의식(Unconscious)'이라고 표현한다. 이 단어 역시 기독교 문화가 정착된 서양인들이 보편적으로 사용하는 익숙한 개념이다. 하지만 우리는 그 개념을 쉽게 인식하지 못한다. 그 이유는 한국인들에게는 '에고', '무의식'이라는 단어가 보편화될 정도로 기독교가 정착되어 있지 않기 때문이다.

"보이는 것은 나타난 것으로 말미암아 된 것이 아니니라."(히 11:3), "나 여호와는 중심(지배적 사고)을 보느니라."(삼상 16:7), "좋은 나무(뿌리)가 나쁜 열매를 맺을 수 없고 못된 나무가 아름다운 열매를 맺을 수 없느니라."(마 7:18), "너는 먼저 안을 깨끗이 하라 그리하면 겉도 깨끗하리라."(마 23:26하), "대저 표면적 유대인이 유대인이 아니요 표면적 육신의 할례가 할례가 아니니라."(롬 2:28)라고 신구약 성경은 언급하고 있다. 겉으로 드러난 인간들의 행동은 그 행동을 지배하고 움직이는 본질적 사고로부터 출발한다는 사실을 알려 주는 내용이다. 또한 "사고의 변화가 먼저 앞서야 행동의 변화가 가능하다."라는 영원불변의 진리를 말하고 있다.

"너희는 악하니 어떻게 선한 말을 할 수 있느냐? 이는 마음에 가득한 것을 입으로 말함이라."(마 12:34)라는 말씀처럼, 죄로 가득 찬 본성이 지배하는 한, 선을 행하려 해도 악을 행하기가 더 쉽고 악에서 벗어나고자 해도 더 큰 수렁에 빠지게 된다. 또한 인간 본성의 노예로 살다가 죄를 낳고, 죄의 결과로 심판을 받고, 결국은 영원히 죽을 수밖에 없는 운명이 된다. 성경은 자아(Ego)와 무의식(잘못된 프로그램)에 의한 이 지배적 상태를 통칭하여 '육신'으로 표현하였다. 결국 아담으로부터 비롯된 이 원죄(상태)는 인간을 지배하여 그 굴레에서 한 발짝도 벗어날 수 없게 한다. 헤럴드는 "우리가 의지의 힘(Willpower)으로 자신을 구할 수 있다고 생각하는 것은 악의 세력을 보다 더 강하게 할 뿐이다."라고 말하였다.[13] 사실 수많은 사람들이 자신의 의지만으로 다람쥐 쳇바퀴 같은 '육신'의 굴레에서 해방되고자 노력한다. 하지만 그 결과는 결국 쳇바퀴를 맴도는 것이다. 그 노력은 마침내, 순간적이며 표면적인 변화를 마치 지배적 사고에서 해방된 것처럼 착각하게 하여 스스로 그것을 절대적 진리로 섬기는(자의적 숭배) 어리석고 미련한 오류를 범하게 한다(롬 1:21-25; 골 2:23).

뿌린 대로 거두게 된다. 어두움은 결코 스스로 빛이 될 수 없다. 잘못된 편견에 의한 착각은 세상과 자기를 속일 뿐이다. 그로 인해 보이는 대로 보고 판단하는 감각적인 아이들처럼, 겉으로 드러난 화려함(Fantasy)과 뿌리가 되는 실체(Reality)를 동일시하는 오류를 범하게 된다. 굴절된 거울에 낀 먼지를 닦으면 순간 깨끗하게 보이듯이, 욕심을 비우면 자기 마음이 깨끗해진 것 같은 순간적 착각에 빠져든다. 하나님 성품의 올바른 기준으로 변화되지 않는 한, 그 정체(육신)는 언젠가는 다시 외적으로 자기 정체를 드러내게 된다.

성경을 보기는 보아도 보지 못하고, 듣기는 들어도 듣지 못하는 이유는 무엇인가? 또한 성경이 생명의 비밀이 아닌 세상의 문학작품으로 인식되는 이유는 무엇인가? 그럴 수밖에 없다. 편견에 치우친 사고를 하고, 편견에 따라 행동을 하는 편견적 인간이기 때문이다. 예수님의 말씀처럼 편견에 묶인 마음으로 보는 말씀은 돼지에게 던진 진주와 같은 격이 될 따름이다. 잘못된 프로그램 속에는 어떠한 것을 입력해도 결국 잘못된 결과가 나올 수밖에 없다. 본능적 뿌리로 자리 잡고 있는, 하나님과 원수 된 '육신의 지배'에서 누군가 우리를 해방하여 주지(Breakthrough) 않는 한, 우리는 다람쥐 쳇바퀴 돌듯 영원히 편견의 목소리에 귀 기울이게 될 뿐이다.

바울의 고백 | Paul's Confession

바울에게는 남이 닦아 놓은 터 위에 복음을 전하지 않겠다는 하나의 원칙이 있었다(롬 15:20). 그러나 자기의 터가 아닌 로마에 있는 성도들에게 서신을 보냈던 예외도 있었다. 이 서신의 서두는 인간의 본성에 대해서 다루고 있다. 인간의 본성이 악하다는 사실을 인정해야 해방자이신 그리스도를 받아들일 수 있다는 내용이다. 그러나 이미 로마교인들에게는 복음이 전해진 상태였기 때문에 굳이 인간의 본성이 악하다는 사실을 새삼스럽게 강조할 이유가 없었다. 그럼에도, 바울은 왜 자신의 활동 영역이 아닌 로마교회에 이런 서신을 보냈을까? 로마서는 서신에서 밝히듯이 바울이 흉년으로 인해 어려움을 겪는 예루살렘 교회를 돕기 위해 예루살렘을 방문하기 전, 로마교회를 향해 쓴 서신이다(롬 15:25). 아마도 예루살렘에서 핍박으로 인하여 자신이 꼭 가고 싶은 로마에 영영 가지 못할 수도 있다는 것을 염두에 두고 로마에 있는 크리스천들에게 서신을 보냈을 가능성이 많다. 바울은 교회가 여러 문제들로 어려움을 겪을 때마다 그 해결을 위한 변증적 서신들을 보냈다. 그러나 다른 서신들과 달리 로마서는 특별한 문제의 변증보다 기독교 전반에 관한 보편적 내용을 담고 있다. 다음과 같은 사실들이 그 이유이다.

만세 전부터 주께서 바울에게 주신 사명은 유대인뿐 아니라 이방인에게 복음을 전하는 메신저로서 복음을 재해석하는 것이었다. 이방인에게 복음을 전하기 위해서는 율법을 통해 오랫동안 이스라엘과 함께하셨던 하나님이 왜 이방인의 하나님도 되시는지 그 이유를 명백히 밝혀야만 했다. 율법과 복음의 연관성을 말한다. 그러기에 바울은 각국에 흩어져 있는 유대인들(디아스포라)과 접촉하며 이방인들에게 '구약의 약속'을 성취하신 예수 그리스도를 효과적으로 전할 수 있는 가장 적합한 적임자였다. 바리새인 중의 바리새인이요, 율법사 중의 율법사인 바울을 이를 위해 예비하신 것은 하나님의 놀라운 섭리였다.

로마서에서 바울은 율법과 복음, 즉 구약과 신약의 관계성의 신비를 '정당성[의인화, 칭의(Justification)]', '양자의 영(Spirit of the son-ship)' 등 고유명사격인 법적 용어를 통하여 설명하였는데, 어느 누구도 흉내낼 수 없는 신비에 가까운 아름다운 표현들이었다. 율법에 능한 그였기에 율법과 복음의 관계성을 그 같은 용어를 통하여 명료하게 설명할 수 있었다. 예루살렘에서 핍박으로 인해 순교할 것을 예상했던 바울은 예루살렘을 향하기 전, 가길 원했으나 갈 수 없는 로마교회를 향하여 마지막 유언처럼 자신만이 감당할 수 있는 사명을 위해 자신의 원칙을 깨면서 로마서를 기록하였던 것으로 간주된다.

바울은 로마서에서 자신을 향해 "오호라 나는 곤고한 사람이로다." (롬 7:24)라며 매우 부정적으로 스스로를 비관하여 표현하고 있다. 왜 바울은 이처럼 자신의 곤고한 모습을 자신의 선교 영역이 아닌 곳에서 간증하게 되었을까? 여기에서 주목할 만한 사실은 바울이 로마서에서 고백하는 자신의 부끄러운 내적 상태는 그리스도를 만나기 전 어둠의 자식으로 거하던 때의 상태가 아니었다는 점이다. 그의 이러한 고백은 오히려 "내가 한 법을 깨달았노니 선을 행하기 원하는 나에게 악이 함께 있는 것이로다 내 속 사람으로는 하나님의 법을 즐거워하되 내 지체 속에서 한 다른 법이 내 마음의 법과 싸워 내 지체 속에 있는 죄의 법으로 나를 사로잡는(지배하는) 것을 보는도다."(롬 7:21-23)라는 말씀에서 알 수 있듯이, 그리스도를 만나고 뒤늦게 이 법을 깨달았으며, 비로소 자신의 정확한 정체성을 알게 되었다는 고백이다. 바울은 다른 크리스천들도 자신처럼 그들 안에 편견(Sinful nature)이라는 존재가 있다는 것을 깨닫지 못한 채, 그 지배하에 종노릇하고 있음을 깨우쳐 주기를 원했을 것이다. 그래서 부끄러운 자신의 모습을 들추어 설명했으며, 남의 터에 복음을 전하지 않겠다는 원칙까지 깨면서 로마 교회에 이 사실을 전하게 된 것으로 보인다. 사도인 자신조차 미처 깨닫지 못할 정도로 무서운 정체가 크리스천들을 감쪽같이 속이고 있기 때문에 이 무서운 정체를 밝혀야 한다고 생각했던 것으로 보인다(롬 15:15-16).

어거스틴(Augustine)은 자신의 참회록에서 "내가 어떤 놈이더이까? 내 하는 일에 죄 아닌 것이 무엇이 있겠나이까?"라고 고백하고 있다. 하지만 이 고백은 흔히 예배 의식 중에 거해지는 과거의 죄를 반성하는 수준의 고백이 아니다. 선한 일을 하였으나 그 선한 일조차도 악이었다는 고백은, 스스로는 어떻게 하든 선한 일을 할 수 없다고, 바울이 몸부림치며 참회했던 것과 같은 내용이다. 자신이 선한 일이라고 여겼던 것이 선한 일이 아니라, 오히려 원치 않는 또 다른 것(편견)에 매여 스스로를 속인, 선으로 가장한 위선에 지나지 않음을 말하는 것으로 볼 수 있다.

바울은 "오호라 나는 곤고한(비참한) 사람이로다. 이 사망의 몸에서 누가 나를 건져내랴."(롬 7:24)라고 고백하고, 스스로가 세운 원칙조차 깨고 자신의 영역이 아닌 곳에 복음을 전했다. 또한 바울은 하나님을 대적하고 인간을 파멸로 치닫게 하는 그 정체로 인해 교회(성도들)에 문제가 생길 때마다, 장성한 자의 영적 성숙의 필요성에 대해 언급하고 있다. 이것이 바울 서신들의 핵심 주제가 되고 있음을 알 수 있다. 바울은 그 정체를 '육신(Sinful nature)'이라는 은유적 표현을 통해 정의하고 있다. 그는 자기 상황에서 그 뜻을 '육신'으로 재해석한 것이다. 하지만 바울만이 그 정체에 대해 언급했던 것은 아니다. 표현을 달리할 뿐, 모든 성경이 그 본질에 대해 설명하고 있다.

어두움이 스스로 빛이 될 수 없듯이 이미 편견의 노예가 된 세상은 그 정체를 밝힐 능력이 없다. 어두움을 밝히는 것은 오직 빛이다. 그러므로 편견의 소리에서 자유롭게 해 줄 수 있는 성경만이 세상 사람들에게 숨겨진 그 비밀스런 정체를 드러나게 한다. 즉 오직 진리로, 빛으로, 생명으로 인도하는 성경만이 우리 안에 존재하는 또 다른 '나'라는 사망의 법인 육신의 정체를 드러낼 수 있다. 하지만 성경에 계시되어 있는 또 다른 '나'라는 존재는 누구나 쉽게 알아차릴 수 있는 존재가 아니다. 그것은 사도 바울조차 뒤늦게 깨달았을 정도로 감쪽같이 우리를 속이고, 우리로 하여금 스스로 속이도록 하며, 하나님조차 만홀히 여기게 하는 무서운 존재다. 인간들을 혼동케 하는 일이 그 존재가 사용하는 가장 큰 무기다. 실타래가 엉키는 것처럼 전혀 풀 수 없는 함정으로 인간을 이끈다.

'육신'은 때로는 선(Good)으로, 때로는 광명한 천사와 같은 화려함(Fantasy)으로, 또 달콤함과 부드러움으로 위장하여 결국 인간을 자신의 노예로 만든다. 그리고 마침내 인간이 스스로 파멸의 길로 향하도록 한다. 성경 읽는 것 자체에 가치를 두는 것을 떠나 성경 속에서 하나님의 음성을 듣기 위해 노력하며 영적으로 싸워야 하는 이유가 바로 여기에 있다. 육신의 정체는 감각을 사용하는 어린아이와 같은 사람들이 쉽게 알아차릴 수 있는 모습이 아니다. 육신에 속하지 않고 영으로 성숙하게 될 때 비로소 그 정체를 파악할 수 있는 분별력이 생긴다. 그렇기 때문에 교회가 문제시될 때마다 바울은 육신의 정체를 크리스천들의 성숙과 함께 연관시켜 언급하고 있다. 교회의 모든 문제가 '육신'에 의해 파생된다는 것을 알았고, '분별력'이라는 영의 눈을 가져야 '육신'의 일을 분별하여 '육신'에 매이는 노예가 되지 않음을 알았기 때문이다.

3. 끌리게 하는 힘 / 본능적 욕구
- The Attractive Power of Desire

성경은 죄와 관련하여 아담을 거론하고 있다. 성경이 제시하는 바 죄의 기원이 아담의 범죄에서 시작되었기 때문이다. 로마서는 "한 사람의 범죄로 말미암아 사망이 그 한 사람을 통하여 왕 노릇하였은즉"(롬 5:17상)이라고 서술한다. 그리고 모든 사람이 죄를 지었으므로(롬 5:12하, All sinned), 모든 사람이 죄 아래 있다(롬 3:9하, All under sin)고 선언한다.

아담이 지은 범죄의 속성은 두 가지로 구별된다. 첫째는 사탄의 꾐에서 출발된, 하나님과 같이 되고자 하는 교만(Pride)이고, 둘째는 범죄 후 발생된 두려움(Fear)이다(창 3:5, 10). 전자가 불순종한 원인(Cause)이라면, 후자는 불순종으로 인한 결과(Effect)이다. 아담의 후손인 인간들은 거짓 교만(False pride)에 매혹되어 자기 자랑(Boast), 가식(Showing off), 명성(Credit), 능력과시 등 성취를 추구(Promotion)한다. 하나님과 같이 우월하고자 하는 자기중심적(Selfishness) '에고(Ego)'가 들어왔기 때문이다. 그 결과 인간은 스스로 채울 수 없는 것을 채우려고 노력하다가 결국 온전히 충족될 수 없음을 깨닫고 두려움을 느끼게 된다.

성경은 아담의 범죄 사건을 단순히 피상적인 죄의 기원이나 유전(Trespass) 상태가 아닌, 죄와 사망의 법, 즉 육신이 '왕 노릇(Reign)' 하는 것으로 언급한다(롬 5:17, 21). 막강한 세력(Power)으로 통솔하고 지배(Controlled by the sinful nature)하는 실체로 서술하고 있다(롬 7:5). 하지만 자기중심적 '에고(자아)'는 누구나 쉽게 인식할 수 없다. 또한 이것은 자신의 정체를 숨기고 인간 사고의 뿌리가 되어 인간을 꼭두각시처럼 조종하고 지배한다. 그렇다면 이것이 어떻게 인간들을 종으로 삼아 막강한 권력으로 끌고 다니며 왕 노릇하는 것일까? 또 그 정체를 규명하고 그 속에서 해방되기 위해선 어떻게 해야 할까? '사망의 법'에만 지배받고 있는(사망이 왕 노릇), 세상에 속한 사람들에게 나타나는 현상을 살펴보자. 그 안에서 정답을 찾을 수 있을 것이다.

행동과 동기 | Behavior and Motivation

결과가 있으면 원인이 존재한다는 인과법칙은 누구나 인식하고 공감할 수 있는 불멸의 원칙(General principle)이다. 몸에 열이 발생하였다면 열을 유발하는 원인이 존재하듯, 증상이라는 결과는 그 증상을 유발하는 원인이 반드시 존재하기 마련이다. 그러므로 병을 치료하기에 앞서 원인분석이 선행돼야 한다. 증상을 유발하는 원인을 찾아야 근본적으로 치료할 수 있기 때문이다. 이처럼 인간 행동(증상) 역시 우연(Accident)이 아닌, 필연적 동기(원인)에 의해 발생된다. 무심코 하는 행동이라 할지라도 어떤 동기에 끌려 발생되는 것이다. 즉 외적 행동은 어떤 내적 작용으로 발생한다. 모든 행동은 선하든 악하든 보이지 않는 저변의 무엇에 의해 행하게 된다. 그 무엇을 우리는 '욕구'라고 한다.

먹고 싶지 않은데 먹을 수는 없다. 또한 마시고 싶지 않은데 마실 수는 없는 노릇이다. 먹고자 하는 욕망이 있기에 우리는 이 욕구를 충족하기 위해 먹으려는 행동을 하게 된다. 그처럼 행동과 욕망은 결과(Effect)와 원인(Cause)이 된다. 표면에 돌출된 행동이 결과라면 욕구는 그 원인이다. 만약에 우리에게 사랑, 봉사, 헌신, 충성, 신의, 미움, 시기, 질투, 다툼, 분쟁이라는 증상이 나타난다면 그것은 결과에 속한다. 그 행동의 원인은 마음속에 있는 보이지 않는 동기다. 그러나 사람들은 겉으로 드러난 '외모(결과)'라는 행동을 판단할 뿐, 그 참모습인 '중심(동기)'을 전혀 보지 못한다. 중심을 보지 못하는 것은 인간 능력의 한계다. 인간에게 유전된 '육신(Sinful Nature)'이라는 존재가 인간 내면에 프로그램화되어 자신을 은폐하고 있기 때문이다. 이처럼 인간 행동들을 유발하게 하는 뿌리와 같은 그 원인을 행동과학(Human Behavioral Science)에서는 '필요(Need)', '동기(Motivation)', '이끌림(Drives)'이라고 규정한다.[14]

아브라함 매슬로(A. Maslow)는 인간 행동의 동기(욕구)를 육체적 욕구, 안정성의 욕구, 소속감의 욕구, 긍지의 욕구, 자아실현의 욕구 이렇게 다섯 단계로 구분하고 있다. 이 같은 매슬로의 정의는 동기 이론 중 가장 널리 알려져 있다. 보는 각도에 따라 강조점이 다른 동기 이론들 역시, 그의 이론 범주에서 크게 벗어나지 않고 있다. 그는 다음 도표처럼 동기의 단계를 피라미드(Pyramid) 모양과 같은 위계체계로 설명하고 있다. 아래 단계의 욕구가 충족되면 그 다음 단계의 욕구로 발

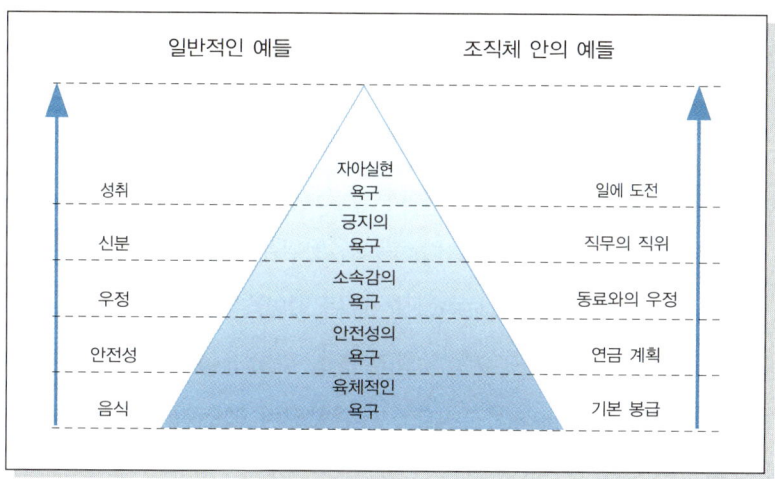

매슬로의 지배적인 욕구들

전하게 된다는 이 이론은 행동을 유발해야 하는 지도력이나, 원인을 분석하는 정신분석학, 심리학 등에서 가장 널리 인정받으며 사용되는 학설이다.

매슬로에 의하면, 인간의 본능적 욕구의 첫 단계는 육체적 욕구(Physical needs)다. 생존을 위한 최소한의 기본적이고 필수적인 욕구들이다. 의식주(food/clothing/Shelter), 공기, 온도, 섹스 등이 이에 속한다.

두 번째 단계는 안정성에 대한 욕구(Security needs)다. 생존을 위한 기본적인 욕구가 충족되면 그 다음으로 미래의 안정을 보장받고자 하는 2차적 동기가 유발된다. 재산, 연금, 보험, 직업, 학위 등을 성취하기 위한 행동들은 이 2차적 욕구 충족을 위한 방편들이다. 그와 같은 방편이 안정된 미래를 보장해 줄 수 있다고 생각한다. 우리의 사고가 그렇게 프로그램되었기 때문에 그와 같은 행동이 나타나게 된다.

세 번째 단계는 소속감(Belonging)이라는 사회적 욕구(Social needs)

다. 육체적인 욕구와 안정성에 대한 욕구가 충족되면, 욕구는 자연스럽게 정신적인 욕구로 발전하게 된다. 친구, 동료, 가족과 우호적(Affiliation)인 관계를 통하여 정신적 욕구를 충족하려고 한다. 먹고 사는 문제를 떠나 괴롭고, 슬프고, 비참했던 순간들과 기쁘고, 즐겁고, 행복했던 순간들, 즉 희로애락(喜怒哀樂)을 함께 나누고 누리고 싶은 욕구이다. 즉 먹고 사는 문제로 충족될 수 없는 또 다른 차원의 정신적 필요가 욕구로 자리 잡게 된다. 인간은 혼자 살 수 없는 사회적 동물이라는 말처럼, 다른 사람들과 정신적으로 교감하고자 하는 욕구 충족의 단계로 볼 수 있다.

네 번째 단계는 자긍심 충족(Esteem needs)을 위한 욕구 단계다. 생계를 위한 기본적 욕구가 충족되면 신세타령의 욕구 단계로 발전하고, 이어 자기를 보여 줌으로써 남들에게 인정받고 존경받고 싶은 욕구 충족의 단계로 옮겨지게 된다. 명성(Prestige)이나 권력(Power) 등을 얻고자 하는 행위들이 그 욕구를 채우고자 하는 노력들이다. 그것들을 얻으면 남들이 나를 인정하고 존경해 줄 것이라고 생각한다. 인정과 존경을 통하여 자신이 중요한 존재라는 것을 확인하고 만족하게 된다. 인간은 이러한 결과를 얻기 위해서 명성과 권력을 가지기 위한 방법들[부(富)/사회적 지위/인기 등]을 연구하고 실천하게 된다. 타인의 배려와 관심을 끌기 위한 방법들이다. 인간의 존엄성과 자신의 존재 의미를 타인의 인정과 칭찬에서 찾도록 프로그램되었기 때문에 그와 같은 행동들을 하게 된다.

최종 단계는 자아실현의 욕구(Self actualization needs)다. 이 욕구는 육신적, 사회적, 정신적 욕구 수준을 초월한 것으로, 수동적 행위가 아니라 능동적으로 무엇을 세상에서 구현하고자 하는 고차원적인 욕구다. 주어진 환경에 끌려가는 것이 아니라, 그 환경을 박차고 무엇을 이루려고 하는, 자기실현을 위한 욕구 충족의 차원이다. 마치 부모의 지배하에 있던 자녀가 성장하여 부모를 벗어나 독자적으로 꿈을 펼치고자 하는 욕구와 같다. 사회적 관습이나 연대성에서 탈피하여 나만이 이룰 수 있는 자아의 실현을 그 목적으로 삼는다. 자기 자신은 남들과 달리 독보적 존재라는 것을 과시하고픈 마음이다. 따라서 극히 소수만이 이 단계의 정점에 이를 수 있으며, 궁극적으로는 인간이 하나님과 같이 되고자 하는 욕망으로 치닫게 되는 욕구다.

욕구에 대한 매슬로의 이론을 클레이튼 알더퍼(Clayton Alderfer)는 'ERG'로 정의하여 표현하였다. 존재를 위한 욕구[Existence needs(육체적/안전)], 관계를 위한 욕구[Relatedness needs(사회/자긍)], 그리고 성장을 위한 욕구[Growth needs(자아실현)]를 의미하는 영어 표기의 두음을 사용하여 'ERG 이론'이라고 명명하였다.[15] 이는 매슬로의 주장을 간추려 요약한 것으로 그의 이론과 대동소이한 이론이라 할 수 있으며, 때로는 인간의 이 기본 욕구를 생존(Survival), 성공(Success), 중요성(Significance)으로 다르게 표현하여 설명하기도 한다.

'동등이론(Equality theory)'은 투자[노력(Input)]와 보상[대가(Reward)] 사이에서 동등(Equality)하게 균형을 이루고자 하는 욕망이 행동을 유발한다는 이론이다.[16] 인간의 본능적 행위(Input)는 그에 상응하는 만큼의 보상을 받으려는 욕구에 기인한다. 예컨대 교육을 받고 경험을 쌓는 행위는 권력이나 특권이라는 보상을 얻으려는 욕구에서 비롯된다. 육체적, 사회적, 정신적으로 타인과 동등하게 되고자 하는 욕망이 행동을 유발한다는 이 이론은 인간 욕구에 대한 본질을 색다른 각도에서 조명하였다고 할 수 있다.

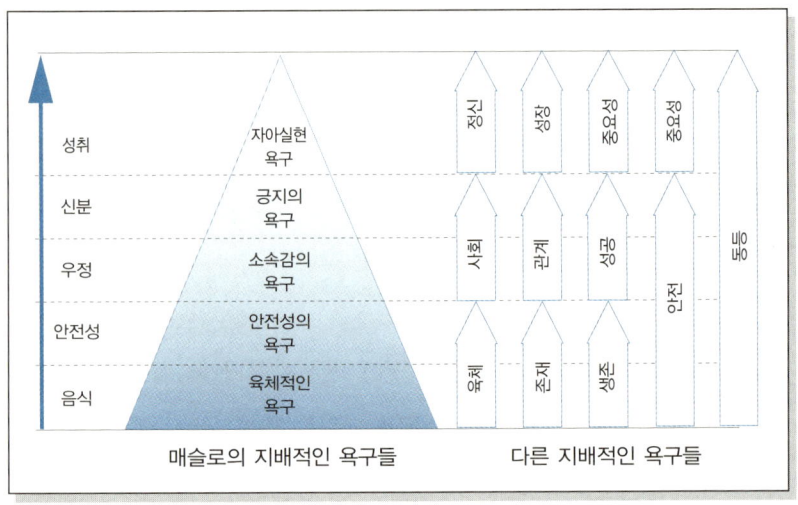

래리 크랩(Larry Crabb)은 이 욕구를 두 단어로 함축하여 정의한다. 하나는 '안전감(Security)'이고 다른 하나는 '중요성(Significance)'이다.[17] 크랩은 인간이 추구하는 중요한 가치(Personal Worth)인 이 두 요소를 새의 양 날개(Two wings)로 보았다. 인간들은 무의식적으로 두려움과 분노를 느낄 때가 있다. 그런데 그 감정들은 우연이라기보다는 무엇인가로 인해 자신들의 안전이 위협받고 있다고 느끼기 때문에 나타나는 현상들이다. 추위 속에서 일정한 체온을 유지하기 위해 몸이 본능적으로 떨리는 현상처럼, 안전이 위협받을 때도 본능적으로 자신을 보호(Protection)하기 위한 반사작용이 나타난다.

예를 들어 직장을 잃게 될 위기에 처했을 때 인간들은 그 반사작용으로 불안, 근심, 두려움, 공포 등을 느끼게 된다. 위협에서 자신들을 보호하기 위한 본능적이며 무의식적인 반사작용이다. 결국 본능적으로 인간은 필요충족에서 안전감(Security)을 얻게 되고, 결핍에서 불안감(Insecurity)을 느끼게 된다. 따라서 필요를 채워 안전감을 느끼고자 하며 그러기 위해 행동들이 동기화된다. 그럴 수밖에 없는 것은 이 또한 인간들의 본능적인 사고 구조가 그렇게 움직이도록 구조화되었기 때문이다.

크랩은 인간 존엄성에 대한 가치로서 '중요성'을 또한 들고 있다. 인간은 동물들처럼 생존(Survival)을 위한 안전만을 추구하는 것이 아니라, 2차적 욕구인 존재감을 찾고자 한다는 이론이다. 사실 세상에서 필요치 않은 존재라면 생존할 이유도 없어진다. 따라서 존재해야 할 이유를 위해(필요충족) 자신들의 정체성을 찾고, 그 정체성을 위해 인간들의 행동이 동기화된다는 의미이다.

타인이 추월할 수 없는 자신의 독보적 능력에 대한 자긍심을 지닌 자에게 그에 대응할 만한 능력을 가진 다른 경쟁자의 등장은 위협적일 수 있다. 독보적 능력에 대한 타인들의 평가가 자신을 중요한 존재로 인식하게 하였으나, 경쟁자의 출현은 자신의 인식 기준으로 볼 때, 중요성[존재감(Significance)]을 상실할 위기가 된다. 이러한 상황에서 중요성(존재감)을 보전하기 위한 행동이 파생된다. 결국 인간은 독보적인 신분(Status)을 유지하기 위해 노력하게 되고, 더 나아가 상대방에 대한 비방도 서슴지 않게 된다. 그러한 행동들이 유발되는 것은 경쟁자의 등장이, 세상에서 필요한 존재로서 자신의 존엄성을 위협하는 요소가 된다고 무의식적으로 느끼기 때문이다. 이 또한 그럴 수밖에 없는 것은, 인간 모두 자신의 신분적 위치가 타인보다 우월한 것에서 자신의 중요성을 찾도록 하는 본성의 지배를 받기 때문이다.

크랩의 안전과 중요성에 대한 이론은 인간들이 무엇에 이끌려 살아가고 있는지 인간 본연의 정체성을 이해하는 데 매우 도움이 되는 중요한 개념이다. 사실 이 이론에 사용된 용어들은 우리에게는 생소한 단어들이지만, 영문서적들에서는 흔히 나올 정도로 서양인들에게는 보편화된 개념들이다. 하지만 크리스천들인 우리에게조차 이 단어가 생소하게 느껴지는 것은 이 또한 짧은 기독교 역사 때문이라고 할 수 있다. "병든 자에게 의원이 필요하다."라고 예수님은 말씀하셨다. 이때 우선적으로 전제되어야 할 것은 병이 든 것을 깨닫는 것이다. 이처럼 인간의 바른 정체성을 알아야만, 해방(치료)의 길 또한 찾을 수 있다. 이것은 인간의 바른 정체를 알기 위해 반드시 넘어야 할 장벽이라고 볼 수 있다. 그런 점에서 매슬로의 다섯 단계를 두 단어로 간단하게 요약해서 설명한 크랩의 이론은 인간 본연의 정체성을 새롭게 조명한 것으로 평가할 수 있다.

행동을 유발하는 원인에 대한 일반적인 이론들을 지금까지 살펴보았다. 때로는 이 같은 이론 정립이 기독교 개념(말씀)을 세상 학문에 대입하여 증명하려는 것으로 여겨져 기독교의 순수성을 해칠 수 있다고 우려할 수도 있다. 그러나 이러한 이론은 세상과 마찬가지로 기독교 안에서도 중요한 자료이다. 이러한 세상적인 이론들이야말로 인간 본연의 실체를 아무런 편견적 여과 작업(Filtering) 없이 바라본 시각이기 때문이다. 사실 기독교적 관점에서 세상을 보는 시각은 객관성이 결여

될 가능성이 높다. 그러나 세상적인 이론들이야말로 외부의 압력이나 다른 의도 없이, 마치 거울에 비친 자신의 모습을 그대로 바라보듯 자신의 본질적 정체를 숨김없이 드러내 보이기 때문에 인간 본연의 본능적 모습을 바로 이해하는 데 중요한 객관적 자료가 될 수 있다. 뿐만 아니라 죄 된 인간 행동의 원인과 그 근본적 치료에 대한 대안을 찾을 수 있는 시너지[상승효과(Synergy)]를 가져오기도 한다.

인간의 행동은 본능적으로 결핍을 충족하기 위해 동기화된다. 또한 안전과 중요성이 위협받을 때는 이를 방어하기 위한 반사작용들이 나타나게 된다. 동물들이 자신의 본능에 따라 살아가듯이 인간 역시 그 본능적 궤도의 법칙(생각/믿음/신앙)을 따라 살아가게 된다. 인간은 필요가 충족되었을 때 무의식적으로 불안과 두려움에서 안전을 느끼게 되고, 남들의 칭찬을 받았을 때 비로소 자신의 존엄성을 갖게 된다. 그러나 인간 모두가 아는 바처럼 그 두 가지(안전감과 중요성)의 결핍은 두려움과 좌절, 분노와 시기, 미움을 낳는다. '생존의 안전'과 '존재의 중요성'이 위협을 받을 때는 자신을 보호하기 위해 무의식적인 반사적 행동을 하게 된다. 그러나 그렇게 생각하고(Wrong belief) 행동하는 것은, 필요 충족이 안전과 인간 존엄성의 가치를 지켜 줄 것이라고 믿도록 우리의 사고(믿음/신념)가 프로그램되었기 때문이다.

그렇다면 필요를 충족하려고 하는 인간 본연의 모습을 여과 없이 보여 주는 매슬로의 법칙을 따르는 인간의 본질적 구조는 곧 '사망에 이르게 하는 법'이라 결론지을 수 있다. '결과는 원인에 의해 나타난다.'는 불변의 법칙을 따른다면, 그와 같은 잘못된 현상의 결과는 결국 인간의 지배적 본능 구조가 근본적으로 잘못된 것임을 스스로 증명해 준다. "의인은 없나니 하나도 없다."라고 성경이 말씀하는 바와 같이, 잘못된 지배적 구조(Wrong Belief)가 곧 세상 사람들이 추구하는 죄와 사망을 낳게 하는 법이 되기 때문이다. 성경은 본질적 뿌리로 자리 잡고 있는 그 잘못된 지배적 구조(Wrong belief), 즉 사망으로 인도하는 법을 '육신(Sinful nature)'으로 정의하고 있다. 그 육신은 피상적 존재가 아니라 인간 내부에서 막강한 세력[권세(Power)]으로 작용하고 있기 때문에, 이를 표현하기 위해 성경은 한 사람으로 인하여 '사망이 왕 노릇' 하게 되었다고 표현한다(롬 5:14, 17). 현대적 용어를 빌려 '무의식' 혹은 '에고'라는 부정적인 의미로 인간의 정체성을 정의하는 것은 그 지배적 뿌리가 잘못되었다는 것을 보여 준다. 뿐만 아니라 인간들이 어쩔 수 없이 그 지배적 구조(Wrong Belief)에 따라 살 수밖에 없다는 사실을 시인하는 것이기도 하다.

사도 바울은 원하는 선은 행치 않고 도리어 자신도 모르게 원치 않는 일을 하고 있는 자신의 모습을 한탄하며 고백했다. 자신 안에 내재하는 원치 않는 '육신'이라는 본능적 프로그램에 의해 끌려가는 자신의 모습을 보았기 때문이다. 하지만 불행하게도 이방인은 물론, 크리스천들조차도 어쩔 수 없이 끌려 살게 되는 인간 본능을, 사망으로 인도하는 법으로 인식하는 자들이 흔치 않다. 그리스도로 말미암은 생명의 법을 대적하는, 세상 풍조에 속한 이 사망의 법이 오히려 크리스천 공동체 안에서 정당화되고 있으며, 또한 자랑스럽게 여겨지는 일들로 보편화되고 있다는 사실을 깨달아야 한다. 이런 이유에서 성경은 하나님과 원수 된 '육신'이라는 개념을 성경의 중심주제로 언급하고 있으며, 이 세상 풍조의 법칙에서 벗어나 변화(Transformation)되기 위해 크리스천이 싸워야 할 대상은 자신 안에 내재하는 원치 않는 육신(Sinful Nature)이라고 고발하고 있다. 인간들을 감쪽같이 속이며 지배하는 사망의 권세이기에 생명의 법과 원수 된 그 정체를 먼저 드러내기 위해서다.

복잡한 동기화 과정 | Complexity of Motivation

우리는 매슬로의 법칙을 알든 모르든 상관없이 무의식적으로 그 법칙대로 끌려가는 것을 생활 속에서 경험한다. 뿐만 아니라 인간의 본성이 그렇게 구조화되었기 때문에 무의식적 본능으로 때로는 의도적으로 이것에 이끌리게 된다.

'지도력(Leading power)'이란, 글자 그대로 피지도자들(Followers)의 행동을 이끌어 내는 힘을 의미한다. 지도력은 결국 피지도자들의 자원인 재능, 아이디어, 노동력 등을 행동으로 끌어내 공동체의 목표에 기여하도록 하는 데 그 주된 목적을 둔다. 인간 행동은 의식적이든 무의식적이든 프로그램되어 있는 욕구에 기인하기 때문에 행동을 유발하는 동기(욕구)에 대한 자극은 지도력에 있어서 중요한 무기가 아닐 수 없다.

피지도자의 임무 수행을 극대화하기 위해서는 일반적으로 몇 가지 전제조건들이 요구된다. 첫째, 일하고 싶은 욕망[동기(Motivation)]이 생성되어야 한다. 둘째, 맡겨진 일을 감당할 만한 능력(Ability)이 있어야 하며, 셋째, 일을 할 수 있는 환경(Environment)이 잘 조성되어야 한다.[18] 따라서 조직체는 보다 더 효율적인 동기부여와 능력향상과 환경조성을 통해 임무수행의 극대화(Higher performance)를 추구하게 된다. 유익한 정보제공, 능력향상 촉진을 위한 프로그램화된 훈련과 작업환경의 개선, 그리고 친목을 통한 친밀한 분위기 조성 등은 지도력의 성패를 좌우하게 된다. 그러나 지도력의 중요한 핵심은 그 무엇보다도 동기유발에 있다. 일을 열심히 하도록 사람의 마음을 움직이게 하는 동기 유발이 이루어지지 않는다면, 그 외의 다른 조건들이 아무리 완벽하게 갖춰졌을지라도 무용지물이 되고 말 것이다. 모든 작업을 공동으로 수행하고 분배하는 공산주의가 결국에는 경제적 파탄에 이를 수밖에 없었던 이유도 그 때문이다. 공동분배의 구조는 열심히 일할 의욕을 떨어뜨린다. 따라서 '열심히 일해야 한다'는 동기부여가 생기지 않는다. 열심히 일하든 하지 않든 그 대가가 동일한데 열심히 일하고자 하는 동기가 형성될 리가 없다.

인간의 행동은 본능적으로, 필요충족에 의해 유발되므로 지도력의 생명은 적절한 동기부여에 있다. 우연이든 의도적이든 성공적인 지도력의 사례 저변에는 대부분, 행동을 유발하는 강한 동기부여가 그 이유로 자리 잡고 있다. 그러나 그 동기부여 작업은 결코 쉬운 일이 아니다. "열 길 물속은 알아도 한 길 사람의 속은 모른다."라는 속담처럼 인간의 행동을 유발하는 마음의 구조는 매우 복잡하다. 그렇기 때문에 지도자가 피지도자에게 부여한 동기가 행동으로 실행되기까지는 어려운 과정을 거치게 된다.

다음 페이지의 도표(Framework)는 욕구 충족을 위한, 인간의 본능적 행동의 진행과정을 개괄적으로 설명해 주고 있다.[19] 첫 단계는 결핍된 필요(욕구)를 충족하기 위해 탐색(Search for ways)하는 과정이다. 예를 들어, 먹고자 하는 육체적 욕구를 충족하기 위해 음식이 필요하고

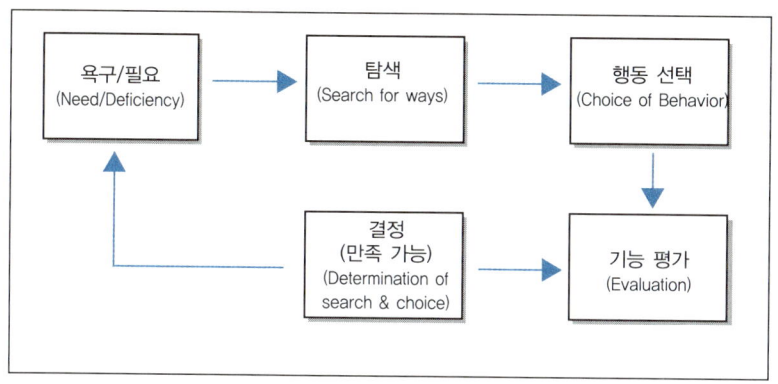

동기 구조 (The Motivation Framework)

그 음식을 얻기 위해 돈이 필요하며 그 돈을 벌기 위해 일자리를 찾는 등의 필요충족을 위한 탐색 과정이 진행된다. 둘째 단계는 행동 선택 과정이다. 주어진 환경 속에서 필요를 충족할 수 있는 최선의 길을 탐색하여 취사선택하게 된다. 최상의 행동이 선택되면, 다음 단계로 선택된 행동에 대해 평가하고, 선택된 행동이 원하는 그 목표를 이룰 수 있을지를 생각하며 그 효과나 효율성을 저울질하게 된다. 그리고 필요가 궁극적으로 충족될 수 있다고 믿게 될 때 비로소 마지막 단계인 최종결정에 이르게 된다. 즉 행동은 무의식적일지라도 매순간 이처럼 본능적 필요를 만족시키기 위한 프로그램에 이끌려 탐색되고, 선택되고, 검증되어 그 최종 행동에 이르게 된다.

다음 페이지의 도표는 인간의 행동을 동기(Motivation), 목표(Goals), 그리고 활동(Activities)으로 구분하여 행동 과정의 복잡한 관계를 설명해 주고 있다.[20]

행동과학(Social Behavioral science)에서는 인간의 행동을 목표활동

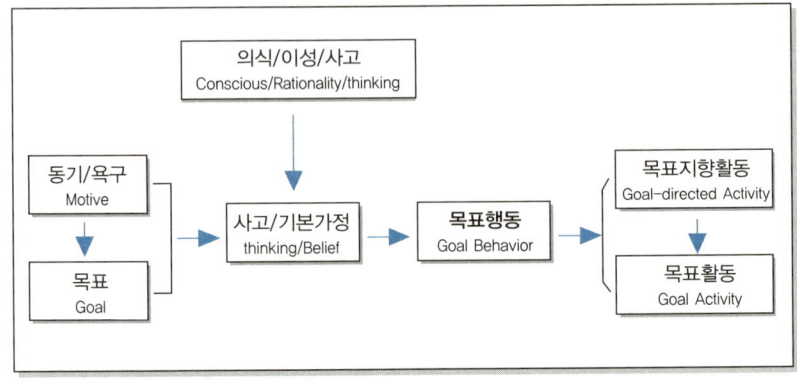

동기와 목표와 활동의 관계성
(Relationship among motives, goals and activities)

(Goal Activity)과 목표지향활동(Goal-directed activity)으로 구분한다.[21] 인간은 욕구(필요/동기)를 충족하기 위해 행동을 하지만 그 행동은 직접적인 필요 충족을 위한 행동으로 나타나는 것이 아니라 중간 단계인 목표지향활동을 통해서 나타난다. 예컨대 인간은 배고플 때, 배고픔(Hungry)이라는 육체적 욕구(Motive)를 채우기 위한 행동을 한다. 그러나 동물들처럼 바로 먹을 것을 찾아 헤매는 것이 아니라 음식을 만들기 위한 준비 작업을 먼저 한다. 그 음식을 찾는 행위를 목표활동이라고 한다면 그 음식을 만들기 위해 재료를 사는 준비 작업을 목표지향활동이라고 한다. 또 다른 예를 들어 보자. 어떤 직장을 택하여 일을 하게 된다면 그 행동은 목표지향활동이며 돈을 버는 것은 목표활동이 된다. 결국 인간의 행동은 먹이사슬처럼 여러 단계를 거쳐서 표면화되기 때문에 드러나는 행동만을 보고서는 왜 그와 같은 행동을 하는지 명확하게 알 수 없다. 동일한 행동일지라도 때로는 생계를 위한 욕구 충족이 동기일 수 있고, 부(富)를 자랑하는 자긍심 충족이 동기일 수 있

으며, 자아실현 충족이 동기일 수 있다. 학위를 얻기 위해 열심히 공부를 한다. 하지만 무엇을 위한 목표지향활동인지 다른 사람들은 잘 알 수 없다. 생계를 위한 것인지 명예를 위한 것인지 자아실현을 위한 것인지 분명치 않다. 이처럼 동일한 행동이라도 욕구 충족을 위한 동기는 다양하다.

많은 학자들은 인간의 행동이 복잡한 과정을 거쳐 표면화되는 것을 다양한 측면에서 연구해 왔다. 정신분석학자 프로이드(Freud)는 그 과정을 전적인 무의식(Unconscious), 부분적(잠재) 무의식(Subconscious), 그리고 의식(Conscious) 이 세 가지(Id, Ego, Superego)로[22] 구분하여 설명하고 있다. 이 이론은, 인간의 행동이 수면 위로 드러난 목표지향활동만 드러낼 뿐이어서 무엇을 위한 목표활동인지, 또 종국에는 무엇을 충족하기 위한 동기인지 알 수 없기 때문에 저변의 과정을 분석해야 한다는 내용이다. 프로이드의 이러한 주장은 무의식과 부분적(잠재) 무의식을 분석함으로써 행동의 본질적 실체를 찾는 데 기여하였다.

표면에 드러난 모든 정신적 감정(분노/좌절/두려움/정신질환)은 결국 필요 즉, 안전(Security)과 중요성(Significance)이 충족되지 못하고 위협받는 자신을 보호하기 위해 나오는 반사적 행동들이다. 그러나 그 행동의 겉모습만으로는 위협의 원인이 무엇인지, 보호의 대상이 무엇인지 쉽게 알 수 없다. 앞에서 언급한 것처럼 인간은 필요한 욕구를 충족하기 위해 바로 행동하는 것이 아니라, 행동 전에 미리 목표활동을 설정하고 목표지향활동을 하기 때문이다. 여기서 주목해야 할 사실은, 복잡한 과정을 통해서 표면적 행동이 유출되는 현상은 동물에게는 없는,

인간만이 가진 고유한 특성이며 그 복잡한 과정을 인식할 수 있는 능력 역시 인간에게만 주어졌다는 점이다. 지능(IQ)이 높은 사람일수록 복잡한 과정을 잘 분석할 수 있고, 감성지수(EQ)가 높은 사람일수록 더 빨리 공감할 수 있고, 창조적 능력(SQ)이 많은 사람일수록 응용을 잘할 수 있게 된다. 그러므로 겉으로 나타난 행동 속에서 근본적 의도를 찾기 위해서는 역으로 유추하여 본질적 원인(의도)을 찾고, 만약 표면에 문제가 있다면 복잡한 과정 속에 깊숙이 숨어 있는 본질적 원인을 찾아 해결책을 모색해야 한다. 프로이드의 정신분석뿐만 아니라 교육학과 상담학 등도 인간의 본능을 다루는 학문이므로 이러한 원리를 다각도로 응용해야 한다(Erikson, Piaget, Skinner, etc). 예수님께서 자신을 의원으로 비유하신 것은 의원의 역할처럼 표면적 문제(죄) 속에서 본질적 원인을 찾아 그 원인을 치료할 수 있도록 근본적 해결책을 제시하기 위해서였다.

행동은 무의식적인 것이라 할지라도 이처럼 복잡한 과정을 거쳐서 행위로 이어진다. 하지만 몇 단계를 거쳐서 인간들의 행동이 표면화되기 때문에 겉으로 드러난 결과가 무엇을 위한 행동인지 알기 위해선 여러 가지 가능성에 대해 생각해 봐야 한다. 의사소통의 단절로 인한 왜곡 역시 이 복잡성을 서로가 이해할 수 없기에 발생하는 현상들이다. 이중성(Duplicity)은 불안과 두려움을 만든다. 이 이중성 역시 복잡한 인간 구조의 틈새 속에서 나타나는 현상이다. 목표지향활동만이 표면으로 보일 뿐 그 저변에 보이지 않는 목표활동은 알 수 없기에 속임수 역시 가능하게 된다. 마음의 상처나 분노도 복잡한 동기화 과정 속에서 상대의 이중성이나 속임수가 드러날 때 발생하는 현상들이다. 원하든 원치 않든, 인간들은 이 굴레에서 벗어나지 못한 채, 속이는 자와 속지 않으려는 자들로서 순간순간 끊임없는 생사의 결투를 지속한다. 결국 자신들의 결핍을 충족하기 위해 속이기도 하고, 또 속지 않으려고 하는 싸움을 벌인다. 그럴 수밖에 없는 것은 돈, 권력, 명예, 학벌, 명성, 칭찬이 안전과 중요성을 지켜 줄 것이라는 잘못된 믿음의 뿌리가 모든 인간에게 왕 노릇하고 있기 때문이다. 첫 인간 아담은 자신이 하나님과 같이 되고자 하는 불순종의 길을 택했다. 하나님과 단절되는 길이었다. 그 결과 인간 스스로 안전과 중요성을 찾아야 하는 운명이 되었다. 선택의 여지가 없는 사람들이 추구할 수 있는 것은 무엇인가? 최상의 선택은 돈, 권력, 명예, 학벌, 명성을 의존하는 것뿐이다. 그것만이 생존과 존엄성을 충족시킬 수 있기에 그것을 추종하고 숭배하며 살아가고 있다. 잘못된 것을 알면서도 그것을 따를 수밖에 없는 비애는 인간 스스로 택한 그 함정에서 스스로 해방될 수 없기 때문이다. 원치 않는 이 존재는 피상적이며 이론적인 존재가 아니라, 사슬에 매인 종처럼, 올무에 걸려든 먹잇감처럼 꼼짝 못하고 어쩔 수 없이 종노릇할 수밖에 없도록 인간들을 막강한 힘으로 지배한다. 결국 인간들에게 상속된, 죄로 가득 찬 무의식적인(Unconscious) 본성이 전혀 다른 지배적 본성으로 새롭게 대체되기 전까지 그 악순환은 피할 수 없다.

인간의 본능적 욕구(Sinful nature)와 같은 지배적 속성의 뿌리는 하나님의 영광이 떠나 버린 에덴동산에서 사탄의 유혹으로부터 출발하였다. 만족할 수 없는 것을 만족할 수 있는 것처럼, 보암직하고 탐스럽게 하여 결국 충족에서 교만을, 결핍에서 두려움을 낳게 한 것이다. 에

덴동산에서 그랬듯이 사탄은 지금도 동일한 형태(Pattern)의 계략으로 자신의 종이 된 인간들을 배후 조종한다(창 3:1-19; 요 12:31, 14:30; 엡 4:27, 6:11; 요일 3:8).

사탄이라는 정체의 의미는 '훼방자[중상자(Slander)]' 혹은 '거짓 고발자(False accuser)'인데[23], 성경은 이것을 '공중 권세자'(엡 2:2), '사망의 세력'(히 2:14), '세상 지배자'(엡 6:12), '세상 임금'(요 12:31), '유혹자'(벧전 3:5)라는 표현으로 정의하고 있다.

이 정체는 인간 스스로 깨닫지 못하도록 표면으로는 나타나지 않는다. 에고(Ego)나 무의식으로 자신을 숨겨 실재하지 않는 존재처럼 보이지만 실제적으로는 활동하고, 거리가 먼 피상적 존재로 느끼게 하지만 직접적으로 힘을 행사하는 무서운 존재다. 사탄의 가장 큰 무기는 그물이나 실타래의 엉킴(Meshing up)처럼 혼란(Disorder), 분열(Devide), 이간(Set at Variance) 등으로 인간이 스스로 엉켜 좌초케 하는 일이다.[24] 마음의 생각이 몇 단계를 거쳐 행동에 이르는 인간의 복잡한 본질적 구조 속에서, 사탄은 그 취약점을 공략한다. 그리하여 인간으로 하여금 감쪽같이 자신뿐만 아니라 남들과 하나님까지도 속이는 행동을 하도록 한다. 이 속임수를 이용한 계략으로 인간이 자신의 권세 아래 종노릇할 수밖에 없도록 실제적으로 악한 힘을 행사한다.[25] 화려하게 보이는 허상을 실제로 착각하게 하여 인간들의 생각을 혼동케 하고, 하나님과 인간 사이를 거짓으로 훼방하며, 인간과 인간들 사이를 분열시켜 인간 스스로 파멸에 이르도록 한다. 혼동과 착각 속에서 기묘한 취약점인 틈새를 공략하여 인간 스스로 무너지게 만든다. 그러기에 성경은 마귀의 올무에 빠질 만한 취약점을 구체적으로 설명하고 있다(딤후 3:2-5). 이 무서운 정체를 대적하기 위해서는 먼저 그 세력이 어떻게 거짓을 선(善)으로 위장하여 크리스천들을 교묘히 속이고 지배하는지 명확히 밝혀야 한다.

혼동케 하는 동기부여 | The Chaos of Motivation

한국 교회의 성장에 중추적 역할을 해낸 것은 여성의 활동임을 부인할 수 없다. 그들의 열심과 충성이 오늘의 한국 교회를 낳았다 해도 과언이 아닐 것이다. 교회 성장 학자 피터 와그너(Peter Wagner)는 목회 사역의 80%가 여성에 의해 성취되었다고 한국 교회 사례를 소개한 바 있다.[26] 실제로 자타가 공인하는 명백한 사실이다.

기독교가 들어올 무렵, 한국 문화를 지배했던 남존여비(男尊女卑) 사상은 현대 시각으로 볼 때 인간으로서 여성의 존엄성을 무참히 짓밟는 것이었다. 칠거지악(七去之惡)이라는 악습에서도 알 수 있듯이 당시의 여성들은 인간의 기본적 권리인 사회적, 정신적 활동을 억압받았다. 유린된 인권에 대해 맺힌 한을 오직 빨래터에서만 풀 정도였다. 하지만 이처럼 여성의 사회 참여가 불모에 가까웠던 그 시대에 교회는 여성들이 존엄성을 회복할 수 있는 최상의 장소(Stage)였다. 교회 구성원이 대부분 여성인 이유도, 교회가 여성들에 의해 성장하게 된 이유도 이와 무관하지 않을 것이다. 어쩌면 한국 교회의 성장은 훌륭한 지도력에 의한 것이라기보다는 오히려 여성들이 참여할 수 있는 자연적 조건에 의한 성장이라고 보는 것이 보다 정확할 것이다. 그럼에도, 교회 성장의 원인을 자연적 현상에서만 찾을 수 없는 이유는, 그때 갈급한 마음을 갖도록 그 장(場)을 허락하시기 위해 계획하시고 섭리하신 분이 곧 하나님이시기 때문이다. 뿐만 아니라 교회 지도자들 역시 어떤 동기에서든지 자연적 조건을 교회의 양적 성장을 위한 전략으로 활용하였기 때문이다. 인간의 인위적 노력 역시 교회성장의 결과를 가져 왔다. 그중 구역장 제도는 그 자연적 조건을 가장 잘 활용한 대표적인 사례이다.

대부분의 한국 교회들은 중간지도자들(구역장/순장/목장/목자/소그룹리더/셀리더)을 세웠는데 그들은 대부분 여성들이었다. 중간 지도자를 세운 동기는 다양하겠지만, 다수의 교회들이 목표를 양적인 성장에 두고 이를 위해 그들을 세운 것으로 이해할 수 있다. 한 교회 지도자는 해외여행 중에 상당한 전화요금을 지불하며 중간 지도자들에게만 안부를 물었다고 한다. 이처럼 그들에 대한 관심과 대우는 특별하였다. 지금도 많은 교회들이 이 전략을 지도력에 활용하고 있다. 이러한 전략이 궁극적으로 그들에게서 '열심'이라는 행동을 끌어낼 수 있는 충분한 동기부여가 될 수 있었기에, 각 교회 조직체들이 이를 지도력에 활용하였고 그 결과 양적 성장을 낳게 되었다.

당시 한국의 상황에서, 여성들에게 중요한 존재라는 자긍심을 충족시킬 수 있는 직분이나 직위 부여는 교회 밖의 세상에서는 거의 불가능한 일이었다. 각 교회들 역시 한정된 자리(Position)로 말미암아 모든 여성들에게 자긍심을 부여하는 장을 제공할 수는 없었다. 그러나 비교적 다수(1/10)를 충족시킬 수 있는 구역장 제도는 여성들의 욕구 충족을 극대화하는 최상의 선택이었다. 이 제도는 다수의 열심을 가장 잘 이끌어 낼 수 있는 제도였기 때문에 양적 성장이라는 결과를 이끌어 낼 수 있었다. 많은 교회가 이 제도를 교회 성장에 활용하였다.

여러 논문들이나 저서들이 목회 성공 사례를 들어 이 사실을 밝히고 있다.

의식적이든 무의식적이든 억압된 여성들의 욕구, 즉 인정받고 칭찬받고, 사랑받고, 동등한 대우를 받고 싶은 욕구를 충족시켜 주는 중간 지도자의 자리는 그들의 갈급한 필요를 채울 수 있는 최선의 역할이었다. 그 결과 구역장 제도는 그들에게 열심이라는 행동을 동기화시킬 수 있는 충분한 조건이 되었고, 각 교회들 역시 이 같은 인간 심리를 양적 성장의 전략으로 활용할 수 있었다. 따라서 이 같은 지도 체제는 교회 성장을 위한 이상적 지도력으로 평가될 수 있었다. 이러한 지도력이 교회 성장의 비결이었음을 밝히는 논문들이나 저서들은 그 전략의 정당성을 증명하고자 하는 시도들이었다.

뿐만 아니라 지도자들 역시 그 같은 동기 부여로 인한 여성들의 열심을 자신들의 필요 충족을 위한 기회로 삼을 수 있었다. 자긍심 충족과 자아실현 등이 그 대표적인 욕구이다. 여성 크리스천들로 인한 성장이라는 외적 성과는 성도들과 세상 사람들에게 지도자로서 자신의 능력을 인정받을 수 있는 충분한 근거가 되었다. 객관적인 외부의 인정으로 그들은 자신의 가치를 스스로 인정하는 자긍심을 채우기에 부족함이 없었고 동시에 자아실현의 욕구 역시 충족되었다. 중요성[자긍심(Significance)]과 더불어 자신들의 위치에 대한 확고부동한 안전(Security)을 확보할 수 있었기에 대부분의 지도자들은 이 지도 체제를 이상적 지도력으로 인정하게 되었다.

지도력에는 몇 가지 기본적인 구성요소들이 요구된다. '지도자(Leader)', '피지도자(Follower)', 그리고 '환경(Environment)'이 이에 해당

된다.[27] 이 세 가지 요소가 필요적절하게 갖추어졌을 때 비로소 공동체가 추구하는 목표를 궁극적으로 그리고 가장 효과적으로 성취할 수 있다. 그런 의미에서 여성 중간 지도자를 통해 급성장한 교회들의 조직체제는 지도자, 피지도자, 그리고 환경이라는 세 가지 필수 요소가 잘 조화된 체제라고 할 수 있다. 모두가 '열심'이라는 행동을 유발할 수 있는 모든 필요조건을 갖추었기 때문이다. 따라서 지도자와 피지도자[중간 지도자(Followers)]들 모두가 만족할 수 있는 최상의 '상호승리(Win/Win Solution)', 최상의 '공생(共生)공존(共存)'을 성취할 수 있었다. 하지만 불행하게도 누이 좋고 매부 좋은 식의 상호 충족에서 기인된 상부상조, 공생공존이라는 상생(相生)의 지도력은 세상이 추구하는 지도력으로, 성경을 대적하는 육신(Sinful nature)의 지배적 산물이다. 육신을 따라 사는 세상 사람들이 육신의 만족을 위해 이상으로 추구할 수밖에 없는 것이 바로 상부상조, 공생공존, 상생이다.

예수님께서는 "너희가 너희를 사랑하는 자를 사랑하면 무슨 상이 있으리요 세리도 이같이 아니하느냐."(마 5:46)라고 반문하시며 "구제할 때에 외식하는 자가 사람에게서 영광을 받으려고 … 그들은 자기 상을 이미 받았느니라."(마 6:2)라고 말씀하셨다. 이 말씀들은 이방인(세상사람)들이 최상으로 추구하며 행하던 행동 양식에 대한 것이다. 주고받음(Exchange reward)으로 해서 서로가 만족해하는 상부상조와 공생공존을 향한 비판이었다. 남의 것을 빼앗아 만족을 얻는 약육강식의 방식이 아닌, 정당한 방법으로 서로가 만족을 주고받는 이 방식은 인간들이 본능적으로 선택할 수 있는 최선의 방법일 수 있다. 하지만 상부상조, 공생공존, 상생 등에 목표를 두고 추구하는 지도력은 크리스천 지도력인 '종의 지도력(Servant leadership)'과 정면으로 대치된다. 위에서 언급한 예수님의 말씀들은 단순히 겉으로 드러난 행동에 대한 언급이 아니라, 그 행동을 유발하는 육신의 본질에 대한 비판으로 그 간교한 정체의 본질성을 들춰내는 내용이다.

예수님께서 비유를 들어 언급한 '종의 지도력'의 구체적 의미를 '청지기의 도(Stewardship)'에서 살필 수 있다. 종이란 삯꾼과는 달리 타율성뿐 아니라 많은 자율성을 가지고 있는 신분이다. 그러나 주인에게 고용된 종, 즉 청지기가 아무리 많은 돈과 권력을 손에 쥐고 좌지우지한다 할지라도 그 돈은 종의 소유가 아니라 주인의 소유이다. 주어진 권력 역시 종 자신의 이익(Own benefit)을 추구하기 위한 도구가 아니라 주인이 맡겨 주신 목적을 달성하기 위해 받은 도구일 뿐이다. 종의 모든 것은 주인의 것이다. 종의 생명까지도 주인의 것이 된다. 만약 주인이 충성을 다한 종에게 더 많은 것을 주었다 할지라도 그것 역시 사사로이 종에게 주는 보너스와 같은 보상이 아니다. 그래서 예수님은 착하고 충성된 자에게 더 많은 것을 주겠다고 말씀하시지 않고 더 많은 일을 맡기겠다고 말씀하신다. 뿐만 아니라 인간의 능력이라는 달란트 역시 사사로이 자신의 일과 영광을 위해 주신 것이 아니라, 그리스도 안에서 주인(하나님)의 일을 위해 맡겨 주신 선물이다. 그 일은 인간을 사망에서 생명으로 옮기고, 육신을 따르는 비참한 운명의 사슬에서 건져 내어 하나님 나라를 세우는 일이다. 주인의 일을 대신하는 것이 중간 관리자로서 종(청지기)의 바른 역할이다. 자율성은 타율성을 위해 주어진다. 힘이 주어졌다면 자신을 위한 것이 아니라 주인이 맡겨 준 그 일을 위해서다.

이스라엘 민족을 택하여 선민으로, 에스더를 택하여 왕후의 자리로, 요셉을 택하여 세상을 지배하는 국무총리로 삼아 그들에게 다스릴 수 있는 특권을 부여하셨다. 하지만 결코 그들 자신을 위한, 즉 그들 육신의 만족(자긍심)을 위해 사사로이 부여한 특권이 아니었다. 만일 주인이 지시한 일 외에 다른 일을 위해 힘을 사용한다면 그것은 곧 주인을 반역하는 일이다. 그래서 성경은 맡은 자가 구할 것은 주인이 맡긴 일에 대한 충성뿐이라고 말씀하셨으며(고전 4:2) "병사로 복무하는 자는 자기 생활에 얽매이는 자가 하나도 없나니 이는 병사로 모집한 자를 기쁘게 하려 함이라."(딤후 2:4)라고 언급한다. 달란트 비유가 보여 주는 악한 종과 착한 종을 구분하는 기준도 오직 충성 하나뿐이었다(마 25:14-30).

그러나 교회 공동체 안에서 무심코 행해지고 있는 상부상조나 공생공존은 맡겨진 일과 무관한 일이다. 특권을 오히려 사사로운 일을 위해 남용(Power abuse)하는 일이다. 우리를 청지기로 불러 주신 하나님께 충성하는 일도 아니요, 주인(하나님)에게 그 수고의 대가만을 받는 것도 아니다. 오히려 맡겨진 일에 방해되는 자기의 일을 목적으로 삼고 주인의 뜻을 거슬러 독자적 행보를 취하는 것이 이에 해당되는 지도력이다. 자신의 기쁨을 위하여 사람들을 기쁘게 하는 일일 뿐이다. 주인(하나님)을 기쁘게 하는 것이 아니라 자신의 이기적 에고(Ego: Own self-interest)를 충족하기 위해, 즉 육신의 만족을 위해 자기 일을 주인의 터에서 행하는 그릇된 행위(Exchange rewards)이다(롬 16:18).

하나님보다 우선적인 것은 모두가 우상이 된다. 그런데 상부상조, 공생공존, 상생은 주(主) 되신 하나님이 중심이 되는 것이 아니라, 자신의 욕구를 충족하려는 생각이 그 중심이 된다. 하나님을 섬기는 것이 아니라 곧 자신을 섬기는 일이 된다. 하나님의 뜻, 즉 그분의 의와 그분의 나라보다 다른 무엇이 먼저가 되면, 그것의 표면적 성과나 결과가 인간들 보기에 교회 공동체를 빛나게 하였다 할지라도 그것은 하나님을 대적하는 우상일 따름이다. 이같이 세상 사람들(이방인)이 추구하는 특성으로, 인간의 욕구 충족을 위해 서로 주고받는 방식의 지도력을 '상거래(상업주의/비지니스/장사/삯꾼) 지도력(Transactional leadership)'이라고 일컫는다.[28] 이러한 지도력은 하나님의 주인 되심을 부정하는 일이며, 주인을 기쁘시게 하는 것이 아니라 자기의 기쁨, 즉 맡겨진 일에 대한 충성 대신 자신의 욕구 충족에 목적을 둔 충성이 된다. 이것은 다른 사람들, 즉 피지도자들을 기쁘게 함으로써 육신의 만족을 보상받는 '주고받는 행위(Exchanging rewards)'이다. 또한 종들이 주인(하나님)을 무시하고 주인의 역할을 가로채는 악한 종이요, 삯이나 바라는 삯꾼과 같은 무서운 불신앙적 행위이다.

하나님(주인)이 없는 세상에서 할 수 있는 최상의 선택은 무엇일까? 그것은 상부상조와 공생공존이다. 하지만 하나님과 인간의 관계성을 도외시한 상부상조와 공생공존, 상생의 지도력은 주인도, 종도 없이 천상천하유아독존을 외치는 이방인(무신론자)들이 추구하는 방식일 뿐이다. 하나님을 부정하고 자신이 하나님이 되어 살아가는 세상 사람들의 행동 방식이다. 자신의 사회적 위치나 자신의 소유가 자신의 안전(Security)과 자신의 중요성(Significance)을 지켜 줄 것이라는 믿음(신앙)에서 선택한 행동이다. 하나님을 믿는 믿음 대신에 그것들을 오히려 믿고 숭배하는, 불신앙적 육신의 생각에 그들이 지배받은 결과이다.

달란트 비유는 악한 종이 행한 잘못의 원인을 규명하고 있다. 과연 적게 남겼기 때문일까? 만일 그렇게 생각한다면 겉만 보고 속을 보지 못하는 어린아이와 같은 수준에 지나지 않는다. 악한 종의 잘못은 표면이 아니라 그 마음의 이면에 있었다. 그런 행동을 하게 된 악한 종의 이면엔 무엇이 있었겠는가? 오직 하나였다. 비유가 말하듯 그 종은 주인이 맡긴 일을 열심히 해도 자신의 욕구를 충족할 수 없다고 여기고 자기 맡은 일에 게을렀다(마 25:24-25). 게다가 불평(욕구불만)하기까지 했다. 결코 달란트 비유는 많고 적음을 판단하는 것이 아니다. 그와 같은 행동을 하게 하는 속사람의 잘못된 생각을 심판하고 있다. 자신의 안전과 중요성을 자신의 소유가 지켜 줄 것이라는 믿음, 즉 종의 마음이 아니라 삯꾼과 같은(육신) 마음이 다른 마음을 품게 하였고 다른 행동을 하게 하였기에 주인은 부득불 관계의 단절을 선언하게 되었다(30절). 양과 염소를 가리듯 가리겠다는 언급으로 이 비유가 끝을 맺고 있다 (32-34절).

몸은 왔으나 마음은 전혀 다른 데 가 있는 유대인들에 대한 비유이다. 하나님은 결코 외모를 취하실 수 없다. 표면적 유대인이 아니라 이면적 유대인이 되어야만 한다. 속으로 자신을 아브라함의 자손으로 여기며 결코 안심하고 있을 수 없다. 겉사람은 속사람에게서 나오기 때문이다. 자신의 안전과 중요성을 자신의 소유가 지켜 줄 것이라는 불신앙을 가진 자는 아무리 그 표면이 화려하게 장식되었다 할지라도 주인이 맡겨 준 일을 감당할 수 없기에 하나님의 종이 될 수 없고 하나님 나라 잔치의 즐거움에 참여할 수도 없다.

그런데 아이러니한 것은 이런 불신앙을 적으로 정의하고 대적하는 크리스천들이 흔치 않다는 사실이다. 심지어 '종의 지도력'과 대치되는 '상거래 지도력'이 오히려 자랑으로 여겨지며, 여과(검증의 과정) 없이 교회 안에서 정당화되고 보편화되고 있다. 마치 적은 누룩이 온 덩이를 부패시키듯 원치 않는 현상이 발생한다. 교회가 생명력을 잃고 세속화될 때마다 나타나는 다면적 현상이다. 생명력이 왕성했던 서구 교회가 스스로 오늘날과 같은 몰락을 예상할 수 있었는가? 서론에서 언급하였듯이 말씀 상고를 위한 등불이 한국 교회 방방곡곡에서 밤낮을 밝히고 있으나 도리어 영적 생명력이 퇴보하고 있다는 사실은 결코 우연이 아니다.

복잡한 틈새를 노려 우리를 착각하게 하고 혼란스럽게 하며, 엉키게 하고 좌초시키는 무서운 세력(Sinful nature)은 우리가 생각하는 것처럼 가시적이며 위협적인 모습이 아니다. 광명의 천사처럼 아름다움으로 가장하여 허상을 실체로 착각하게 하고 혼동시키는 존재이다. 이 세력은 크리스천들을 죄 된 속성(Sinful nature)으로 가득 찬 세상 풍조에 따라 사고하게 하고, 교회 공동체를 슬금슬금 '자기암시(Auto-suggestion)'화시켜 결국 죄로 가득 찬 본성에 따라 움직이게 하며 종노릇하게 한다. 하지만 그 대상을 특정 교회나 지도자들에게 국한하는 것은 너무도 위험한 발상이다. 세상의 모든 문제가 자신들의 안전(Security)과 중요성(Significance)의 위협에서 자신들을 보호하려는 반사작용에서 나오듯, 교회 안에서 벌어지는 모든 문제(내분)의 불씨 역시 육신에 속한 욕구불만에서부터 시작된다. 안전과 나를 인정해 주는 중요성이 충족되지 않았기 때문에 발생되는 문제이다. 누구든 이것에서 자유로울 수 없다. 남을 깎아내리고 특정 교단이나 교회 제도를 비판하는 것에서 우월감을 느끼고 만족한다면, 이것이야말로 육신의 노예 역할을 하고 있다는 증거이다.

그 무서운 정체에게서 해방되는 첫걸음은 지도자들뿐만 아니라 우리 모두 안에 본능적으로 존재하는 이 세력(Sinful nature)을 크리스천 공동체 안에서 공공의 적(Public enemy)으로 인식하는 것에서부터 시작된다.

4. 영원히 비참한 수레바퀴
– The Eternally Miserable Wheel

사람의 일들 | The Thing of Man

이 시점에서 죄로 가득 찬 본성(Sinful nature)의 정체를 밝히기 위해 매우 중요한 두 가지 이론을 소개하고자 한다. 세상 사람들이 최상으로 추구하는 대표적인 이론이다. 매우 합리적이고 이성적이며 실존적이다. 그런 까닭에 세상 사람들은 이 두 이론을 보편적 이상으로 추구하며, 최상의 도덕적 '선' 의 기준으로 삼고 있다. 그 대표적 이론은 바로 공리주의(Utilitarianism)와 에고이즘[자기중심주의/이기주의(Egoism)]이다. 육신에서 비롯된 세상 풍조에 속한 학설이다. 여기에서 이 학설을 소개하는 이유는, 세상에서 보편화되고 정당화된 이 이론들이 하나님과 인간 스스로를 속이고 그럴듯한 내용으로 크리스천들을 미혹하여 혼돈케 하고 판단을 흐리게 하여 교회 공동체를 조금씩 무너뜨리는 주범이기 때문이다. 또한 크리스천들을 미혹하여 무너뜨리는 무서운 육신의 지배를 밝히고, 육신의 지배에서 해방할 수 있는 반대급부적인 시너지효과로서 영(성령)의 지배를 제시하기 위해서다.

공리주의(Utilitarianism)

공리주의란 공리(公利)라는 한자어에 나타나 있는 대로 '공공(공동)의 이득'에 절대적 가치를 둔 이론이다. 즉, '행복[즐거움(Happiness/Pleasure)]'이라는 감정을 객관화하고 수치화(숫자적 지수)해서 그 산출의 결과에 절대적 가치를 두는 주장이다.[29] 따라서 궁극적으로 옳고 그름의 가치 판단을 '공공의 행복과 번영'의 크기로 결정한다. 이것은 추상적 이론이 아니라, 눈으로 볼 수 있고 손으로 확인할 수 있는 실존, 실용에 가치 기준을 둔 실존적 이론이다. 철두철미하게 인간들이 실질적으로 갈망하는 최상의 행복[즐거움(Greatness happiness)]을 최고의 수치로 끌어올리는 것에 그 궁극적 가치를 둔다.

행복(Happiness)의 수치가 8(Units)이고 불행(Unhappiness)의 수치가 4(Units)라면 행복의 가치는 4(Units)가 된다. 또한 행복이 10(Units)이고 불행이 7(Units)이라면 결국 행복의 가치는 3(Units)이 된다. 그렇다면 인간이 추구할 수 있는 도덕적 선으로서 행동의 가치는 어느 쪽에 더 무게를 둘 수 있을까? 공리주의는 후자가 아니라 전자라는 주장이다. 그런 이유에서 "인간이 행복을 더 많이 느낄 수 있도록 삶의 질을 높이는 것이 바른 행동이며, 그렇지 않은 결과를 산출하는 행동은 그 어떤 것도 결코 옳은 것으로 정당화될 수 없다."라고 주장한다.[30] 행복은 아무런 노력 없이 무조건적으로 주어지는 것이 아니라, 순간순간 어떤 행동을 선택했느냐에 따라 좌우된다. 결국 '인간들에게 얼마나 행복을 안겨 줄 수 있는가.'라는 기준에 따라 선택된 행동만이 바른 행동 규범의 선으로 규정된다. 그래서 그들은 최고의 행복(Greatness Happiness) 산출은 단순하거나 순간적일 수 없고, 장기적 안목에서 성취될 수 있는 것이므로 공공 이익에 최상의 가치를 두게 된다.[31] 공익(公益)에 절대적 가치를 둘 때 비로소 인간들이 누릴 수 있는 행복(즐거움)이 극대화될 수 있다고 믿기 때문이다. 사실 이웃의 불행이란 이웃의 불행 자체로 국한될 수 없다. 그들의 문제는 결국 공동체 안에 있는 모두에게 파급된다. 장기적 안목으로 볼 때 상부상조로 얻을 수 있는 공익 추구만이 결과적으로 최대 다수가 최대 행복(Greatness happiness for the greatest number)을 공유할 수 있게 된다. 따라서 공익 추구를 위한 상부상조(공생공존/상생)는 인간이 택할 수 있는 최상의 선한 행동으로 규정된다.

공리주의는 최소의 희생과 고통을 또 다른 선한 도덕적 행동 규범으로 규정하고 있다. 대(Greatness)를 위해 소(Little)를 희생하는 아픔은 불가피한 것이라고 주장한다. 다수의 행복(즐거움)에 최상의 가치를 둔 이 이론은, 더 큰 행복이라는 결과를 얻기 위해 반드시 그에 합당한 희생을 지불해야만 하는데 최상의 행복을 창출하기 위해 최소의 희생을 택하는 것만이 공공의 행복을 궁극적으로 극대화할 수 있다는 논리이다. 물론 개인에 따라 추구하는 바가 다르기 때문에 행복의 가치를 어디에 두느냐는 질문에는 마땅한 답을 할 수 없을 뿐만 아니라, 행복의 가치를 물량적 수치로 계산할 수 없다는 반론을 제기할 수 있다. 만약 가정의 행복을 얻기 위해 자신의 명예가 손상되었다면 그 명예에 대한 행복의 가치는 어떻게 산출할 수 있을까? 따라서, 이러한 행복에 대한 가치 기준은 막연할 수밖에 없다. 그럼에도, 이 이론은 인간들이 취할 수 있는 최상의 이상으로서 민주주의 사상체제와 전적으로 그 맥을 같이 한다. 또한 이 체제를 이상으로 간주하고 민주주의를 실현하기 위해 일생을 바치는 크리스천들도 적지 않다. 육신의 충족에 기인하는 행복의 극대화는 세상 사람들이 최상으로 추구할 수밖에 없는 매력적인 삶의 방향이라 할 수 있다. 하지만 이러한 삶의 방향에 최상의 가치를 둔 행동은 하나님의 일과 대적이 되는, 사망의 법칙을 따라 사는 '사람의 일'에 속할 뿐이다.

에고이즘(Egoism)

또 다른 이론은 에고이스트들(Egoists)의 주장이다. 인간의 행동은 자신의 마음속에서 갈구하는 바를 스스로 알아차려 의식적으로만 행하는 것이 아니다. 오히려 많은 행동들은 본인 스스로 무엇인지도 잘 모른 채 무의식적 동기에 의해 영향을 받게 된다.[32] 이러한 현상에 대해 에고이스트들은 인간의 존재가 본질적으로 자기중심적인(Selfishness) 에고(Ego)로 창조되었기 때문이라고 주장한다.[33] 결국 이 때문에 인간이 인간의 의지로 원초적인 이기적 자기 본능(Id)을 억제한다 할지라도, 그 억압된 거대한 잠재의식(Id)은 언젠가는 빙산의 일각처럼 인간의 행동으로 표면화된다고 말한다. 무슨 행동을 해도 결국 에고(Ego)의 지배에서 벗어날 수 없다는 지극히 자연스러운 인간 본연의 모습을 숨김없이 보여 주고 있으며, 타락한 인간의 모습을 스스로 드러내 보인다는 점에서 기독교의 주장과 일치하는 점을 발견할 수 있다. 그러나 문제에 대한 해결 방법은 근본적으로 다르다.[34] 실존적으로 타락한 인간은 이미 에고라는 프로그램화된 쳇바퀴에 끌려 살도록 되어 있고, 또한 그것에서 해방될 수 없다는 사실을 스스로 인식하게 된다. 따라서 에고이스트들은 에고(자아) 충족만이 문제해결을 위해 인간이 선택할 수 있는 최선의 길이라고 주장한다.

보편적 사고로 볼 때, 에고이즘이란 자기중심적인 부도덕하고 부적절한 행동을 기초로 한 이론이라고 이해할 수도 있다. 그러나 그것은 매우 잘못된 생각이다. 사실 죄 아래 있는 인간의 행동들이 항상 악한 모습으로만 표현되는 것은 아니다. 때로는 선한 모습들로 보여지기도 한다. 윌리엄 쇼(William H. Shaw)는 이와 같은 에고이즘에 대한 잘못된 선입견을 세 가지로 대별하여 정의한다.[35]

첫째, 에고이즘을 단순히 눈앞에 보이는 순간적 이익만을 추구하는 주장으로 인식하는 선입견이다. 물론 자신의 정체를 숨길 수 없는 어린아이들의 행동에서 그런 원초적 본능의 모습을 쉽게 찾을 수 있다. 그러나 그런 모습만이 에고이즘이라고 단정하는 것은 잘못된 선입견이라는 주장이다. 쇼는 오히려 에고이스트들이 에고 충족을 위한 필요조건으로 타인을 위한 고통, 사랑, 그리고 희생을 제시하고 있다고 말한다. 거시적으로 볼 때, 궁극적으로 자기가 바라는 바, 에고(욕구) 충족을 극대화하기 위해서는 그와 같은 선한 행동의 대가가 반드시 지불되어야 할 전제 조건이라고 말한다.

사실 에고 충족이란 매슬로의 이론에서 보듯 단순하게 동물과 같은 육체적 욕구의 충족만을 추구하는 것이 아니라, 고차원적 단계의 욕구 충족도 필요로 한다. 인간은 동물처럼 본능[살기 위한(Survival)]의 필요에 의해서만 욕구가 충족되는 것이 아니라, 다른 사람들의 인정과 칭찬을 받음으로써 자신을 가치 있는 존재로 인식하고 만족하는 사회적, 정신적 필요 역시 충족되길 갈망한다. 이러한 충족의 갈망은 남들에게 존경과 칭찬과 인정, 더 나아가 자기 자신에게 인정을 받고 싶어

하는 욕구에서 비롯되기 때문에 이를 유발할 수 있는 자신의 희생, 사랑, 봉사, 충성 그리고 의리와 같은 선한 행동들이 에고이즘에서 나타나게 된다. 이런 까닭에 인간은 단순히 순간적 이득만을 취하는 것이 아니라 보다 먼, 그리고 보다 높은 단계의 에고 충족을 위해 자신의 것을 버리는 희생을 택하게 된다. 즉 자신의 희생이 사회적, 정신적 갈망을 충족하는 필요충분조건이기에 최선의 가치로서 그 같은 선한 행동을 추구하게 된다. 이것이 동물과 인간의 차이점이다. 그러나 이 역시 공리주의와 맥을 같이하는 것으로서, 결국 상호거래처럼 적은 것을 희생하여 많은 것을 얻듯이, 자신의 에고 충족을 위해 남을 위해 희생하는 것처럼 보이는, 선(good)으로 자신의 행동을 위장하는 결과를 초래한다. 그것은 이미 인간이 에고이즘으로 프로그램되어 있어서 스스로 원초적 본능을 누를 수가 없다는 사실에서 비롯된다. 결국 인간이 할 수 있는 일은 그와 같은 것(개인의 선을 추구하는 것)을 최상의 선으로 택하는 것 외에 다른 것을 선으로 선택할 수 있는 여지가 없다는 주장이다. 결론적으로 타락한 인간들이 악한 행동만 하는 것이 아니라 선한 행동을 하는 이유도 이와 같은 에고이즘 때문이다.

둘째, 에고이즘을 즐거움과 행복만을 추구하는 쾌락주의(Hedonism)로만 국한하는 선입견이다. 쇼(Shaw)에 의하면 에고이즘의 본질은 본능적 쾌락만을 추구하는 것은 아니다. 비록 보는 시각에 따라 추구하는 견해가 다르다고 할지라도, 인간 행동은 다양하고 광범위하게 선(Good)을 지향하게 된다. 행동 규범으로서 선(The good)을 추구하는 것은 그들에게 때로는 지식(Knowledge)으로, 때로는 능력(Power)으로, 때로는 현대 심리학자들이 쓰는 용어인 자아실현(Self-actualization)으로 정의되고 있다. 비록 자신을 위한 자기중심적 행동을 한다 하더라도, 그 행동들이 결과적으로 인류에게 유익을 줄 수 있는 선한 행동이 될 수 있다고 쇼는 주장한다. 예를 들어, 과학자들과 같이 행동의 동기가 이기적인 생존이나 자아실현의 충족을 위한 것이라 할지라도, 그들이 발견한 지식은 인류에게 지대한 영향력을 미칠 수 있다. 또한 그들의 수고 역시 자기 자신을 위한 것이지만, 결과적으로 인류 모두에게 유익을 줄 수 있다.

인도의 간디는 자신의 자아실현(Empowering others)의 목표로 '무저항주의'를 지향했으며, 이 무저항주의는 억압당하는 자신의 국가인 인도와 온 세계에 지대한 공헌을 하게 되었다. 이와 같이 인권이나 생존권이 위협받는 곳을 위해 자신의 일생을 바친 많은 사람들의 박애정신은 인류에게 자유와 기쁨을 안겨 줄 수 있었다. 비록 에고 충족이 동기가 된 이기적인 행동이라 할지라도 결과적으로 인간에게 행복과 즐거움을 줄 수 있다는 점에서 에고이즘을 쾌락추구로만 단정하는 것은 잘못된 편견이라 할 수 있다.

마지막으로 에고이즘에 대한 세 번째 잘못된 선입견은, 에고이스트들을 매몰차고 정직하지 않은 행동을 하는 자들로 단정하는 것이다. 쇼(Shaw)는 에고이스트들이야말로 매우 솔직하고, 자비로우며(Gracious), 때로는 타인을 돕기도 하고, 다른 사람들의 유익을 증진(Promotion)시키는 일에 기여하기도 한다고 주장한다.[36] 자신들의 치부까지도 있는 그대로 드러내어 인간들이 행할 수 있는 범위 안에서 최선의 선을 택하는 에고이즘이야말로 가장 정직하고 솔직한 성향이라고 주장한다. 그런 점으로 미루어 볼 때, 보다 진취적(In advance)인 최상의 결과를 위해서 보다 더 솔직하고, 정직하려고 노력하는 에고이스트들의 선택을 부도덕한 것으로 매도하는 것은 매우 잘못된 편견으로 볼 수 있다.

지금까지 살펴본 바에 의하면 에고이즘 이론과 공리주의 이론은 유사성을 보인다. 다만 두 이론 사이의 차이는 강조점이 다를 뿐이다. 공리주의는 다수의 행복이나 즐거움(쾌락) 창출을 인간 행동의 최고의 선(Good)이라고 주장하는 한편, 개인의 욕망 충족을 극대화하기 위해 에고이스트들 역시 선(Good)한 행동을 최상의 선택이라고 주장한다. 비록 추구하는 목적은 다를지라도 공통적인 것은, 각 이론이 주장하는 것의 극대화를 위해서는 인간의 희생적 공헌이 필연적이라는 점이다. 그런 이유에서 단순히 인간이 행복을 위해 먹고 마시고 즐기는 충족만을 공리주의나 에고이즘의 전부로 여기는 것은 매우 잘못된 견해라고 할 수 있다. 특히 기복(起福)을 근거로 하는 샤머니즘(Shamanism)과는 다르게 공리주의와 에고이즘의 충족은 그 대가를 반드시 지불하고 얻어야만 한다는 것으로 이론의 내용을 정당화하고 있다. 하지만 여기에 인간이 스스로 속는 무서운 함정이 도사리고 있다.

공리주의가 추구하는 행복이나 쾌락 역시 궁극적으로는 에고에 기인된 욕구 충족이다. 두 이론이 인간의 선으로서 도덕적 규범을 동반하고 있다 해도 사실, 그 저변에는 자신들의 욕구 충족을 극대화하기 위해 선으로 가장한 속임수들이 깔려 있다. 적은 것을 투자하여 많은 것을 남기는 상거래(장사)처럼, 타인을 위해 희생하는 것 역시 자신들의 욕구를 충족하려는 육신의 생각을 감추려는 것인데, 이 계략이 곧 상부상조, 공생공존, 상생이 된다.

인간들 보기에 선과 악이 쉽게 구별될 수 있다면, 우리는 원치 않는 잘못된 행동들 속에서 그 배후세력을 배척할 수 있을 것이다. 그러나 겉으로만 선한 것을 추구하도록 속이는 것이 가능해지면 오히려 이것은 무서운 계략이 된다. 선한 행동이라는 목표지향활동만 보일 뿐, 그 저변에 있는 무의식적인 목표활동(욕구 충족)은 보이지 않기 때문에 이 점이 악용될 수 있다. 인간들에게 사망의 법이 왕 노릇하였기 때문에 발생하는 현상들이다.

이 무서운 정체는 다른 사람들을 속일 뿐만 아니라 우리 자신조차 감쪽같이 속이고 나아가 하나님마저 속이려고 하기 때문에 성경은 이 정체를 다양한 통로를 통해 거듭거듭 고발하고 있다. 그 대표적인 속임수가 곧 상부상조, 공생공조, 상생이다. 그럼에도, 앞장에서 언급한 것처럼 마음속에 하나님이 존재하지 않는 인간들이 할 수 있는 최상의 선택인 이 세상 풍조의 관념이 여과 없이 크리스천 공동체에도 적용되어 정당화되고, 일상화되고 있다. 오히려 이것을 자랑으로 여기는 아이러니한 상황이 벌어지기도 하는데 이는 우리 안에 있는 또 다른 우리와 싸움에서 정복당했기 때문에 나타나는 현상이다. 그 결과, 세상 풍조를 따르는 이방인들과 같이 무서운 배후 세력의 꼭두각시 역할을 자행하게 되었다.

그리스도의 피값으로 세워진 공동체가 그 미혹을 대적하기 위해 존재하기는커녕 오히려 그 공동체를 스스로 무너뜨리는 집단체제로 전락해 버리고 말았다. 선으로 혹은 아름다운 열매(결과)로 위장한 정체가 인간 스스로 자신의 속임수에 빠지도록 하여 이방인들과 동일하게 교만하고, 분을 내고, 좌절하게 만든다. 표면에 낀 먼지를 깨끗하게 하려는 행위는 어리석은 행동의 하나로, 그 속임수의 올무에 걸려든 대표적 사례가 된다. 다시 한 번 상기해야 할 것은 기복(起福)을 근거로 하는 샤머니즘(Shamanism)과는 다르게 공리주의와 에고이즘의 충족은 그 대가를 반드시 지불하고 얻어야만 한다는 도덕적 규범을 강조하여 사람들을 미혹하고 있다는 점이다.

해방을 위한 노력들 | Attempts at Liberation

공리주의와 에고이즘이 비록 표현방법은 다르나 공통적으로 지향하는 바가 있다면 궁극적으로 가시적 성과에 목적을 둔 '결과주의' 라는 사실이다.[37] 또 다른 공통점은 에고의 지배적 사고를 벗어나지 못하고 있다는 점이다. 한 원인에서 다른 결과가 나올 수 없듯, 결국 결과주의가 에고이즘이며 에고이즘이 결과주의가 된다.

두 이론 다 결과가 좋으면 그 행동도 옳고 결과가 나쁘면 그 행동은 어떤 이유에서든지 정당화될 수 없다는 주장으로, 성취(결과/성공/물량)에 최상의 가치기준(Ultimate value)을 둔 이론들이다.[38] 공리주의는 '행복(즐거움)' 이라는 결과에, 에고이즘은 '자신이 갈망하는 욕구(이고) 충족' 이라는 결과에 궁극적 가치를 둔다. 인간의 욕망이 충족이라는 결과를 통해서만 비로소 만족을 느끼도록 구조화(Formatted)되어 있기 때문이다. 따라서 "좋은 게(결과) 좋은 것이다(Good is good)."라는 외적 성과(물량)에 가치를 둔 도덕규범을 낳을 수밖에 없다. 하지만 하나님께서는 이러한 결과주의를 '외모' 로 칭하시며 그분의 기준과는 다르다고 말씀하신다.

하나님이 없는 인간들을 기쁘게 하고 행복하게 만드는 요소는 무엇인가? 오직 외적 결과이다. 높은 직위라는 외적 결과가 자부심(중요성)을 갖게 하고, 소유라는 외적 결과가 안전(Security)을 느끼게 한다. 반대로 그 결핍은 두려움을 낳는다. 따라서 인간은 그와 같은 결과(외모)를 취할 수밖에 없다. 그것만이 안전을 느끼고 인간의 존엄성을 찾을 수 있는 유일한 길이기 때문이다. 하지만 결과는 무엇인가? 결국 외적 결과를 추구하는 종(시녀/노예/포로)이 되어 조물주보다 피조물인 그것(물질/외적결과)을 경배하며 섬기게 된다(롬 1:25). 하나님께서 인간들이 육체의 정욕에 끌려 허망한 것을 섬기며 살도록 내버려 두셨기 때문이다(롬 1:24).

하늘 아래 새것은 존재할 수 없다(전 1:9). 지금은 있으나 언젠가는 없어지며, 아무리 화려한 꽃이라 해도 피었다가 시들고, 육체도 풀과 같이 언젠가 쇠퇴하고, 모든 영광 역시 사라질 뿐이다(사 40:8; 벧전 1:24). 채워졌다 해도 시간 흐름에 따른 결핍은 불가피하다. 다시 목마르고 다시 배고플 수밖에 없다. 인생의 모든 욕망을 좇다 남겨진 결과는 무엇인가? 죄와 비참이라는 산물들뿐이다. 육신의 지배로 인해, 충족할 때는 교만이 생기고, 결핍으로 인해 두려울 때는 좌절과 분노, 시기와 질투, 자괴감이 생긴다. 하나님과 원수 된 가치 기준 때문이다.

상부상조와 공생공존에 기초를 둔 공리주의 역시, 에고이즘과 표현을 달리하고 있지만 결과적으로 에고가 그 기초를 이루고 있음을 확인할 수 있다. 공리주의에 기반을 둔 '인류의 행복과 번영 추구'는 선한 목표활동으로 보인다. 하지만, 결국 자신을 위한 에고(Ego)의 욕구 충족이라는 목표활동이 그 중심 저변에 자리 잡고 있음을 부인할 수 없을 것이다. 상부상조나 공생공존 역시 남을 위하는 것처럼 보이나 결국 다른 차원의 에고 충족의 극대화를 위한 수단이 될 뿐이다. 다만 다른 점이 있다면 공리주의는 에고를 숨기나 결국 에고 충족을 추구하고 있으며, 에고이즘은 자신의 정체를 스스로 드러내며 에고 충족을 주장한다는 점이다.

하나님의 형상이 상실된 인간이 추구할 수 있는 최선의 선은 무엇인가? 왜곡된 선과 편견적 선이다. 생각이 허망해지고 미련한 마음이 어두워져 스스로 지혜가 있다고 하나 어리석게 되어, 죄성의 뿌리를 은폐시키기 위해 표면을 장식하게 된다. 하나님의 형상을 상실한 일그러지고 찌그러진 인간 본성에 의해 반사된 행동들은 결과적으로 왜곡되어 편견적인 선으로 나타나게 된다. 따라서 인간은 거짓된 선을 참된 선으로 착각하여 숭배하게 된다(롬 1:25). 바울이 "오호라 나는 곤고한 자로다."라고 개탄한 것과 어거스틴이 자신의 왜곡된 선을 참회한 것 역시 스스로 극복할 수 없는, 자신 안에 거하며 자신을 조종하는 '원치 않는 나(Sinful Nature)' 라는 존재를 발견하였기 때문이다. 바울은 하나님의 시각(God's sight)으로 볼 수 있는 눈이 열렸기 때문에 인간들이 보기에는 선하게 보이는 자신의 자화상을 도리어 '죄인 중의 괴수'라고 고백할 수 있었다. 하나님의 형상이 사라지고 겉(육체)만 남게 된 인간은 그 본질적 뿌리가 에고이즘으로 프로그램되었기 때문에, 그 에고의 충족을 추구하는 육신의 종이 되어 그것의 노예가 될 수밖에 없다. 그 결과 원치 않는 죄와 사망, 비참함이라는 열매를 낳게 된다.

인류는 이와 같은 비참한 운명의 수레바퀴에서 해방되기 위해 부단히 노력해 왔다. 두 이론뿐만 아니라 민주주의, 사회주의와 같은 세상의 이념들, 그리고 종교 활동 역시 비록 접근 방식은 다를지라도 인간 스스로 인간 한계의 벽을 깨기 위한 몸부림들이라 할 수 있다. 그러나 유의할 점은, 같은 수레바퀴에서 여전히 맴돌고 있으면서도 해방된 것으로 착각하는 오류에 빠져 있다는 사실이다. "통로는 다를지라도 정상은 하나다."라고 주장하는 철학적 사고처럼, 인간의 어떤 몸부림도 결국 인간의 한계인 결과(외모) 지향적인 에고(Ego) 충족의 수레바퀴를 벗어날 수 없다. 나무가 자신의 열매가 아닌, 다른 열매를 맺는 나무로 스스로 변환(Transformation)하는 것이 불가능하듯, 무엇을 외치고 무엇을 깨달아도 인간의 행동을 지배하는 본성이 다른 본성으로 스스로 변화될 수 없다. 그렇기 때문에 인간 스스로 인간 한계의 벽을 깨고 다른 열매 맺기를 기대하는 것은 불가능하다. 그래서 성경은 그 어떤 인간의 노력도 죄악된 뿌리와 같은 육체[본성(Sinful nature)]를 좇는 것을 금하는 데는 유익이 조금도 없다(골 2:23)고 선언한다. 경건의 행동이나 겸손 혹은 몸을 학대(고행/금욕)하는 일조차 육체의 해방과는 무관한 것으로 설명하고 있다. 인간 스스로 해결할 수 있는 일이 아니기 때문이다. 만약 인간 스스로 노력해서 그 해방을 성취하였다고 믿는다면, 그것은 착각이며 착각 속에서 스스로 만든 '자의적 우상(숭배)'일 따름이다. 그 대표적인 예로 한 종교(불교)에서는 잘못된 육신의 지배에서 벗어나기 위해 마음을 비우면, 이 세상의 고통과 번뇌를 초월하여 열반(Nirvana)의 경지에 이를 수 있다고 주장하기도 한다.

묵상(Mediation/Quiet time)이란 크리스천들의 신앙생활에 있어서 빼놓을 수 없는 내적 성장을 위한 영적 훈련 가운데 하나다. 그러나 이 묵상을 육신의 더러운 마음을 비우는 중동 지방의 묵상이나 불교의 참선과 동일시하는 것은 위험한 생각이다. 성경은 깨끗한 마음을 소유하기 위해 마음을 비우고 빈 공간을 만드는 작업이 도리어 더 악한 귀신들(일곱)에게 쉴 자리를 만들어 주는 결과를 낳는다고 경고한다(마 12:44-45). 육신의 마음을 비우는 작업이란, 마치 비웠으나 다시 쓴물(Salt spring Water)이 솟아오르는 것과 같다. 순간적인 모면을 통해 일시적으로 도피하거나 일시적으로 위로받는 것은 가능해도 인간 한계의 벽을 스스로 초월하는 것은 불가능하다. 욕구 충족이 위협을 받을 때 인간들은 무의식적으로 위협을 피해 일시적 안전을 취하게 된다(방어기제). 그처럼 인간이 마음을 비우는(Empty the mind) 시도 역시 "비참한 존재의 수레바퀴에서 벗어나려는 도피 행각 중의 하나일 뿐이다."³⁹⁾

이사야 선지자는 "그 물이 진흙과 더러운 것을 늘 솟구쳐 내는 요동하는 바다와 같으니라."(사 57:20)라고 인간의 본질적 속성을 바다 속의 진흙으로 표현하였다. 밑바닥에 있는 더러운 진흙이 잠잠하다가도 어느 순간 외부(세상)의 영향(자극)을 받게 되면 바다에서 떠올라 물속을 더럽히듯, 인간 본성의 실체도 뜻하지 않은 요동치는 환경의 변화에 직면할 때 그 본색을 표면으로 드러내게 된다. 그 상태를 포스터는 "비록 우리의 모든 힘으로 그와 같은 사실들(뿌리 깊은 습관의 노예)을 숨기고자 하여도 우리의 눈, 우리의 혀, 우리의 턱, 우리의 손과 몸 전체의 표현은 우리를 배반한다."라고 언급한다.⁴⁰⁾

도피로 인한 일시적인 평정은 인간 한계의 벽을 자신이 깼다는 유아독존(唯我獨尊)의 자부심을 가질 수 있게 한다. 그러나 해탈하였다는 자부심, 그리고 그 자부심을 유지하기 위한 인간의 노력 역시 결과적으로 에고(Ego)를 만족시키기 위한 동기일 뿐이다. 본능의 지배적 구조에 의해 동기화된 행동을 인간 한계의 벽을 초월한 것으로 착각하는 것은 일그러지고 찌그러지고 굴절된 육신이 허상을 진리로 믿고 따르는 것이다. 결국 그 착각을 자의적 우상으로 섬기는 것이다. 이것은 고차원적인 욕구(자아실현)를 성취하고 느끼게 된 에고 충족을 마치 에고를 극복한 것으로 착각하게 한다. 이러한 착각은 육신이라는 무서운 정체가 인간을 혼동(Meshing it up)케 하여 좌초하게 하는 계략에 의한 것이다. 이 계략은 도피를 통해 얻어진 순간적 평정, 즉 '자아실현'이라는 욕구 충족으로 인한 만족을 마치 영원한 자유를 가져다 주는 실체로 착각하게 한다. 그리하여 인간을 다시는 빠져나올 수 없는 더 큰 수렁으로 끌고 간다(자의적 우상). 결국 인간의 의지적(Willpower) 노력은 이러한 착각 속에서 비참하게 다람쥐 쳇바퀴 돌듯 맴돌다 죄와 사망에 이르게 할 뿐이다.

하인리히 아놀드(J. Heinrich Arnold)는 "악의 세력을 물리치기 위한 인간의 노력이 강하면 강할수록 악은 우리에게 더욱더 강하게 나타난다."[41]라고 주장한다. 마음속의 욕망을 비우려는 인간의 몸부림은 더 악한 귀신(사탄)을 찾아오게 하는 현상을 낳는다. 몸부림치면 칠수록 더 조여드는 족쇄처럼, 자극하면 자극할수록 인간적 한계에서 빠져나왔다는 착각이 올무가 되어(스스로 구세주/자의적 우상) 스스로 빠져나올 수 없는 더 깊은 수렁에 빠져들게 된다.

뿌리가 되는 지배적 사고 | The Instinctive Belief

인간 행동은 자신의 의지보다 보이지 않는 무의식적인 일정한 법칙에 따라 끌리는 힘의 작용에 의해 동기화된다. 그런 이유에서 성경은 궁극적으로 표면에 드러난 잘못된 부도덕을 지적하고 그 표면적 정화를 요구하는 율법적 행위만을 언급하지 않는다. 인간의 행동들은 그 행동을 지배하고 움직이는 보이지 않는 지배적 마음(일정한 법칙)에 의해 동기화되기 때문이다. 동물들이 본능을 따라 살듯이 성경은 이 일정한 법칙의 본질을 본성으로서 '죄로 가득한 심성(육신)', 현대적 용어인 '무의식', '잘못된 프로그램', 그리고 이를 통칭하여 '사망의 법' 이라고 칭하고 있다(롬 8:2).

법칙이라는 말의 의미는 반복되는 자연적 현상을 말한다. 무엇인가 동일한 일이 반복되면 그것이 곧 법칙이 된다. 그 법칙은 인간이 깨닫든 깨닫지 않든 상관없이 나타나게 된다. 예컨대 지구 중심에서 잡아당기는 '중력의 법칙'은 인간이 이 법칙을 깨닫든 깨닫지 못하든, 믿든 안 믿든 상관없이 지속된다. 무거운 물건만이 위에서 땅으로 떨어지는 것이 아니다. 깃털에도 동일하게 작용된다. 거기에 예외가 없다. 그것이 법칙이다. 이미 '사망의 법' 이 인류에게 들어왔다. 그 법칙에서 예외가 될 수 없기에 인간들은 그 법에 순응하며 하수인처럼 따르게 된다. 인간이 중력의 법칙을 벗어날 수 있을까? 결코 인간의 의지(Willpower)로는 그 법칙의 힘을 깰 수 없다. 그처럼 사망의 법을 알든 모르든, 깨닫든 깨닫지 못하든, 믿든 안 믿든, 자신의 의지와 상관없이 인간은 죄와 사망의 법 영향 아래 살 수밖에 없다. 아무리 몸부림을 쳐도 그 법칙의 수레바퀴를 돌게 된다. 종교적 노력이나 율법적 행위도 그 법칙을 파괴할 수 없다. 세상을 초월하는 다른 영역의 새로운 법만(하나님의 나라)이 그 법칙에서 우리를 해방할 수 있다. 그 영역에 속한 자로 거듭나지 않는 한, 우리는 그 지배적 힘 아래(Under the power) 살아갈 수밖에 없고 죄의 값으로 인해 사망(영원한 형벌)에 이를 수밖에 없다.

히브리서에는 보이는 것은 보이지 않는 것에서 말미암는다고(11:3) 기록되어 있으며, 야고보서에는 쓴물(Salt water)에서 단물(Flesh water)이 나올 수 있겠느냐(3:11)고 기록되어 있다. 예수님 역시 엉겅퀴에서 무화과를 딸 수 있겠느냐고 반문하셨다. "너희는 악하니 어떻게 선한 말을 할 수 있느냐 이는 마음에 가득한 것을 입으로 말함이라."(마 12:34), "입에서 나오는 것들은 마음에서 나오나니"(마 15:18), "먼저 속을 깨끗이 하라."(마 23:25), "표면적 유대인이 유대인이 아니요 … 이면적 유대인이 유대인이며"(롬 2:28-29)라는 성경의 언급들은 내면의 뿌리에 대한 지적들이다. 이처럼 항상 성경이 겉으로 드러난 외면이 아니라 내면적 뿌리에 대해 중점적으로 언급하는 이유는 무엇일까? 표면에 나타난 더러움들은 속에 있는 마음에 기인하기 때문이며, 순간적으로 겉을 깨끗하게 한다 해도 표면을 더럽게 하는 뿌리가 언젠가는 다시 그 표면을 더럽힐 것이기 때문이다.

도덕적 행위를 술수, 분쟁, 분리, 투기, 방탕, 미움, 살인, 시기, 교만, 불의, 탐욕 등으로 성경은 서술하고 있다(롬 1:29-31; 고전 3:1-4; 갈 5:19-21). 그러나 이러한 표현들은 표면으로 드러난 인간들의 부도덕성을 비판하기 위한 언급들은 결코 아니다. 오히려 그 같은 행동을 낳게 하는 뿌리와 같은 '육체의 일(The acts of the sinful nature)', 즉 죄 된 육신에서 파생되는 필연적 결과들로 서술하고 있을 뿐이다.

무심코 하는 일이라 할지라도 인간은 행동에 앞서 그 행동이 자신의 지배적 사고와 일치하는지 판단하고 점검하여 최종 행동에 이르도록 지시한다. 우선 오감(Five senses)을 통하여 상황이 뇌에 전달된다. 그 다음, 프로그램된 지배적 사고 기준에 따라 뇌가 상황을 판단한다. 마지막으로 뇌는 그 판단 결과에 따라 각 지체들에게 최종 행동을 지시하게 된다. 모든 행동이 지배적 사고에 의해 통제되므로, 지배적 사고는 모든 행동의 근원이 된다. 여기에서 그 지배적 사고(Thinking/Belief)란 믿음, 마음, 생각, 신앙, 신념 등으로 정의될 수 있다. 비록 표현의 차이는 있지만 이 모든 단어들은 동일한 개념들로서 가치의 척도(Standard)를 의미한다. 그리고 그 가치척도는 모든 인간 행동의 뿌리가 된다. 인간들은 재산을 축적하기 위해 행동하고, 신분을 확보하기 위해 노력하고, 자기를 뽐내고 자랑하기 위해 공적을 쌓는다. 그렇게 행동하는 이유는 지배적 사고(본질적 뿌리)인 믿음, 생각, 신앙, 신념이 그렇게 하도록 프로그램화되었기 때문이다.

재산이 자신의 미래를 보장(Security)해 줄 수 있다고 믿는 믿음(생각/신앙/신념)이 인간 내면에 가치 판단의 기준으로 자리 잡혀 있기 때문에 재산을 축적하려는 행동(열매)을 하게 된다. 인간의 존엄성[중요성(Significance)] 역시 타인의 인정과 존경, 칭찬에 의해 만족을 느낄 수 있도록 지배적 믿음이 프로그램되어 있기 때문에 자신의 존엄성의 확보를 위해 남들에게 인정받기 위해 노력하게 된다.

이성뿐만 아니라 감정 역시 그 지배적 믿음의 시녀(종) 노릇을 하게 된다. 인간은 외부 자극에 대해 반응을 보이는 센서(Sensor)와 같이 본능적으로 행복, 즐거움, 기쁨, 평안과 같은 감각적 감정을 지니고 있다. 성공하였을 때는 기쁨을 느끼게 된다. 남들이 하지 못하는 일을 하게 되면 스스로 자부심을 느끼게 되며, 자녀가 남들보다 좋은 학교를 다니게 될 때 행복감을 느끼게 된다. 또한 재물을 축적하고 있을 때 비로소 안정감(Security)을 느끼게 된다. 그와 반대되는 결과들에 대해서는 낙심, 좌절, 분노, 두려움 등을 느끼게 된다. 자연적으로 자신들이 원하는 욕구가 충족되었을 때 기쁨과 행복을, 충족되지 못했을 때는 그와 반대되는 반응을 보인다. 인간의 본능적 사고(믿음/생각/신앙/신념) 구조가 그렇게 형성(Format)되었기에 감정이라는 센서 역시 그 기준에 의해 반응하게 된다. 안타깝게도 인간들은 이 모순에 끌려 어쩔 수 없이 하수인처럼 악순환을 반복하며 살게 된다. 육신의 세력은 인간의 욕구에 따라 안전과 중요성을 끊임없이 추구하도록 만드는 내적 뿌리가 되며, '겉'을 좌우하는 '속'이 된다. 이미 서두에서 언급하였듯이 이것은 피상적인 존재가 아니라 실질적으로 인간을 정복하고 지배하는 존재다. 하지만 사도 바울조차 그 법을 뒤늦게 깨닫게 되었다고 고백했던 것처럼 이방인들은 물론이고 크리스천들 역시 쉽게 알아차릴 수 없도록, 자신을 은폐하며 영향력을 행사하는 무의식적인 존재다. 이와 같이 실질적 의도가 표면으로 드러나지 않는 무의식이 인간들의 삶을 지배하고 있다.

실질적 존재 | The Effect on Every Human Life

설교자는 자신의 설교에 대한 비판을 듣게 될 때 다양한 반응을 보이게 된다. 물론 설교뿐만 아니라 자신의 능력에 대한 비판의 소리를 듣게 될 때 인간 안에는 무의식적으로 자기 자신을 보호하려는 다양한 방어기제(Defense mechanism)들이 나타난다. 분노를 느끼기도 하고

'하나님께서 나를 버리지 않으셨을까?', '더 이상 쓸모없는 인간이 되지 않을까?' 등의 낙심과 좌절감 그리고 스스로 자기를 부끄럽게 여기는 자괴감에 빠질 수 있다. 이와는 달리 공격적 방어기제가 나타날 수도 있다. '감히 나의 메시지를 누가 비판할 수 있단 말인가?' 하며 비난하는 사람의 단점을 역으로 공격하는 잘못된 매너리즘에 빠질 수 있다. 여우가 자신의 키보다 높이 달려 있는 포도를 따 먹으려다가 실패하자, 포도가 시어서 따 먹지 않는다고 합리화하는 내용의 이솝우화를 알고 있을 것이다. 이처럼 그들의 낮은 수준이 나의 메시지를 이해하지 못할 뿐이라고 자기를 스스로 위로하는 자기 합리화 같은 반응이 나올 수도 있다. 그 같은 원치 않는 방어기제들이 무의식적으로 나타나는 이유는 무엇인가?

인간은 매슬로의 법칙처럼 프로그램화된 인간 본능으로 인해 무의식적으로 남들의 칭찬, 인정 그리고 존경이라는 외적 결과를 통해서 자기 스스로 중요한 존재라는 자긍심을 느낄 수 있다. 이 때문에 인간은 그 자긍심 충족을 위해 칭찬과 인정을 받을 수 있도록 항상 자기의 재능이나 능력을 뽐내려는 반응을 보이게 된다. 이것은 인간 자신의 노력으로는 그 벽을 깰 수 없는 본능(육신)이다. 마치 다시 솟아나는 쓴물(Salt water)과 같다. 인간 깊숙이 습관화된 지배적 사고의 가치기준(척도)으로 볼 때 칭찬이나 인정 대신, 능력이나 재능에 대한 부정적 시각이나 비판은 설교자에게 중대한 위협으로 간주될 수밖에 없다. 그 비판이 곧 자기 가치의 중요성(significance)을 상실할 수 있는 위협이 되기 때문이다. 존재의 이유를 찾기 위해 자기를 정당화하는 방어기제들은 그 위협들에서 자신을 보호하기 위한 자연발생적 행동이다. 하지

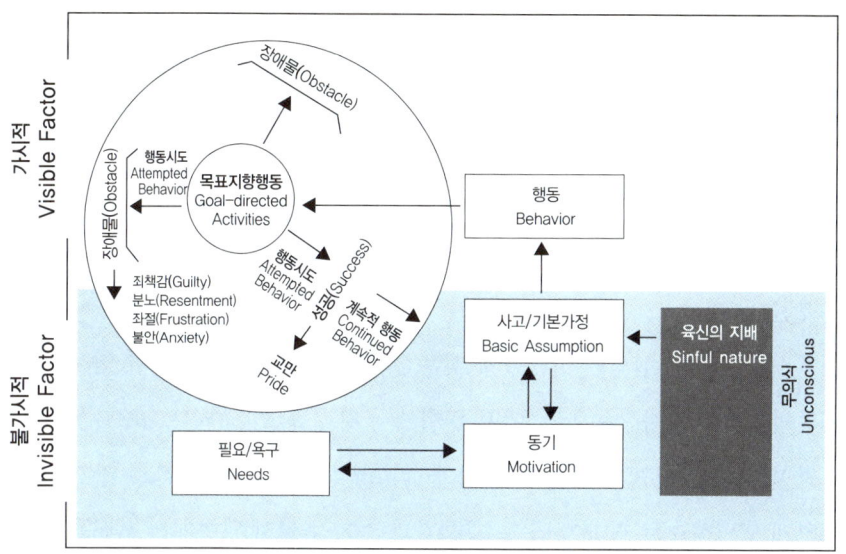

인간행동의 진행과정: 잘못된 사고과정
(Human Behavior and its Processing in Non-christians)

만 궁극적으로 행동을 낳게 하는 지배적 사고가, 본능적으로 욕구(필요) 충족에 그 가치 기준을 두고 있기 때문에 욕구 충족의 결핍은 분노, 좌절, 낙심, 자괴감과 같은 방어적 반응을 낳게 한다. 인간의 행동이 지배적 사고를 통해 동기화되기 때문이다. 타락 후, 잘못된 지배적 사고(신념/믿음/생각)에서 잘못된 감각적 반응과 잘못된 행동들이 나타나는 것은 당연한 이치라고 할 수 있다(위 도표).

우리는 간혹 과분한 부채를 안고 화려한 집이나 화려한 자동차를 구입하는 비상식적이며 비정상적인 행위들을 목격할 수 있다. 이 또한 욕구(필요) 충족을 위한 인간 본능의 반사작용의 하나라고 할 수 있다. 결핍된 자긍심을 그와 같은 방식으로 채우기 위해 그런 행동이 유발된다. 남들의 시선을 끌어 인정받고 대접받고자 하는 목적이 동기화된 계략적(Hidden Agenda) 행동으로 볼 수 있다. 자신들이 인정받을 수 있는 것은 자신의 소유에 달렸다고 믿기(지배적 사고) 때문에 소유를 과시하려는 그와 같은 행동이 유발된다. 비록 인간 존엄성(Significance)의 위협에서 자기를 보호하려는 방편들이 제각각 다를지라도 자연인으로서 모든 인간의 행동은 자기가 믿는 믿음(생각/사고/신념)에 의해 동기화된다.

남들에게 직접적인 피해를 주지는 않지만 자책감이나 자괴감 역시 무의식적인 반사작용으로, 어떤 위협에서 자기를 보호하려는 또 다른 방편들이다. 인간들은 필요(중요성)를 위협받을 때 무의식적으로 안전하게 도피하려는 경향이 있다. 자책감과 자괴감 역시 위협에서 자신을 보호하고 스스로 안정과 안위를 지키려는 방어기제이다. 하지만 그 방어기제들 역시 억압된 감정이 그 한계를 넘게 되면 힘의 남용(Power abuse)이나 폭력(Violence)과 같은 자기 보호 행동들로 나타나 마음으로는 원치 않는 일을 행할 수밖에 없다.

본질적인 문제는 인간 본능의 지배적 구조가 자신의 재능이나 능력을 통하여 자신의 중요성을 충족할 수 있다고 믿도록 프로그램되었

무대(STAGE)A	무대(STAGE)B	무대(STAGE)C
기본적인 인간 필요는 오직 하나님에 의하여 충족될 수 있다.	하나님 없이 충족될 수 있는 높은 수준의 필요들	하나님 없는 장기적 생활의 필연적 결과
중요성(SIGNIFICANCE) 안전성(SECURITY)	힘(POWER) 쾌락(PLEASURE)	폭력(VIOLENCE) 부도덕(IMMORALITY)

다는 사실이다. 욕구 충족의 결핍으로 인한 필연적 결과를 크랩(Crabb)은 앞에 있는 도표로 정리하였다.[42]

거짓말, 위선, 가식, 허풍, 사치(목표지향활동) 역시 자신들의 단점을 은폐하기 위한 수단들이다. 자기의 단점들이 필요충족에 방해물이 된다고 믿기 때문에 그 장애물들을 은폐하기 위해 취하는 수단들이다. 폭력이나 부도덕한 행동뿐만 아니라 세상 인간들이 이상으로 추구하는 외형적인(외모/목표 지향적 활동) 희생, 사랑, 구제, 연민 등과 같이 인간이 보기에 선한 행동들 역시 그 자체의 순수성보다는 또 다른 보이지 않는 목표(목표활동)를 지향하는 현상들이라 할 수 있다. 남들의 칭찬이나 존경을 통해서만 성취될 수 있는 높은 차원의 정신적 충족은 그와 같은 행동을 통해서만 비로소 충족될 수 있기 때문이다. 수많은 인간들은 끊임없이 자신의 본질적 목적을 숨긴 채(Hidden agenda) 타인들이 그 속을 알아차릴 수 없도록 스스로를 속이고 또 하나님을 만홀히 여기는 행동을 한다. 모순되게도 은폐 수위에 따라 인간들의 희로애락의 시시비비가 결정된다. 결국 그것은 은폐의 산물이며 겉모습을 화려하게 하여 자신들의 추한 모습을 감추려는 노력에 의해 주어진다. 따라서 속사람인 지배적 사고(마음/생각/신앙)가 변하지 않는 한, 육신의 생각으로 사람이 아무리 선을 행하여도 결국은 죄악이 될 뿐이며 그 값 또한 생명이 아닌 사망이 될 수밖에 없다(롬 8:6). 그런 이유에서 성경은 율법적 행위와 겉으로 보이는 화려한 외모(결과)를 배척하고 오히려 겉을 좌우하는 중심인 지배적 사고(속사람)를 먼저 깨끗이 하라고 명령하고 있다. 그래서 마음을 새롭게 하는 변화가 곧 하나님이 기쁘게 받으실 수 있는 예배라고 정의한다(롬 12:2). 이 방법만이 악순환을 반복하도록 하는 거짓 속임수의 연결고리를 깰 수 있는 길이기 때문이다.

"오호라 곤고한 사람이로다. 이 사망의 몸에서 누가 우리를 건져내랴." 하고 바울은 로마서를 통하여 애통해하고 있다. 잘못된 내적 뿌리에서 벗어나고자 하는 부르짖음이었다. 인간의 의지로는 불가능한 상태를 그 무엇으로도 표현할 수 없었기 때문에 바울은 그처럼 한탄하였다. 나무가 스스로 그 뿌리를 다른 열매를 맺는 뿌리로 변환(Transformation)시킬 수 없는 것처럼, 되풀이되어도 어쩔 도리가 없는 자신의 비참함을 슬퍼하며 고백하고 있다. 그 비참함에서 해방될 수 있는 길이 있다면 인류가 들을 수 있는 가장 큰 기쁨의 소리(복음)가 될 것이다.

_ 제2부

하나님의 충만
The Fullness of God

5. 충만의 상실과 회복
– The Deflict and The Recovery in Jesus Christ

영원한 충족 | Eternal Security and Significance

태초의 인간은 부족함이나 결핍이 없었다. 충만의 본체이신 하나님의 형상을 따라 창조되었기 때문이다. 그러나 그분 형상의 충만은 타락으로 말미암아 상실되었고, 그로 인한 결핍을 채우고자 하는 필요 [요구(Needs)]가 인간 안에 새롭게 생겨나게 되었다.[43] 그 결과 인간 내면에서는 끊임없이 충족을 채우려는 욕구가 소리치게 되었다.

하나님의 형상으로 창조된 에덴동산의 아담과 하와는 사랑받으려는 욕구가 생길 이유가 없었다. 사랑으로 가득 찬(Fullness) 그분의 온전한 형상으로 창조되었기 때문이다. 그러나 타락(형상 상실)으로 충만이 결핍(Defect)되자, 평생 사랑을 사모하고 갈구하는 속성이 생기게 되었다(창 3:16하). 또한, 최초의 인간은 남을 지배(Control)하려는 욕구가 없었다. 지배가 필요치 않은 그분의 온전한 충만의 속성이 인간 안에 가득 차 있었기 때문이다. 그러나 타락으로 인해 그 충만이 결핍되었고, 평생 그 결핍을 채우기 위해 타인을 지배하고자 하는 욕구가 생겨났다.

남들보다 우월하다고 느낄 때 비로소 자신의 중요성을 확인할 수 있기에 더 높은 위치를 차지하고 군림하고자 끊임없이 수고하고 노력하게 됐다. 처음 아담이 불순종한 대가가 인간에게 이어져(유전되어) 인간은 평생 사랑과 지배를 사모하는 속성을 지닌 채 살아가게 되었다(창 3:16 하). 먹고 사는 생존(Survival)을 위한 일차적 갈망 역시 예외가 될 수 없었다(창 3:17-18).

인간들은 결핍된 사랑이 충족될 때 비로소 안전(Security)을 느끼고, 남들을 지배하는 권력 속에서 비로소 가치의 중요성(Significance)을 느낀다. 인간의 역사가 궁극적으로 사랑 싸움이나 빼앗는 자(Hunter)와 뺏기는 자(Hunted)의 갈등을 그리는 것도 그런 이유에서이다. 개인, 성별, 문화 차이에 따라 우선순위의 정도는 다르겠지만, 인간 내면의 깊은 곳에서 솟구치는 욕구들은 누구도 외면할 수 없다.

크랩(Crabb)의 연구에 의하면, 충족의 만족도는 성별에 따라 다르게 나타난다. 스키너(Skinner) 역시 보통 유아기 아이들의 자연스러운 행동을 관찰하면서 그와 동일한 결론을 내리게 되었다.[44] 여성은 남성에 비해 지배보다는 충만한 사랑 속에서 더 많은 기쁨과 행복감을 느끼고, 남성은 사랑보다는 권위적 지배(권력) 속에서 더 큰 기쁨과 만족감을 느끼게 된다고 한다. 따라서 여성은 사랑을 통한 안정감(Security)에, 남성은 권위로 인한 중요성(Significance)에 우선순위를 둔다고 주장한다. 이는 누구든 부인할 수 없는 보편적 현상이다.

인간의 역사는 '안정감을 얻기 위한 사랑'과 '중요성을 얻기 위한 권력'을 서로 쟁취하려는 과정에서 빚어지는 갈등을 그리고 있다. 각자가 선호하는 욕구들을 누구도 포기할 수 없을 정도로 지배적 속성이 뿌리 깊게 자리를 잡았기 때문이다. 그래서 '복종하면 사랑하겠다' 와 '사랑하면 복종하겠다' 는 남녀 간의 사랑과 복종의 우선순위 싸움은 끊임없이 인간 역사를 장식할 수밖에 없다(엡 5:22-33). 남녀뿐 아니라 상하, 세대, 문화, 이념 등으로 인한 온갖 갈등 역시 각기 다른 선호적 욕구들이 충돌하여 비롯되는 현상이다(엡 6:1-9). 피할 수 없는 이러한 현상은 인간 내면 깊숙한 곳에서 끊임없이 흘러나온다. 인간에겐 자신들조차 속이며 무의식 가운데 자리 잡혀 있는, 이 육신에 속한 욕구들에서 벗어날 능력이 없다. 타락으로 인해 하나님의 형상, 즉 충만함을 상실하여 결핍[결점/부족한(Defect)]이라는 상태로 인간 모두에게 유전되었기 때문이다(창 3:16-18). 따라서 이와 같은 결핍으로 말미암아 일그러지고 찌그러진 본성이 지배적 속성이 되어 생각이 허망해지고 마음이 어두워져 채울 수 없는 것을 채우려고 몸부림치다 선을 추구해도 도리어 원치 않는 악을 행하게 된다. 무엇을 하여도 인간들은 선을 위장한 악을 행하고야 만다. 때로는 하나님의 형상을 상실한 인간의 이성이나 양심이 간혹 인간의 이기적인 욕구를 자제시키기도 한다. 그렇지만 그것들을 지배하는 지배적 본성은 이미 일그러지고 찌그러진 상태이기 때문에, 마치 바다 속 깊이 가라앉은 진흙이 외부의 자극을 받으면 물속을 온통 진흙탕으로 만들듯 자기도 모르게 어느 순간 온 몸이 육신의 욕구에 다시 지배당하게 된다. 때로는 선한 일처럼 보이나 결국 모든 것이 죄가 된다(롬 14:23).

"독사의 자식들아 너희는 악하니 어떻게 선한 말을 할 수 있느냐 이는 마음에 가득한 것을 입으로 말함이라."(마 12:34), "입에서 나오는 것들은 마음에서 나오나니 이것이야말로 사람을 더럽게 하느니라."(마

15:18), "못된 나무가 나쁜 열매를 맺나니 좋은 나무가 나쁜 열매를 맺을 수 없고 못된 나무가 아름다운[좋은(Good)] 열매를 맺을 수 없느니라." (마 7:17-18)라는 성경의 언급들은 뿌리와 같은 인간의 속성들을 표현하고 있다. 무엇을 보고 판단하고 결정하고 행동을 유발하게 하는 본질이 일그러지고 찌그러지고 굴절되었다면 어떤 선한 행동을 하고 무엇을 고뇌한다 할지라도 결국은 "그들의 목구멍은 열린 무덤이요 그 혀로는 속임을 일삼으며 그 입술에는 독사의 독이 있고 그 입에는 저주와 악독이 가득하고 그 발은 피흘리는 데 빠른지라."(롬 3:12-15)라는 결과가 나올 수밖에 없다. 뿌리와 같이 행동을 지배하는 본질적 속성이 완전히 다른 영역의 지배적 속성으로 변화되지 않는 한, 그 속성에서 해방되는 것은 영원히 불가능하다. 타락 전의 창조, 즉 그분의 충만한 형상으로 회복(Recovery)되는 것만이 유일한 길(The way)이 된다. 그 누구도 결핍을 채우고자 하는 육신의 욕구에서 스스로 해방될 수 없다. 그 회복(해방)을 위해 하나님이신 예수 그리스도께서 두 번째 아담으로 오셨고 십자가에 죽으셨다(갈 5:24; 롬 6:6). 그리스도께서 주시는 선물은 결핍을 순간적으로 채워 주는 충족이 아니라, 다시는 주리고 목마르지 않는, 타락 전의 영원한 충만의 존재로 돌아가는 회복(Recovery)이다.

성경은 예수님을 '충만(Fullness)'으로 정의하고 있다. 하나님이 충만하시므로 그분 역시 충만이 될 수밖에 없다. "하나님의 모든 충만하심으로"(엡 3:19), "만물 안에서 만물을 충만케 하시는 자"(엡 1:23), "신성의 모든 충만"(골 2:9) 등의 성경 구절들은 하나님께서 결핍이 없는 '충만' 자체이심을 증명하고 있다. 하나님과 동등한 그분이시기에 예수님 역시 자신의 속성을 스스로 '충만'이라고 정의하셨다.

예수님께서는 다섯 남편이 있었던 수가성 여인과, 욕구(결핍)를 채우기 위해 표적을 구하는 자들에게 친히 자신의 정체성을 이렇게 설명하셨다.

> 이 물을 마시는 자마다 다시 목마르려니와 내가 주는 물을 마시는 자는 영원히 목마르지 아니하리니(요 4:13-14).

이 말씀은 당신이 영원한 충만의 본체임을 선언하시는 내용이다. 표적(욕구 충족)을 사모하는 추종자들을 향하여 "나는 생명의 떡이니 내게 오는 자는 결코 주리지 아니할 터이요 나를 믿는 자는 영원히 목마르지 아니하리라."(요 6:35)라고 당신의 정체성을 밝히셨다. 예수님께서 주시고자 하는 것과 전혀 다른 것(결핍에 대한 충족)을 구하는 무리를 향하여 던진 메시지였다. 이것은 모두 예수님 자신과 충만을 동일시한 내용들이다.

충만의 본체이신 예수 그리스도는, 이 땅에 오셔서 십자가에서 죽으시고 부활하심으로 사망의 권세(지배)를 물리치고 승리의 첫 열매가 되셨다. 그분은 순간적인 결핍을 채우는 기적(표적이나 기사)을 주시고자 오신 것이 아니라 결코 주리지 않고 다시 목마르지 않는 영원한 그분의 충만을 그를 믿는 자들에게 믿음의 열매로 주시기 위해 오셨다. 다시 주리고 목마르게 하는 순간적인 해방이나 표면적인 해방이 아니라 영원하고도 근본적인 해방을 주시기 위해 오셨다. 사망의 법 아래 있는 종의 신분에서 생명의 영의 법 안에 있는 신분으로 변화되게 하는 근본적인 해방을 위해 오셨다. 한 사람으로 말미암아, 채울 수 없는 것을 채우도록 지배하는 사망이 왕 노릇하였듯이, 한 사람으로 말미암아, 부족함이 없는 그분의 충만이 왕 노릇하시기 위해서였다.

바울은 "그 안에는 신성의 모든 충만이 육체로 거하시고 너희도 그 안에 충만하여졌으니 그는 모든 통치자와 권세의 머리시라."(골 2:9-10)라고 선언한다. '충만하여졌으니' 라는 성경의 시제는 현재완료(Have been given fullness)로 이미 그 상태로 완료되었다는 의미이다.

믿는 자녀들에게 그리스도의 충만은 곧 '우리의 것'이 되었다(롬 14:8; 고전 3:22). 이미 상속되었고, 열매가 되었고, 보증(Guarantee)이 되었고, 기업(Inheritance)이 되었고, 낙인과 같은 인치심(Seal)이 되었다(엡 1:13-14). 에베소서 1장 24절은 이 상태를 은행에 돈을 이미 예치[입금(Deposit)]하여 놓은 상태로 비유하여 묘사하였다. 누구든 도적질할 수 없고, 좀이 먹거나 녹슬어 망가질 수 없는, 부족함이 없는 상태가 되었다(마 6:19-20). 그분의 영원한 충만에 대한 이러한 상속과 특권과 약속이 새로운 피조물인 그분 백성들에게 이미(Already) 보증(Guaranty)이 되었다는 사실을 그분의 백성들이 믿도록 그렇게 표현했다. 그런 이유에서 바울은 "만물이 다 너희 것임이라. … 생명이나 사망이나 지금 것이나 장래 것이나 다 너희의 것이요 너희는 그리스도의 것이요 그리스도는 하나님의 것이니라."(고전 3:21-22)라고 언급한다.

충만 자체이신 그분의 충만이 그리스도의 십자가로 말미암아 우리와 하나(United)가 되었다(골 2:10, NLT). "나는 포도나무요 너희는 가지니라."(요 15:5), "너희는 너희가 하나님의 성전인 것과"(고전 3:16), "너희는 너희 자신의 것이 아니라."(고전 6:19)라는 구절은 하나님과 그의 백성이 하나 되었음을 의미하는 말씀들이다.

"밤에 떡을 가지사 축사하시고 떼어 이르시되 이것은 너희를 위하는 내 몸(My body)이니 이것을 행하여 나를 기념하라."(고전 11:23하–24)라고 예수님은 잡히시던 날 밤에 제자들에게 마지막으로 말씀하셨다. 크리스천들로 하여금 무엇을 기념하라는 말씀이신가? 몸이 하나이고 빵이 하나이듯 십자가의 피로 말미암아 그분과 우리가 하나가 되었음을 기억하라는 분부셨다.

"사울아 사울아 네가 왜 나를 박해하느냐."(행 22:7)라고 다메섹에 나타나신 예수님께서 바울에게 질문하셨다. 그런데 예수님을 만나 보지도 못한 바울에게 왜 나를 핍박하느냐고 물으시는 것일까? 자신과 하나 된 크리스천들을 핍박하는 것은 곧 예수님을 괴롭히는 일이기 때문이다.

예수님은 "내가 주릴 때에 너희가 먹을 것을 주었고 목마를 때에 마시게 하였고 … 옥에 갇혔을 때에 돌아보지 아니하였느니라."(마 25:35, 43)라고 언급하셨다. 이에 제자들이 어느 때에 우리가 주리신 것이나, 목마르신 것이나, 벗으신 것이나, 병드신 것이나, 옥에 갇히신 것을 보고 돌보았냐고 반문하였다. 예수님은 "내가 진실로 너희에게 이르노니 너희가 여기 내 형제 중에 지극히 작은 자 하나에게 한 것이 곧 내게 한 것이니라."(마 25:40)라고 답변하셨다. 예수님의 이런 비유 역시, 몸이 하나이듯 그리스도 안에 있는 자들은 결코 둘이 아니라 그리스도와 하나(한 몸)임을 설명하고 있다.

하나님의 충만은 곧 우리의 충만이 되었다. 너희는 너희의 것이 아니라고 말씀하신 것처럼 이미 그분과 하나 된 그의 백성들에게 그분의 충만한 속성은 이미 상속(기업/보증)되었다. 그런 까닭에 무엇을 먹을까, 무엇을 마실까 염려하는 것은 그분과 하나 되지 못한 이방인들의 간구로 꾸중을 들을 수밖에 없었다. 인간의 머리카락까지 세신 바 되셨다고 하셨고, 우리가 구하기도 전에 이미 우리의 필요를 다 알고 계시다고 말씀하셨다(마 6:31-32). 성경은 결핍을 채우고자 하는 육신의 지배를 좇는 것이 그리스도의 영을 대적하는 것임을 강력히 경고하고 있다(롬 8:5-7, 12; 갈 5:1, 17). 성경은 수많은, 영원한 안전과 중요성에 대한 보증과 약속들을 그 자녀들에게 제시하고 있다. 크리스천들로 하여금 다시는 종의 멍에를 메지 않도록 확신 가운데 거하게 하기 위함이다. 간추린 다음의 구절들은 하나님께서 크리스천들의 모든 필요에 대해, 그리스도로 말미암은 모든 충만을 약속하고 보증하시는 말씀들이다.

〈육체적 충족에 대한 보증〉

자기 아들을 아끼지 아니하시고 우리 모든 사람을 위하여 내주신 이가 어찌 그 아들과 함께 모든 것을 우리에게 주시지 아니하겠느냐(롬 8:32).

나의 하나님이 그리스도 예수 안에서 영광 가운데 그 풍성한 대로 너희 모든 쓸 것(All your needs)을 채우시리라(빌 4:19).

들의 백합화가 어떻게 자라는가 생각하여 보라 수고도 아니하고 길쌈도 아니하느니라. … 무엇을 먹을까 무엇을 마실까 무엇을 입을까 하지 말라 이는 다 이방인[육신의 지배적 사고]들이 구하는 것이라 너희 하늘 아버지께서 이 모든 것이 너희에게 있어야 할 줄을 아시느니라(마 6:28-32).

〈사회적 충족에 대한 보증〉

내가 확신하노니 사망이나 생명이나 천사들이나 권세자들이나 현재 일이나 장래 일이나 능력이나 높음이나 깊음이나 다른 어떤 피조물이라도 우리를 우리 주 그리스도 예수 안에 있는 하나님의 사랑에서 끊을 수 없으리라(롬 8:38).

이는 보좌 가운데에 계신 어린 양이 그들의 목자가 되사 생명수 샘으로 인도하시고 하나님께서 그들의 눈에서 모든 눈물을 씻어 주실 것임이라(계 7:17).

그러므로 이제부터 너희는 외인도 아니요 나그네도 아니요 오직 성도들과 동일한 시민이요 하나님의 권속이라(엡 2:19).

그러나 너희는 택하신 족속이요 왕 같은 제사장들이요 거룩한 나라요 그의 소유가 된 백성이니(벧전 2:9).

〈정신적 충족에 대한 보증〉

공중의 새를 보라 심지도 않고 거두지도 않고 창고에 모아들이지도 아니하되 너희 하늘 아버지께서 기르시나니 너희는 이것들보다 귀하지(Valuable) 아니하냐(마 6:26).

참새 두 마리가 한 앗사리온에 팔리지 않느냐 그러나 너희 아버지께서 허락하지 아니하시면 그 하나도 땅에 떨어지지 아니하리라 너희에게는 머리털까지 다 세신 바 되었나니 두려워하지 말라 너희는 많은 참새보다 귀하니라

(Worth)(마 10:29-31).

또 미리 정하신 그들을 또한 부르시고 부르신 그들을 또한 의롭다 하시고 의롭다 하신 그들을 또한 영화롭게 하셨느니라(롬 8:30).

〈자아실현 충족에 대한 보증〉
너희 안에서 행하시는 이는 하나님이시니 자기의 기쁘신 뜻을 위하여 너희에게 소원을 두고 행하게 하시나니 (빌 2:13하).

우리는 그가 만드신 바라 그리스도 예수 안에서 선한 일을 위하여 지으심을 받은 자니 이 일은 하나님이 전에 예비하사 우리로 그 가운데서 행하게 하려 하심이니라(엡 2:10).

다윗은, 여호와는 나의 목자시니 내게 부족함이 없다고 고백한다(시 23). 하박국 선지자는 "비록 무화과나무가 무성하지 못하며 포도나무에 열매가 없으며 감람나무에 소출이 없으며 밭에 먹을 것이 없으며 우리에 양이 없으며 외양간에 소가 없을지라도 나는 여호와로 말미암아 즐거워하며 나의 구원의 하나님으로 말미암아 기뻐하리로다."(합 3:17-18)라고 서술하고 있다. 충만의 보증에 대한 믿음의 고백들이다. 장차 오실(아직 오시지 않은) 그리스도를 믿은 구약 속의 믿음의 선진들은 현재의 우리보다 확실치 않았던 증거를 가지고도 그 믿음을 지키며 살았기에 하나님이 기뻐하시는 자들이 되었다(히 11:39). 그렇다면 충만이 완성된 오늘날 크리스천들의 바른 자세는 무엇인가? 오직 믿음뿐이다. 이 믿음은 충만을 자신의 힘으로 이루기 위한 불신앙적 믿음이 아니라 이미 완성(상속/약속/보증)된 충만에 대한 믿음(확신)이다. 결핍을 스스로 채우게끔 부추기는 사망의 법에서 벗어나 이 완성된 충만(영원한 안전과 중요성)을 믿고 따르게 하는 생명의 법을 배우는 일이다.

충만에 거하는 자의 신분 | The Status of A New Creation

인간들에게 필요(욕구/동기/이끌림)란 절대적인 요소이다. 이것은 기본적인 의식주 문제에서 고차원적인 자아실현 문제까지 직결되어 있다. 결코 비워서도 포기해서도 안 되며 부정할 수도 없다. 먹어야 살 수 있고, 존재해야 할 이유가 있어야 성취할 의욕도 갖게 된다. 동물과 달리 인간들은 꿈을 꾸며 사는 존재다. 인간다운 삶을 위한 안전(Security)한 삶과 이 땅에 존재해야 할 이유인 인간의 존엄성(Significance)은 결코 부정할 수도 부정될 수도 없는 조건들이다. 비록 충만이 하나님의 백성들에게 보증되고 상속되었다 할지라도, 그 필요들은 이 땅에 머무는 동안 반드시 채워져야만 할 절대적 요소가 된다. 하지만 인간들이 결핍을 채우려는 본능에 끌리는 것이 정당하고 당연하게 여겨질지라도 스스로 채우고자 하는 인간들의 노력은 그리스도 영의 지배를 거스르는 불신앙적인 행위가 된다. 크리스천들도 그 욕구를 채워야만 하나, 채우고자 하는 욕구의 종이 되어서는 안 되는 진퇴양난의 딜레마 속에서 살아갈 수밖에 없다.

'욕구(욕망)'란 사실 미스터리와 같은 존재다. 세상의 종교나 철학 등이 오랫동안 그 신비를 풀기 위해 노력해 온 것도 그 때문이다. 결핍을 채우도록 이끄는 욕구는 삶의 의욕을 갖게 하는 활력소가 된다. 반면에 충족하려고 하는 끊임없는 욕망은 마침내 인간에게 죄와 고통을 안겨 주는 근본적 원인이 되기도 한다.

욕구가 없다면 행동이 동기화될 수 없다. 성취를 갈망하도록 이끄는 마음(욕구)이 없는데 일할 의욕이 발생할 수는 없다. 남들이 인정해 주거나 칭찬해 주지 않는데, 남들이 알아 주지도 않는 업적이나 공적을 쌓고자 굳이 노력할 필요는 없을 것이다. 목마름을 해소하려는 끊임없는 욕구는 인생에 있어서 삶의 의욕을 일으키는, 없어서는 안 될 원동력이다. 하지만 내면 깊은 곳에서 솟구치는 그 욕구는 스스로 억제할 수 없는 끊임없는 목마름으로 이어진다. "사람의 눈도 만족함이 없느니라."(잠 27:20), "은(돈, NIV/NASB)을 사랑하는 자는 은(돈)으로 만족하지 못하고, 풍요를 사랑하는 자는 소득으로 만족하지 아니하나니 이것도 헛되도다."(전 5:10)는 부귀와 권력과 지혜를 한 손에 쥐었던 솔로몬의 고백이다.

인간은 다시 목마르고 배고플 수밖에 없는, 만족할 수 없는 허상을 좇다가 죄를 짓고 괴로움에 시달리다 결국 죄의 값으로 영원한 사망에 이른다. "인생은 곧 고뇌다."라고 생각이 깊은 사람들이 말하는 것도 이 때문이다. 그런 까닭에 대부분의 종교철학들은 욕구 자체란 필요불가결한 요소로서 선할 수도 악할 수도 없으나, 다만 그 욕구(마음)의 쓰임 방향에 따라 선이나 악을 낳을 수 있다고 귀결 짓는다. 욕구가 인류의 번영과 공공에 유익이 될 수 있도록 좋은 방향으로 이끌려 쓰이면 삶에 활력소가 되고 그렇지 못하면 도리어 괴로움과 고통을 낳게 한다고 본다. 하지만 바로 이 점에 속임수가 존재한다. 결국 이것은 표현만 달리할 뿐, 선악의 판단 기준을 인간들의 표면적 행동에 결과를 둔 결과주의일 따름이다. 자신과 타인들에게 유익을 주면 선한 행동이고 해를 주면 악이라고 결론짓는, 결과에만 가치를 두는 에고이스트들이나 공리주의자들의 주장과 전혀 다를 바 없다. 무엇을 해도 결국은 다시 제자리(결과/에고 충족)를 맴도는 이유는 무엇인가? 결국 한 웅덩이에서 단물과 쓴물이 동시에 나올 수 없기 때문이다.

대부분 모두가 몹시도 가난하였던 어린 시절, 필자는 복통과 두드러기로 인하여 오랫동안 고생한 적이 있다. 의사가 귀한 터라, 군대 의무병으로 제대한 분들이 시골에서 의사의 역할을 대신하던 때였다. 동네 의사는 복통과 몸의 두드러기를 치료하기 위해 소화제, 연고 등 갖가지 약을 처방해 주었다. 하지만 별다른 차도 없이 수개월 동안 계속 이 복통과 두드러기와 씨름을 해야 했다. 한번은 이러한 증세로 마약의 일종인 양귀비에서 추출한 모르핀까지 맞아 봤는데, 한 번의 주사로 무려 하루 동안이나 감쪽같이 그 증상과 고통에서 벗어날 수 있었다. 그후 알게 된 사실이지만 모든 문제의 원인은 뱃속에 든 회충 때문이었다. 회충약을 먹고 나니, 모든 문제의 증상들이 감쪽같이 사라졌다. 이렇듯 간단하게 치료가 되는 질병이었으나, 돌팔이 동네 의사는 겉으로 드러난 증상만을 치료하고자 노력했기 때문에, 근본적 해결을 위한 원인을 바로 찾지 못했다.

표면적 치료만으로는 증상의 재발을 막아 악순환의 고리를 단절하는 것이 불가능하다. 결과는 원인에 의해서 나타나고, 나무는 뿌리에서 양분을 받아 열매를 내며, 입은 마음에 가득 찬 것을 말로써 표현한다(눅 6:45). 악한 마음에서 선한 말이 나올 수는 없다. 선한 방향(목표)을 추구한다 할지라도 결국 일그러지고 치우친 본성은 착각(왜곡)을 그 결과에 그대로 반영한다. 이와 같이 누구나 알 수 있는 평범한 진리를 인간은 왜 외면하고 결과에만 집착하는 것인가? 잘못된 것임을 알면서도 그것에서 벗어나지 못하는 이유는 무엇 때문인가? 그것은 죄와 사망이라는 '법(Law)' 때문이다.

인간의 비극은 최초의 인간, 아담의 불순종에서 시작되었다. 불순종이 죄와 사망의 법을 세상에 들어오게 하였다. 하나님과 같이 되고자 하였기 때문에 자신이 하나님의 자리를 대신하게 되었다. 불순종으로 인해 하나님을 떠나 홀로되었고 결국 하나님과 단절되어 천상천하 유아독존이 되었다. 자신밖에 의지할 게 없는 상태에서 인간들이 할 수 있는 최상의 선택은 무엇인가? 앞에서 지적한 대로 돈, 명예, 학벌, 명성, 능력 등을 의존하는 것뿐이다. 그것만이 홀로된 인간의 안전과 존엄성을 지켜 줄 수 있기에 그것을 믿고 따르고 섬기며 살게 된다. 안타까운 일은 그것이 잘못된 것임을 알면서도, 때로는 물질의 노예처럼 사는 추한 모습을 보며 그것을 비판하면서도, 또한 그것이 죄가 되는 것임을 알면서도 이 비극에 순응하며 따를 수밖에 없다. 자신 외에 다른 누가 도와줄 수 없기에 그 같은 길(One way) 외에 다른 선택(Option)의 여지가 없게 되었다. 마음을 내려놓을 수도 비울 수도 없다. 비우거나 내려놓는 것은 곧 파멸이며 죽음이 되기 때문이다.

인간은 원하든 원치 않든 남을 정복하며 살아간다. 더 많은 것을 가지기 위해 남들을 지배하려고 한다. 더 많은 사랑을 받기 위해 몸부림치며 살아간다. 빼앗는 자와 뺏기지 않으려는 자 사이에, 속이는 자와 속지 않으려는 자 사이에 피비린내 나는 보이지 않는 사투가 계속되고 있다. 때로는 인간 사고의 복잡한 틈새 속에서 남들의 취약점을 찾아내 공격하기도 한다. 또한 자기 방어를 위해 남들이 알아채지 못하도록 마음속 계획을 숨기기도 한다. 아무리 투명성을 외쳐도 세상은 온전히 투명할 수 없다. 속고 속이고, 먹고 먹히고, 배신하게 된다.

인간은 남들보다 우월하게 될 때 비로소 자긍심을 갖는다. 하지만 필연적으로 자신의 우월을 위해 그 주변인들을 열등하게 만들어야만 한다. 결국 남을 희생시키는 죄를 지으며 행복감을 느끼게 된다. 우월(Superiority) 속에서는 교만이라는 죄를 낳고, 열등 속에서는 두려움으로 인한 자기 방어기제인 시기, 질투, 분노와 낙심, 자괴감과 같은 죄를 낳는다. 세상에 머물러 있는 한, 지구 중심이 끌어당기는 중력의 법에서 해방될 수 없듯이 하나님과 단절된 인간들은 스스로 이 사망의 법의 사슬에서 벗어날 수 없다. 그러기에 인간이 할 수 있는 최고의 선은, 기껏해야 겉으로 나타난 증상이나 치료하려는 노력이다. 다시 목마르고 다시 주릴 수밖에 없는 순간적 처방(불완전한 결과)에 얽매이고 욕구 충족의 극대화를 위해 상부상조나 공생공존 또는 상생을 택하는 이유는 어쩔 수 없이 그것을 따라야만 하기 때문이다.

바울은 인간이 어쩔 수 없이 끌려가는 상태를 설명하기 위해 은유법을 사용하였다. 그것이 '법(Law)'이라는 용어다. 하나님과 단절된 상태를 '죄와 사망의 법' 그리고 회복된 상태를 '생명의 성령[영(The Spirit of life)]의 법'으로 설명한다. '법(Law)'의 의미는 무엇일까? 앞에서 언급했듯이 법이란 일정한 일들이 반복되는 현상을 말한다. 시간(Time)과 장소(Space)에 구애받지 않고 언제 어디서나 동일한 일들이 반복하여 나타나는 현상이다. 모든 물건들이 지구 중심에서 잡아당기는 일정한 힘(중력)에 의해 영향을 받는 것이나, 물이 항상 수평을 이루려고 하는 것 역시 이와 같은 '법'에 해당된다. 이 법 아래 있는 한 이 법의 힘을 누구든 피할 수 없다. 인간들이 이를 알든 모르든 상관없이 이 법의 힘에 지배를 받는다. 따라서 인간들은 어쩔 수 없이 이 법에 순응하며 살 수밖에 없다. 반복되는 것을 보면서 동일한 결과가 계속될 것이라고 믿고 아무런 의식 없이 그 법을 따르게 된다. 죄를 짓기 위해 노력하는 사람은 없다. 사망의 법 아래 있으면 저절로 죄의 하수인이 된다. 법의 굴레를 벗어나지 못하는 것은 법의 힘이 자연 앞에서 속수무책인 인위적인(Artificial) 힘이기 때문이 아니라 그 어느 누구도 어떻게 할 수 없는 절대적인 자연발생적인 힘(Natural power)이기 때문이다. 만일 이 법칙에서 벗어난 사례가 하나만 생겨도 법으로서 권위를 상실하게 된다. 이것이 곧 '법(Law)'이다.

    인간이 타락 후 하나님과 단절됨으로 인하여 죄와 사망의 법이 세상을 지배하게 되었다. 몸부림을 쳐 봐도 이 법의 굴레에서 해방될 수 없다. 무엇을 해도 죄를 낳고, 선한 방향을 추구해도 스스로 우월하다 여겨 교만하고, 우월할 수 없어 낙심하고 좌절하게 된다. 바울은 이것을 '법'이라는 단어를 사용하여 '죄와 사망의 법'으로 명명하여 설명한다. 법의 특성을 알리기 위해서다. 누구든 이처럼 죄와 사망의 법에 거하는 한, 이 법의 세력(Under power)에서 한 발짝도 벗어날 수 없다는 사실을 알리기 위해서다. 곧 하나님과 단절됨으로 사망의 법이 인간을 지배하게 되었는데 이 법에 머물러 있는 한 영원히 비참한 이 운명의 사슬에서 절대 벗어날 수 없다는 사실을 전하기 위해서다. 또한 이 '사망의 법'에서 벗어나 '생명의 법'에 거할 때, 즉 타락 전의 상태와 같이 하나님과 하나(United)가 되어 하나님이 주인 되셨을 때 누리게 되는 생명과 평안은 그 누구도 빼앗아갈 수 없다는 사실을 알리기 위해서다.

인간을 비참하게 만드는 사망의 법이 왕 노릇하게 된 이유는 오직 하나다. 하나님을 떠났기 때문이다. 누구도 우리의 안전과 존엄성을 보장해 줄 수 없는 상태가 된 하나님과의 단절은 인간 스스로 천상천하 유아독존이 되게 하였다. 나 외에 아무도 없기에 나를 지키기 위해서는 어쩔 수 없이 정글의 법칙을 따라야만 한다. 그것만이 나를 지킬 수 있는 유일한 길이기 때문이다. 인격이나 수양이 부족해서가 아니라 이 법칙에서 벗어나는 것은 곧 자신을 포기하는 자살행위이기 때문이다. 정신질환이나 세상의 모든 갈등도 이런 포기할 수 없는 상황이 만든 결과다. 욕심을 비우지 못해서가 아니라 비울 수도 버릴 수도 없게 하는 상황이 이와 같은 결과를 만들게 한다. 원인은 하나다. 사망의 법이 인간의 운명을 이렇게 만드는 것이 아니라 다만 하나님과의 단절이 마침내 이 같은 사망의 법을 만들게 하였다. 생명의 법 역시 동일하다. 영원한 충만의 약속과 보증에 대한 성경의 기록이 정글의 법칙에서 우리를 해방하는 것이 아니라 충만을 결핍되게 한 하나님과의 단절에서 회복이 곧 생명의 법이 되어 우리를 해방한다. 나 홀로 주인이 되어 그 무거운 짐을 지고 가는 신분이 아니라 부족함이나 결핍이 없는 타락 전 신분의 상태로 회복되었기에 그것이 우리 스스로 책임지고자 하는 법의 사슬에서 해방되게 한다. 인간 스스로 죄와 사망의 법에서 해방될 수 없듯이 이제는 생명의 법에서 인간 스스로 벗어날 수 없는 운명이 되었다. 순간적 안전과 중요성을 미끼로 우리를 미혹하여 사망의 구렁텅이로 인도하는 거짓 속임수가 아니라 영원한 안전과 중요성이 십자가로 말미암아 다시 회복되었기 때문이다. 그래서 성경은 인간의 노력이 죄와 사망의 법에서 우리를 해방한 것이 아니라 하나님과의 관계를 회복하게 한 그리스도로 말미암은 생명의 성령의 법이 죄와 사망의 법에서 우리를 해방하였다고 선언한다.

그리스도인들에게 평안은 결핍이 없는 풍요로움 때문이 아니다. 오히려 풍요에 기댄 평안은 그 풍요가 사라질 때 두려움으로 변한다. 없어지는 세상 물질과 같은 순간적 안전과 중요성에 의존하는 평안이 아니라 기근도 핍박도 위협도 죽음조차도 십자가 안에서 다시 회복된 영원한 충만을 우리에게서 빼앗아 갈 수 없게 하는 그리스도가 우리의 주인으로 영원토록 왕 노릇하게 되었기에 순간적 결핍을 넉넉히 초월하여 평안을 누리게 된다.

충만 속에서는 결코 남의 것을 빼앗을 필요도, 남을 지배하여 우월하고자 할 필요도 없다. 이 법이 곧 생명의 영의 법이다. 따라서 예수 그리스도의 보혈로 말미암아 그를 믿는 자들은 사망의 법에서 전혀 다른 영역(하나님 나라)의 법인 그분 나라의 법에 거하게 된다. 그분이 지배하는 나라는 결코 결핍이 없는 충만의 상태다. 곧 세상에 없는 생명과 평화만이 존재한다. 비록 세상에 살고 있으나 크리스천들의 신분은 세상에 속한 사람이 아니라 하나님 나라의 법 아래 있는 하나님 나라의 시민권을 가진 자들이다. 가난하든 풍요롭든, 기쁘든 슬프든, 변화무쌍한 그 어떤 환경도 이길 수 있는 능력이 함께하시며 풍랑뿐만 아니라 죽음에서조차 자유할 수 있는 존재가 되었다. 즉 사망의 법에 머물러 있으면서도 사망을 이긴 생명의 법 아래 있는 존재가 되었다. 한 사람의 불순종으로 말미암아 사망이 왕 노릇하였듯이 이제 한 사람의 순종으로 말미암아 그를 믿는 자에게 생명의 영이 왕 노릇하게 되었다. 타락 전의 상태, 즉 다시 주리거나 목마르지 않고 영원토록 충만한, 하나님과 하나가 된 상태이다.

하지만 "마음으로는 하나님의 법을 육신으로는 죄의 법을 섬기노라."(롬 7:25)라고 바울이 말하는 이유는 무엇인가? 크리스천들의 삶이 때때로 생명의 영의 법과 반대가 될 때가 많다. 세상의 법에서 해방된 영에 속한 자녀라 할지라도 세상에 얽매이는 사람들과 다를 바 없이 여전히 영의 아버지를 욕되게 할 수도 있다. 이 또한 신분 때문이다. 비록 그 법에 거하는 신분이라고 할지라도 신분뿐일 뿐, 속사람의 생각은 옛 지배적 습관에 그대로 젖어 여전히 자신이 주인이 되어 채울 수 없는 것을 채우려다 원치 않는 사망의 열매를 맺게 된다. 그럴 수밖에 없는 것은 신분상으로는 영에 속한 자녀이나 영적으로는 갓 태어난 아기와 같기 때문이다. 그들은 장성한 자의 분량에 이르지 못해 스스로 옛 법에 매이게 된다. 원하는 바는 행치 않고 도리어 원치 않는 것을 하게 하는, 또 다른 '나'라는 육신(Sinful nature)이 하나님 대신 여전히 그들 자신의 주인이 되어 결핍을 채우려고 노력하게 만든다.

크리스천이 되었을지라도 여전히 세상 사람들처럼 두려워하는 이유는 무엇인가? 또한 시기와 질투와 분쟁이 반복되는 것은 무엇 때문일까? 그 이유는 하나님이 주인이 되어 우리를 주장하시게 하는 것이 아니라 자신이 여전히 주인이 되고자 하는 마음 때문이다. 스스로 결핍을 채우려고 하기 때문이다. 법 앞에서 인간의 의지는 무기력해진다. 결국 충만케 하시는 하나님이 우리 자신의 주인이 되실 때 비로소 사망의 법에서 해방되어 두려움 대신 생명과 평안이 우리 안에 임하게 된다. 곧 영원한 안전과 보증에 대한 믿음을 갖도록 하는 생명의 성령의 법의 지배가 세상의 모든 근심, 걱정을 잠재우고 평안을 지니게 한다.

수험생이 시험을 치를 때, 성령의 평안을 간구하는 것 역시 영이 자랐을 때 가능한 일이다. 크리스천들의 위험한 생각 중의 하나는 생명의 영의 법의 힘을 미신화하는 데 있다. 평안은 마음에서 나온다. 곧 지배적 생각이 마음의 평안을 좌우한다. 변치 않는 진리는 "육신의 생각은 사망이요 영의 생각은 생명과 평안"(롬 8:6)이다. 영원한 안전과 중요성의 완성을 믿는 영의 생각을 지니게 되었을 때만 평안이 깃들 수 있다. 곧 자신이 주인 자리를 내려놓고 만물을 충만케 하시는 평강의 주님이 주인 되시게 할 때 비로소 평안이 주어진다. 사랑으로 인도하시는 온전한 하나님이 우리의 모든 책임자(왕)가 되시도록 할 때, 비로소 그 시험에서 자유로워질 수 있다. 그 자유가 두려움을 내쫓고 우리 안에 평안을 가득하게 만든다.

내 의지로 무엇을 이루어 보겠다는 육신에 속한 옛 지배적 생각이 내 안의 평화를 내어쫓고 억압과 스트레스, 두려움을 불러온다. 참 자유는 무엇인가? 충만의 완성에 대한 확신이다. 영원한 안전과 중요성의 완성에 대한 믿음으로 온전해질 때 우리는 비로소 두려움을 이기고 하늘의 참 평안을 누릴 수 있다. 곧 성숙이다. 우리의 머리카락까지 세시는 전능자 하나님, 모든 것을 협력하여 선을 이루시는 하나님, 그 어느 것도 우리를 그분의 사랑에서 끊을 수 없게 하시는 하나님, 세상 끝날까지 함께하시겠다고 하신 하나님을 아는 지식의 깊이가 깊어질 때,

결핍과 절박한 상황 속에서도 두려움 대신 하늘의 평안이 우리 마음 안에 임하게 된다. 하나님을 아는 지식이 자라게 될 때 비로소 평안이 깃들게 된다. 세상을 이기는 하늘의 평화가, 화목을 위해 오신 예수 그리스도로 말미암아 이 땅에 있는 하나님이 기뻐하시는 자들에게 임하게 되었다(눅 2:14).

하늘의 높이를 누가 알 수 있고, 바다의 모래를 누가 셀 수 있고, 깊은 바닷물의 양을 누가 측정할 수 있고, 우리의 수명을 누가 알 수 있을까? 누가 지혜로 구름의 수를 셀 수 있고, 누가 빛을 발하게 하고, 누가 어두운 밤에 빛을 비추며, 누가 번개를 내며, 누가 남풍과 북풍을 보내겠는가? 누가 빛과 어둠을 만들며, 누가 물건이 땅에 떨어지는 것을 막겠는가? 누가 오늘 일을 자랑하며 누가 내일 일을 자랑하겠는가? 인간의 의지는 부질없는 몸부림에 불과하다. 누가 머리카락까지 셀 수 있고, 누가 내일 일을 알 수 있을까? 어떤 길은 인간들 보기에 바르나 필경은 패망의 길이 될 수 있다(잠 14:12). 미래를 알 수 없기에 인간들은 두려워하고 불안해한다. 알 수 없기에 결과에 집착한다. 잘되기만을 바라며 잘못될까 두려워한다. 집착과 좋은 결과를 바라는 마음이 자유를 억압하여 평안을 내쫓는다.

사도 바울은 "그러므로 나는 약할 때나 모욕을 받을 때나 궁핍하게 될 때나 핍박을 받을 때나 어려움이 있을 때, 그리스도를 위해 기뻐합니다. 왜냐하면 나는 약할 그때에 강하기 때문입니다."(고후 12:10, 쉬운성경)라고 말한다. 요셉의 억울함과 고통스러움이 오히려 자신과 이스라엘을 구원시켰다. 하나님을 아는 지식이 자신의 의지를 버리고 하나님의 주권적 통치가 왕 노릇하게 하여 좌절과 분노와 원수 갚는, 즉 세상이 추구하는 것을 이기고 세상에 없는 하나님 나라 법의 의[義(Goodness)]와 평강(Peace)과 희락(Joy)의 풍성함을 넘치게 하였다. 생명의 영의 법, 곧 진리를 아는 지식만이 비로소 이 모든 속박에서 자유롭게 한다(요 8:32).

세상 사람들은 결핍에서 두려움을 느끼고, 충족 속에서 교만하게 된다. 두려움도 교만도 고통이며 고뇌다. 생존에 대한 안전과 자신의 존엄성에 대한 보증을 오직 자신만이 책임져야 하기에 자유를 빼앗기게 된다. 하나님을 떠났기에 자유를 잃어버렸다. 스스로 자초한 비극이다. 생명의 영의 법에 거할지라도 우리 안에 하나님의 형상이 회복돼야 우리의 나약함, 초라함, 비천함을 넉넉히 이길 수 있다. 그제서야 우리는 누구도 빼앗아갈 수도, 도둑질할 수도, 퇴색시킬 수도 없는 하늘의 평화, 하늘의 기쁨, 하늘의 희락, 하늘의 충만함을 누리며 살게 된다. 영이 자라날 때 가능한 일이다. 오 리를 가자고 하면 십 리를 동행해 주고, 오른 뺨을 때리면 왼 뺨을 내밀고, 속옷을 뺏으려는 자에게 겉옷까지 내주라 하셨는데 그러지 못하는 것은 무엇 때문일까? 우리의 욕심과 이기심을 비우지도 버리지도 못해서가 아니다. 그 이유는 영원한 안전과 중요성을 믿게 하는 영의 생각인 생명의 영의 법이 아직도 온전히 우리 자신을 지배하지 못하고 있기 때문이다.

때로는 겸손하고자 노력할 수 있다. 율법이 겸손을 말하고 있기에 율법을 따르기 위해 노심초사할 수 있다. 어떻게 보면 매우 신실하고 신앙적인 행동처럼 보이나 사실은 불신앙적인 율법적, 종교적 행위일 따름이다. 사망의 법에서 해방되기는커녕 쳇바퀴를 맴도는 일에 불과하다. 다시 주리고 다시 목마르게 된다. 겸손이 표면에 나타난 결과라면 그 결과를 나타나게 한 원인이 표면을 지배하는 법(프로그램/에고/무의식)이다. 교만을 낳게 하는 속사람은 그대로 두고 표면이나 깨끗이 하려고 한다면 결국 교만을 다시 낳게 된다. 교만은 사망의 법의 산물(Product)이다. 교만 스스로 교만을 낳는 것이 아니다. 사망의 쓴 뿌리가 교만을 낳게 한다. 남들의 관심과 배려가 자긍심을 갖게 한다. 남들보다 우월하게 될 때 비로소 자신이 중요한 존재라는 것을 느끼게 하는 사망의 법이 교만을 낳게 한다. 아무도 알아 주지 않는데 내 존엄성을 어디서 찾는단 말인가? 하나님이 없다면 이 또한 그것들만이 존재감을 가져다 줄 수밖에 없다. 결국 아무리 겸손하고자 해도 우월을 통해서 자신의 존엄성을 찾을 수밖에 없다. 이 법을 따르면 누구든 교만할 수밖에 없다. 자신이 주인이 되는 사망의 법을 떠나 충만의 본체이신 하나님이 왕 노릇하는 생명의 법에 거하지 않는 한, 겸손의 노력 역시 다시 교만에 이르게 할 뿐이다. 다시 주리고 다시 배고프게 하는 저주의 굴레 속에서 해방은 오직 영원한 충만의 보증인 생명의 영의 법, 즉 하나님이 주인이 되어 우리 안에서 왕 노릇하실 때 가능하다. 죽음조차 끊을 수 없는 그분의 충만의 보증이 우리를 지배하는 법이 될 때 즉, 영원한 안전과 중요성의 보증에 대한 믿음(지배적 생각/신앙)만이 우리로 하여금 남을 지배하고자 하는 생각을 버리게 하고, 교만에서 벗어나 겸손의 열매를 맺을 수 있게 한다.

그리스도를 욕되게 하는 일은 무엇인가? 그리스도의 마음을 아프게 하는 것이 무엇인가? 육에서 해방된 자들이 여전히 육신의 생각에 머물러 있는 상태다. 그리스도로 말미암아 상속된 충만을 믿고 따르는 것이 아니라 채울 수 없는 결핍을 채우려다 채울 수 없어 분노하고 좌절하는 상태다. 자기도취에 빠져 욕구 충족을 영원한 해방으로 착각하여 교만하고, 우월해지기 위해 남을 딛고 일어서는 죄를 짓는 상태다. 이러한 습관을 버리는 작업이 곧 크리스천의 영적 성숙 곧 인간 의지의 포기다. 그러나 그 포기는 버리는 것이 아니라 충만을 이룰 수 있는 하나님의 능력을 믿어 하나님이 주인이 되어 채우시도록 하는 일이다.

하나님은 만물 위에 있는 주권자로 충만케 하시는 분이다. 만물은 그분의(Of) 것으로 그분을 위해(For) 그분에 의해서(By) 다스려진다(God is in control). 내가 할 수 없는 일을 하나님이 하실 수 있도록 우리의 주권을 그분에게 위임할 때 비로소 그 충만의 속성이 성취될 수 있다. 하지만 이것은 자기를 포기할 수 있는 능력을 지닐 때만 가능하다. 곧 영적 성숙은 그 능력까지 자라게 하는 일이다. 인간의 의지로는 사망의 법에 대항할 수 없다. 인간의 인위적 의지는 다시 원위치로 되돌아간다. 아직도 우리 안에 옛 지배적 습관으로 남아 있는 육신의 힘을 대적하기 위해서는, 그 세력을 물리칠 수 있는 더 강한 힘이 지배할 수 있게 해야 한다. 즉 하나님의 주권적 지배, 하나님의 나라가 도래하도록 하는 데 있다. 예수님은 "누가 염려함으로 그 키를 한 자라도 더할 수 있겠느냐?"(마 6:27), "그런즉 너희는 먼저 그의 나라와 그의 의를 구하라 그리하면 이 모든 것을 너희에게 더하시리라."(마 6:33)라고 말씀하신다. 영의 지배를 따라 인간이 할 수 있는 일을 포기할 때 이 모든 것이 더해진다고 말씀하신다. 그 포기는 충만케 하시는 하나님이 주인이 되시도록 하는 일이며, 그 지배는 곧 영의 성숙으로 하나님에 대한 믿음이다.

어머니 뱃속에서 태어날 때 스스로 태어나는 순간을 인식하는 사람은 아무도 없다. 거듭남도 마찬가지다. 거듭남으로 하나님의 자녀가 되었다는 사실을 인식하려면 영이 자라야만 한다. 이처럼 이미 하나님의 충만이 우리에게 상속된 신분이 되었다 할지라도 그것을 알기 위해서는 자라야만 한다. 또한 자라게 되었을 때 비로소 사망의 법에서 해방되어 그분 나라의 법에 속한 풍성함에 이를 수 있다.

존 웨슬리는 세상 사람들과 같은 자신의 모습을 항해 도중 발견하고 실의에 빠졌다. 하지만 다시 거듭남에 대한 확신으로 새롭게 되어 세상을 새롭게 변화시킨, 그리스도의 신실한 종이 되었다. 그 중생의 체험이 무엇이었는가? 그것은 '죄와 사망의 법에서 구원받았다는 확신' 이었다. 거듭난 후 아무리 죄와 사망의 법에서 해방된 신분이라 할지라도 자라서 자신이 그러한 존재라는 사실을 깨닫기까지는 새로운 법의 열매와는 무관하게 된다. 먹음직하고 보암직하고 탐스러운 사망의 법의 미끼를 분별하는 것은 어린 아이의 분별력으로는 불가능한 일이다. 사망의 법이 무엇인지 모르는데 어떻게 그 사망의 법에서 해방되고 해방된 기쁨을 누릴 수 있겠는가? 자라야 알 수 있고, 알아야 배척할 수 있고, 배척할 수 있을 때 생명의 법이 왕 노릇할 수 있고, 생명의 법이 왕 노릇할 수 있을 때 비로소 생명의 영의 열매를 맺을 수 있다. 그러기에 바울도 그 무서운 정체를 뒤늦게 알았고 존 웨슬리도 그 무서운·법과 해방의 길을 깨닫는 데 많은 시간이 필요하였다.

바울은 "내가 이미 얻었다 함도 아니요 온전히 이루었다 함도 아니라 오직 내가 그리스도 예수께 잡힌 바 된 그것을 잡으려고 달려가노라. … 나는 아직 내가 잡은 줄로 여기지 아니하고 오직 한 일 즉 뒤에 있는 것은 잊어버리고 앞에 있는 것을 잡으려고 푯대를 향하여 그리스도 예수 안에서 하나님이 위에서 부르신 부름의 상을 위하여 달려가노라."(빌 3:12-14)라고 말한다. 모든 크리스천들에게 하나님의 충만의 보증은 이미 완성되었다. 이것은 신분적으로는 완성되었으나 그 열매와는 무관하다. 그러므로 얽매이기 쉬운 모든 길들여진 사망의 법의 지배적 생각을 뚫고(Breakthrough) 세상을 이기게 하는 충만의 본체이신 하나님의 법에 이르는 순례(Pilgrim)의 길이 곧 크리스천들이 가야 할 여정이다.

충만에 거하는 자의 자세 | The Right Response to a New Creation

돈이 미래의 안전(Security)을 지켜 줄 수 있다는 믿음 때문에 인간들은 돈에 의존한다. 결국 돈의 운명이 곧 안전의 운명이다. 하지만 돈이 사라짐과 동시에 안전 역시 사라질 수밖에 없다. 실로 죽음 앞에서 돈이란 한낱 종잇장에 불과하다. 육신의 장막이 무너짐과 동시에, 안전을 보증해 준다고 믿었던 돈도 결국 '구멍이 뚫려 도둑질당하고 좀이나 동록(녹슬음)에 의해 해(Destroy)'를 받을 수밖에 없다(마 6:19).

인간은 남들의 칭찬과 인정 속에서 자신의 존재적 중요성[(자존감)(Significance)]을 지킬 수 있다고 믿기에, 남들이 이루지 못한 성공, 업적, 높은 신분을 성취하고자 끊임없이 노력한다. 하지만 그 존재적 중요성(자존감)도 그것들이 사라짐과 동시에 사라진다. 칭찬이나 인정이 냉대와 싸늘한 비웃음으로 바뀐다. 솔로몬의 위대한 업적도 살아 있는 들의 백합꽃 하나만도 못한 존재가 되었다(마 6:29)고 예수님은 말씀하셨다. 아름답게 만개한 백합이 곧 시들고, 영롱한 아침 이슬도 해가 뜨면 바로 사라지듯이 화려한 업적도, 기념비적인 공로도, 높은 신분도 시간의 흐름과 함께 언젠가는 역사의 뒤안길로 유유히 사라지게 된다. 세상의 기준으로 볼 때 인간들이 믿음의 대상으로 여기는 외적(가시적)인 것들은 있다가도 사라지는 것이며, 결국엔 도적이 구멍을 뚫고 빼앗아 간다. "만일 온 천하를 얻고도 제 목숨을 잃으면 무엇이 유익하리요."(마 8:22, 16:26; 눅 9:25)라고 예수님은 청중에게 질문하셨다. 하지만 모순되게도, 자기가 무엇을 이루었다고 자랑하는 자들은 누구인가? 없어질 것을 손에 쥐고 천하를 얻었다고 자랑하는 자들이다. 스스로 지혜롭다고 하나 자기가 자기 교만과 죄에 빠져 반드시 없어질 그것들을 영원한 우상으로 섬기고 부끄러움을 도리어 자랑으로 여기며 교만 속에서 죄를 짓고 사는 자들이다.

보이는 형상을 만들고 섬기는 것만을 우상 섬기는 일로 착각해서는 안 된다. 불교인들조차 보이는 불상을 섬기지는 않는다. 그들이 섬기는 믿음의 대상은 무엇인가? 오직 자신뿐이다. 그래서 부처(깨달음을 얻은 사람)와 같이 세상을 초월할 수 있는 깨달음에 도달하려고 한다. 그 무아지경의 경지만이 고통을 낳는 욕망의 사슬(윤회)에서 해방되는 길이라고 믿기 때문이다.

예수님은 한 사람이 결코 두 주인을 섬길 수 없다고 말씀하신다(마 6:24). 하나님과 재물을 결코 겸하여 섬길 수 없다는 뜻이다. 재물뿐만 아니라 하나님 외에 다른 어떤 것도 두 주인으로 겸하여 섬길 수 없다는 말씀이기도 하다. 크리스천들이 하나님 외에 다른 것을 섬기는 것은 곧 두 주인을 섬기는 일이다. 그러기에 "자기의 육체를 위하여 심는 자는 육체로부터 썩어질 것을 거두고 성령을 위하여 심는 자는 성령으로부터 영생을 거두리라."(갈 6:8)라고 성경은 단호히 언급하고 있다. 크리스천들은 하나님과 욕구 충족의 대상 두 가지 중에서 하나만을 선택해야 할 뿐이다.

하나님이 없는 자들에게 돈은 절대적이다. 돈이 없다면 그 무엇이 자신들의 미래를 안전하게 보증해 줄 수 있겠는가? 명예나 권력이나 학벌이나 신분 등, 이렇다 할 만한 것이 아무것도 없는 자는 스스로 자신을 인정하고 칭찬할 만한 인간의 존엄성을 어디에서 찾을 수 있겠는가? 아무리 많은 것을 깨닫고 마음을 비운 자라 해도 자신의 안전과 존엄성을 스스로 지킬 수 없으며 그 누군가가 지켜 줄 수도 없다. 하나님이 아니면 결국 물질이든, 돈이든 자신의 사회적 신분이든, 권력이든, 학벌이든, 인간의 능력이든 외적인 그것을 의지하며 믿고 숭배하며 살 수밖에 없다. 결국 양자택일이다. 하나님 아니면 자기 자신이다. 즉 영원한 안전과 중요성에 대한 하나님의 충만에 대한 상속을 믿거나, 아니면 반드시 사라질 물질이나 학벌이나 성공이나 자신의 능력이나 권력을 우상으로 섬길 수밖에 없다.

무화과나무에 소출이 없어도, 끼니를 채우기 위한 한 줌의 밀가루가 없어도 우리가 두려워하지 않아도 되는 이유는 무엇인가? 또, 생명을 위태롭게 하는 풍랑 앞에서도 고요한 마음을 지닐 수 있는 이유는 무엇인가? 다시 주리고 다시 목마르게 하는, 즉 있다 없어지는 재물, 학벌, 명예, 성공, 능력, 공로 때문이 아니라 다시는 변치도 않고 주리지도 않으며 목마르지도 않은 영원한 충만, 즉 하나님의 영원한 안전(Eternal security), 영원한 중요성(Eternal significance)에 대해 십자가로 보증하신 사랑의 약속 때문이다.

모든 육체는 풀과 같고 그 모든 영광 역시 들의 꽃과 같다. 풀은 마르고 꽃은 떨어지되 오직 주의 약속의 말씀만이 세세토록 존재할 뿐이다(벧전 1:24). 재물이나 소유물이 소멸되어 안전이 위협받는 순간이나, 비판으로 인해 인격이(중요성) 위협받는 중에도 우리가 마음의 고요를 누릴 수 있는 것은 마음을 비움으로 부족함을 순간적으로 잊는 도피적 행위 때문이 아니다. 세세토록 다시 주리지도 목마르지도 않게 하시는 그분의 영원한 충만에 대한 약속 때문이다. 즉, 영원한 안전과 중요성을 지켜 주시고 상속해 주신 십자가의 보증 때문이다. 절대불가결한 필요를 결코 부정하는 것도, 도피를 통한 순간적 안전을 찾는 안일함도 아닌, 다만 다시 주리지도 목마르지도 않는 그분 속성인 충만의 상속을 믿기 때문이다.

인간들의 약속은 결국엔 식언(食言(Breaking a promise)]이 될 수밖에 없다. 부귀와 권세를 누렸던 솔로몬도 마지막에 허탄한 거짓말을 하지 않기를 간절히 기도하였다(잠 30:8). 돈으로도, 권세로도 결코 자기가 한 약속을 지킬 수 없다는 사실을 경험했기 때문이다. 온전한 사랑은 하나님의 사랑뿐이다. 온전한 사랑은 그 어느 곳에서도 그분 외에는 존재할 수 없다. 절박한 상황에서 도움을 줄 수 없는 인간의 무능력한 사랑이란 결코 온전한 사랑이 아니며, 사랑의 약속에 대한 믿음의 대상이 될 수도 없다. 시간과 공간에 얽매여 그것에서 조금도 벗어날 수 없는 인간들의 감성적, 이성적 사랑이란, 결국 믿음의 대상이 아니라 식언의 대상이 될 뿐이다. 그리스도가 영원한 충족으로 믿음의 대상이 되는 이유는 무엇인가? 그분만이 모든 것을 초월하여 온전한 사랑을 할 수 있기 때문이다.

인간은 스스로 다른 존재로 변할 수 없다. 뿐만 아니라 온전한 능력과 온전한 공의와 온전한 사랑을 지닌 하나님 역시, 자신의 선한 속성을 스스로 변화시킬 수 없다. 어느 상황이나 조건 속에서도 변함없는 그분의 절대적 속성은 결코 변치 않는다. 따라서 하나님만이 자신이 약속한 사랑을 지키실 수 있는 유일한 분이기에 믿음의 대상이 될 수 있다.

다윗은 "여호와는 천지와 바다와 그 중의 만물을 지으시며 영원히 진실[성실, NIV]함을 지키시며"(시 146:6)라고 고백한다. 그분만이 영원히 계시며 그분만이 약속하신 바를 지키시는 무소부재하시며 전지전능하신 분이라는 것을 깨달았기 때문이다.

요한1서는 오직 하나님의 사랑만이 온전한 사랑이며, 두려움이 없고, 세상의 위협 속에서 두려움을 내쫓는다고 언급한다(요일 4:18). 두려움을 내쫓을 수 있는 능력은 무엇인가? 잠시 존재하다가 언젠가는 사라질 소유나 권력은 그 대상이 될 수 없다. 다시 채워져야만 하고 다시 배고플 수밖에 없는 순간적 충족들이란 또 다시 두려움을 만들 뿐이다. 충족될 수 없는 욕망은 또 다시 두려움과 함께 좌절과 낙심을 가중시킨다. 다시 주리지도 목마르지도 않게 하시는, 십자가로 약속된 그분의 영원한 사랑에 대한 보증만이 인간의 두려움을 영원히 제거할 수 있다.

로마서는 "누가 능히 하나님께서 택하신 자들을 고발하리요 의롭다 하신 이는 하나님이시니 … 사망이나 생명이나 천사들이나 권세자들이나 현재 일이나 장래 일이나 능력이나 높음이나 깊음이나 다른 어떤 피조물이라도 우리를 우리 주 그리스도 예수 안에 있는 하나님의 사랑에서 끊을 수 없으리라."(롬 8:33-39)라고 언급한다. "좀과 동록이

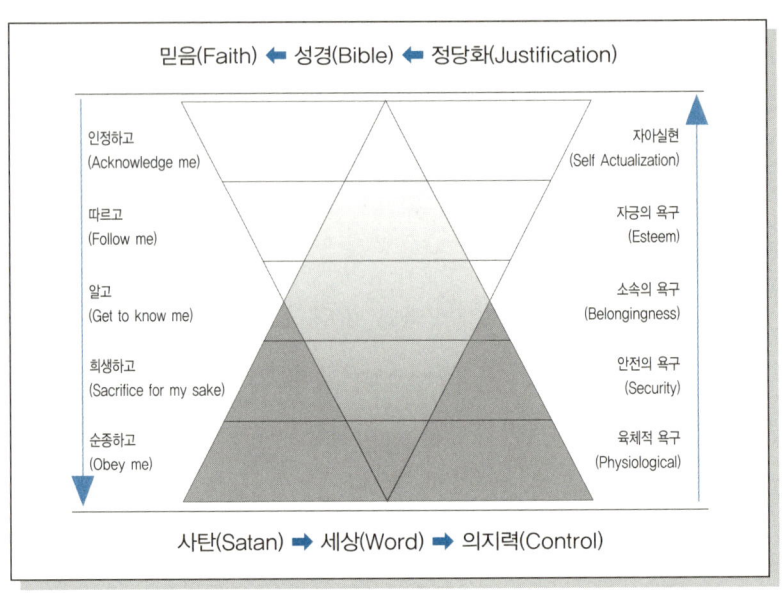

해하며 도둑이 구멍을 뚫고 도둑질하느니라."(마 6:19)라는 말씀처럼 고갈될 수밖에 없는 순간적 충족이 아니라 누구도, 그 무엇도 죽음조차 뺏을 수 없는 영원히 목마르지 않는 충족(영원한 안전)에 대한 보증이다.

하나님의 자녀가 감당해야 할 사명은 결핍을 채우기 위한 인간의 의지적 노력 대신 위의 도표처럼 이미 허락하신(주신/완료된) 충만에 감사하고, 기뻐하고, 믿고, 인식(Knowledge)하고, 따르고(Follow), 알고(Know), 희생(Sacrifice)하고, 순종(Obey)하는 것이다. 육의 지배적 사고(생각)에 따라 사는 것이 아니라, 새로운 피조물의 신분으로 그분의 영의 지배적 사고(생각)에 따라 사는 일이다(롬 8:6).

크랩(Crabb)은 "크리스천들은 결코 결핍 때문에 활동하는 것이 아니라 도리어 충만함 때문에 활동하게 된다. 예배나 헌신을 통해서 우리의 삶은 충만함이 표현되어야만 한다."라고 역설한다.[45] 새로운 피조물로서 크리스천들의 정체성은 돌고 도는 수레바퀴와 같이 영원히 맴돌 수밖에 없었던 비참한 운명의 수레바퀴에서 해방된 존재라는 데 있다.

우리가 해야 할 일은 욕망의 굴레에서 해방되기 위해 노력하는 것이 아니라, 새로운 피조물로서 하나님의 자녀가 된 자신의 정체성(Identity)을 굳게 하여 이미 완성된 충만을 믿고 따르고 순종하는 것이다. 하나님 나라의 충만(풍성)함을 얻기 위해 믿는 것이 아니라 그리스도로 말미암아 이미 완성된 충만을 기뻐하는 일이 하나님 백성의 바른 자세이다.

성경은 '그리스도의 몸'이라는 은유적 표현을 빌어서 그리스도와 그분 지체(교회)의 관계성을 설명하고 있다. 그리스도께서 그분의 몸의 머리로서 우리와 함께 거하신다(골 1:15-19)는 표현이다. 상징적이고 추상적인 존재로서 우리 안에 거하시는 분이 아니라, 한 몸으로 이루어져 끊을 수 없는 그분 몸(지체들)의 머리로서 존재한다는 의미다. 성찬 예식의 의미가 무엇인가? 그분과 우리가 한 몸이라는 사실을 상기시키기 위해 우리에게 명하신 예식이다. '포도나무와 가지'처럼 우리의 신분은 '홀로'가 아니라 나무에 붙어 있는 가지와 같다. 충만의 본체이신 그리스도가 머리 되시며 우리는 그분의 지체들과 연결되어 그분 안에 거하게 된다는 사실을 확인시켜 주시고자 우리에게 주신 명령이다. 새로운 피조물이 된 우리에게 그분의 충만은 이미 채워져 있다. 이와 같이 절대적인 그분의 존재와 끊을 수 없는 관계로 우리가 살게 된다는 것을 기억시키려는 그분의 배려가 성찬 예식이다. 부도덕한 행동에 대한 죄책감이나 그리스도의 희생적인 죽음에 대한 애도가 성찬의 의미가 아니다. 성찬은 그분으로 말미암아 이미 완성된(채워진) 충만을 기뻐하며 축하(Festival)하는 의식이다.

예배란 무엇인가? 축제(Celebration)가 곧 예배다. 종의 신분에서 해방된 것을 기념하는 축제가 곧 예배 의식이 된다. 죄와 사망에서 해방된 감격을 누리는 것이며, 원수 된 사망의 법의 사슬을 십자가의 보혈로 끊으신 그분의 영광에 기쁨과 찬송으로 동참하는 일이다.

1년에 백오십만의 관광객들이 방문할 정도로 아름다운 미국 캘리포니아 주의 라구나 힐스(Laguna Hills)의 비탈진 언덕 위에는, 창문 너머로 바다가 훤히 보이는 조그만 한 커피숍이 있다. 내가 그곳을 자주 찾게 되는 이유는 이 커피숍이 남다른 점이 있기 때문이다. 이곳에선 사람들이 남들 시선에 아랑곳하지 않고 자신들의 일만 열심히 하는 이색적인 광경을 볼 수 있다. 생음악이 흐르는데도 신경 쓰지 않고 책을 읽기도 하고, 숙제를 하기도 하며, 심지어 글을 쓰기도 한다. 장기(Chess)를 두고, 신문을 읽고, 대화를 나누며, 음악을 감상하기도 한다. 어느 날 나는 풀리지 않는 원고 내용과 씨름하기 위해 아침 일찍 조용한 시간을 택하여 그곳을 방문하였다. 하지만 안타깝게도 그날따라 커피를 사 마실 수가 없었다. 아침시간이라 그랬는지 커피숍에 거스름돈이 충분하지 않았다. 그 순간 어디선가 중년의 부인이 나타나서 지폐를 들고 고민하고 있는 나에게 "걱정할 것 없습니다(It's Okay)."라며 말을 건넸다. 나는 그 여인이 내가 가진 지폐를 바꾸어 줄 만큼 충분한 잔돈을 가지고 있는 줄 알고 다행이다 싶었다. 그래서 나는 그 여인에게 내가 가진 지폐를 건네주었다. 그런데 그 여인은 내 지폐를 받지 않고 커피숍 주인에게 내 커피 값을 대신 지불하는 것이 아닌가. 그 여인이 한 말의 의미는 잔돈을 바꾸어 주겠다는 뜻이 아니라 내 커피 값을 대신 지불하겠다는 뜻이었다.

  그 한 잔의 커피를 들고 의자에 앉아 잠깐 침묵 속에 잠겨 있었다. 이때 번뜩 내 뇌리를 스쳐간 것은 비록 이 커피 값을 내가 지불한 것은 아니었지만 분명히 그 여인이 정당한 값을 지불하였기 때문에 나는 커피숍 주인이나 누구에게도 미안해하지 않고 편안하게 커피를 마셔도 된다는 생각이었다. 그리스도의 은혜로 값없이 주어진 자유는 그 누구도 빼앗아 갈 수 없다는 사실을 다시 한 번 확인하는 순간이었다. 순간 고마운 생각이 들어 고개를 돌려 그분의 얼굴이라도 한번 보고자 하였으나, 그 중년 부인의 얼굴은 끝내 보이지 않았다. 그리고 풀리지 않고 막혀 있던 원고가 바로 그 시점에서 그 사건으로 인하여 깨끗하게 해소되었다. 그후에도 내가 자유해야 할 일에 자유하지 못하여 휘청거릴 때마다 하나님은 나에게 그리스도인의 바른 자세를 깨우치도록 이러한 일들을 반복하여 보여 주셨다.

  바울은 "예수 그리스도께서 너희 안에 계신 줄을 너희가 스스로 알지 못하느냐?"라고 방황하는 고린도 교인들을 향하여 권면의 글을 보냈다(고후 13:5). 상속되고, 보증되고, 확증된, 누구도 끊을 수 없는 그분의 영원한 사랑이 이미 우리의 것(한 몸)이 되었기 때문이다. 그분의 '충만'한 속성을 우리에게 주시기 위해 그분이 값을 이미 지불하여 그 충만이 우리의 것이 되었다. 다시 지불하려고 노력하는 것은 그분에 대한 조롱이 된다. 크리스천들의 바른 반응은 무엇일까? 곧 믿음이다. 그분의 은혜, 그분의 공로, 그분의 사랑을 믿고 순종하고 감사하며 기뻐하는 일이다.

성경은 "기뻐하고 기뻐하라(Joy/Rejoice)" 하고 말씀하고 있다. 수많은 곳에서 이 단어가 쓰였다. 하지만 이 단어는 세상 사람들이 추구하는 행복이나 즐거움(Happy/Pleasure/Enjoy)과는 전혀 다른 의미를 지니고 있다. 만족함으로 행복감과 즐거움을 느끼는 것이 아니라 어려움 속에서도 기뻐(Rejoice)하는 것이다. 결핍 상태가 충족됐을 때 얻는 즐거움이 아니라, 이미 채워졌고 예비되었으며 준비된 상태임을 믿는, 믿음으로 인한 기쁨을 요구하고 있다. 그 어떤 것도 우리를 향한 측량할 수 없는 그분의 깊고 넓고 높은 사랑에서 우리를 갈라놓을 수 없다는 것을 믿는다면, 험난한 계곡을 건너는 것과 같은 어려운 여건 속에서도 크리스천들은 기뻐할 수 있다.

예수님은 "그러나 귀신들이 너희에게 항복하는 것으로 기뻐하지 말고 너희 이름이 하늘에 기록된 것으로 기뻐하라."(눅 10:20) 하고 말씀하신다. 잠시 있다가 없어지는 순간적인 즐거움이 아니라 그분의 자녀로서 누리는 영원한 충족에 대한 보장과 상속에 대한 기쁨에 대해서 말씀하고 계신다. 그리스도가 우리에게 주시는 것은 다시 배고프고 목마를 수밖에 없는 결핍에 대한 충족의 즐거움이 아니다. 순간적 충족이 아니라 도리어 다시는 목마르지 않고 다시는 주리지 않는 그분의 영원토록 충만(충족)한 사랑에 대한 보장이며, 그분의 자녀로서 누리는 행복이고, 상속자(하늘나라에 이름이 기록)의 기쁨이므로 낙심 중에도, 좌절 속에서도, 슬픔 가운데서도 기뻐할 수 있는 참된 즐거움이다.

6. 끝나지 않은 과업
– Unfinished Business

두 지배적 영역 | The Beliefs of Two Reigns

사도 바울은 '정당화'라는 은유적 표현을 통하여 크리스천들의 구원을 설명하였다(롬 1:17, 8:30; 고전 6:11; 갈 3:24). 하나님의 나라(천국)를 그 무엇으로도 설명할 수 없기에 세상의 것을 비유로 들어 설명하였던 것처럼, 크리스천들의 신분(정체성) 역시 단적으로 무엇이라 설명할 수 없기 때문에 은유적(Metaphor) 표현을 사용하였다. 사실 구원받은 크리스천들의 신분에는 초월적이고 역설적인 내용이 담겨 있기 때문에 인간의 이성으로 쉽게 이해할 수 있는 것은 아니다.

'정당화(Justification/Righteousness)'라는 표현은 그 옛날 헬라 특수 문화권 속에서 통용되던 법적인 용어였다. 재미있는 사실은 '정당-화'는 글자의 뜻대로 정당(Just/Right)한 것과 거리가 멀다. 바르거나 옳거나(Right) 정당한 것(Just)이 아니라, 옳지도 바르지도 정당하지도 않은 상태지만 옳은 것으로, 죄인이나 죄 없는 자로 정당화(Justified)되었다는 개념이다.

하나님 외에는 의로운 자가 없다(롬 3:10). 타락 후 하나님의 형상이 상실된 인간은 삐뚤어진 육의 생각만으로 무엇이든 일그러지고 찌그러지게 보고 판단하는 잘못된 판단(편견)의 노예로서 생활하게 되었다. 채울 수 없는 것을 채울 수 있다고 착각하기 때문에 비록 선을 추구한다 할지라도 생각지도 못한 죄를 범하게 된다. 크리스천들뿐만 아니라 비(非)기독교인들 역시 부인할 수 없는 사실이다. 이와 같은 현상은 탁상공론이나 추상적인 개념이 아니라 모든 사람들이 매일매일 삶 속에서 경험하는 부정할 수 없는 현실(Reality)이다.

의(義)의 본체이신 하나님과 교통(Communication)하기 위해서는 상대 역시 의(義)로워야만 한다. 불일치[불화(Discord)]는 소통의 단절을 낳는다. 불행하게도 아담의 범죄로 인한 죄의 유전으로 인간과 하나님이 교통할 수 있는 의(義)의 접촉점(Connecting point)이 단절되고 말았다. 빛과 어두움이 공존할 수 없듯이 죄와 의는 서로 공존할 수 없는 원수가 된다. 그렇지만 모순되게도, 그분과 원수가 되는 원치 않는 죄 된 속성을 우리 안에 여전히 지니고 있음에도, 성경은 우리를 의로우신 하나님과 교통할 수 있는 구원받은 자녀의 신분으로 정당화되었다고 선언한다.

하나님의 자녀라는, 크리스천의 자격은 결코 우리가 의롭고 정당하여 소유하게 된 것이 아니다. 다만 그리스도께서 우리 죄의 대가를 대신 갚아 주심으로써 오직 그분 앞(God's sight)에서 의인의 신분이 되었을 뿐이다. 죄가 없거나, 그분의 의에 도달하였거나, 정당하다는 말이 아니다. 다만 그분의 의(義)의 기준에서 볼 때, 우리가 죄 없는 의인으로서 그분과 교통할 수 있는 정당화(Justified)된 상태에 이르게 되었을 뿐이다. '정당화'라는 단어는 '무죄 선언(To declare us not guilty)'이 라는 법정 용어에서 유래되었다. 어느 성경 번역본은 '정당화' 대신 '무죄 선언(Not guilty)'으로 표현하기도 한다.[46] 무죄가 선언되었다면 누구도 정죄할 수 없는 의로운 자가 되며, 그 의로움으로 인하여 의로운 하나님과 교통할 수 있게 된다. 그러나 하나님 앞에서만 의인으로 인정되었을 뿐 인간들 편에서는 여전히 죄를 짓는 죄인으로 머물게 된다. 구원의 신비를 벗기는 이 은유가 이성으로 이해할 수 없는 역설적인 개념을 완벽하게 표현하고 있기 때문에 수많은 크리스천들이 이 말씀으로 인하여 중생을 확신하게 된다.

'양자(Adoption)'라는 단어는 크리스천의 신분 상태를 보다 더 분명하게 설명해 주는 또 다른 은유적 표현이다. 양자란 자녀가 될 만한 자격과 상관없이 일방적으로 택함 받아 자녀가 되고 자녀가 누릴 수 있는 상속의 특권을 부여받은 자들이다. 그러나 이 표현 역시 양자된 신분이 속사람의 성품과 무관함을 설명해 주고 있다. 아바 아버지라 부를 수 있는 자녀가 되었다 할지라도 신분만 그러할 뿐, 아버지의 성품과 원수가 되는 옛 지배적 속성을 여전히 지니고 있다는 내용을 잘 함축하여 표현한 단어라 할 수 있다.

바울이 고민하였던 것도, 믿음의 선진들이 자신의 사랑조차 위선의 죄라고 고백하며 슬퍼했던 것도 바로 자신 안에 존재하는 또 다른 자신의 존재를 알았기 때문이다. 내 안에 불순물로 남아 여전히 나 자신을 지배하는 원치 않는 '나'를 성경은 '육신(Sinful Nature)'으로 표현한다. 현대적 용어를 빌린다면, 이미 언급한 것처럼 '이기심(Selfishness)', '에고(Ego)', '무의식(Unconscious mind)', '잘못된 프로그래밍(Wrong Programing)' 등으로 표현할 수 있다.

성경은 "다시는 종의 멍에를 메지 말라."(갈 5:1), "육신에게 져서 육신대로"(롬 8:12), 등 동일한 의미를 가진 많은 구절들을 통하여 거듭거듭 강조하고 있다. 비록 신분상으로는 그분의 지배를 받는 영의 자녀가 되었다 할지라도 여전히 속사람의 성품(Sinful nature)은 신분과 관계없이 그대로 남아 있음을 암시한 말씀이다. 그리스도를 믿어 구원은 이미 이루어졌으나, 육신과 싸우는 영적 전쟁(갈등)은 아직도 끝나지 않은 상태에 머물고 있는 신분(Already, but not yet)이 크리스천의 정체성이다.

로마서는 "내가 그리스도와 함께 십자가에 못 박혔나니 그런즉 이제는 내가 사는 것이 아니요 오직 내 안에 그리스도께서 사시는 것이라."(갈 2:20상), "무릇 하나님의 영으로 인도함을 받는 사람은 곧 하나님의 아들이라."(롬 8:14)라고 언급하고 있다. 그리스도를 믿는 자는 이미 포도나무와 가지처럼 그분의 자녀로서, 지체들의 머리 되신 예수 그리스도와 하나가 되어 영적으로 교통하는 관계에 놓인다. 육에 속한 자가 아니라 그분과 교통할 수 있는 영에 속한 자의 신분(Son-ship)이 된다. 그럼에도, "마음으로는 하나님의 법을, 육신으로는 죄의 법을 섬기"(롬 7:25하)게 된다. 영의 자녀로 소통이 되고 정당화되었다 할지라도 '내 안에 있는 또 다른 나(옛 성품)'라는 옛 지배적 습관은 속사람의 성품으로 그대로 남아 하나님과 원수 맺는 원치 않는 일을 하게 한다. '동시에 의인이며 동시에 죄인(Simul justus et peccator)'이라는 풀어야 할 수수께끼(Puzzle) 같은 역설적 신분을 지니게 된다.

하나님의 자녀가 된 크리스천들에게 구원은 이미 이루어졌으나 완

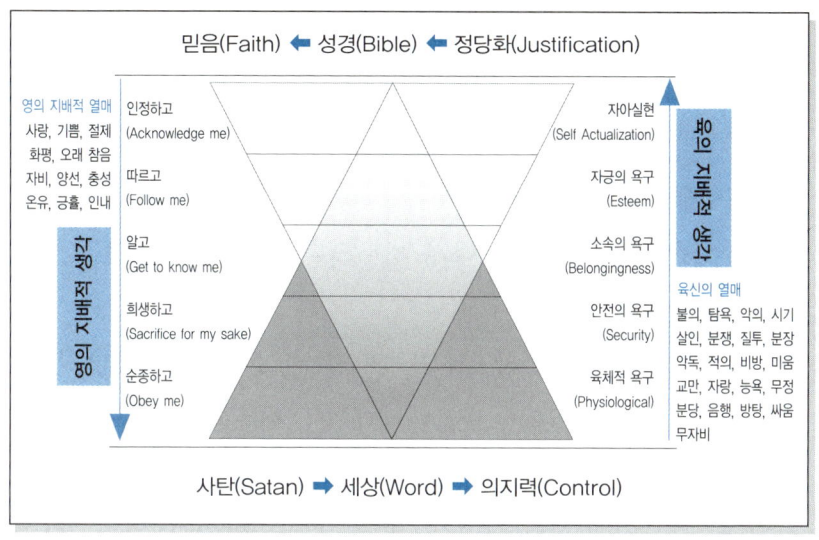

성된 것은 아니며(빌 2:12), 아직도 끝나지 않은 숙제로 남아 있다. 곧 영적 싸움이다. 그 싸움의 대상은 눈으로 보이는 혈과 육[육체(Physical body)]이 결코 아니다. 외부 세력의 위협도, 기근도, 환난도, 크리스천들을 괴롭히는 핍박도, 죽음도, 그 대상이 될 수 없다. 영적 싸움의 대상은 바로, 지금까지 계속 이야기해 온 육신(Sinful Nature)이다. 이것은 하나님의 자녀가 되는 축복을 받았지만 우리 안에 여전히 남아 있는, 우리가 원치 않는 '또 다른 나'라는 존재다. 누가 무너뜨리지 않아도 스스로 무너지게 하는, 내 안에 있는 육신(Sinful Nature)이라는 존재가 가장 무서운 적이다. 이 육신에 속한 생각은 인간 스스로 안전과 중요성을 자신의 의지적 노력으로 성취하고자 하는 마음이며, 하나님의 충만의 상속을 믿는 믿음이 아니라 자신의 욕망의 결핍을 채우고자 하는 인간의 노력들이다.

예수 그리스도께서는 십자가에 못 박혀 죽으심으로 공생애의 사역을 이미 완성하셨지만, 하나님이 일하시므로 그분 역시 오늘도 일하신다. 그것은 아직도 끝나지 않은 영적 사역을 위해서다. 양 무리의 목자로, 지체들의 머리로, 오늘도 우리들 가운데서 일하고 계신다. 말할 수 없는 탄식으로 육신의 지배적 생각인 '또 다른 나'라는 존재를 물리치는 보혜사의 역할을 영으로 감당하고 계신다.

하나님의 형상으로 창조된 최초의 인간은 온전한 상태였다. 부족함도 결핍도 없는 온전히 충만한 상태였다. 어두움의 세력인 사탄은 그 온전한 상태에 있었던 최초의 인간을 무너뜨리고 자신의 종으로 삼았다. 이렇듯 막강한 힘을 가진 사탄은 오늘도 확산되고 있는 그리스도의 영역(복음)에서 자신의 세력을 되찾고자 활동하고 있다. 사탄은 최초의 인간을 무너뜨렸던 것과 동일한 패턴(Pattern)으로, 인간 스스로 분열에 이르도록 이 세상의 배후세력으로 활동하고 있다. 보암직하고 탐스러운 가시적(외모) 미끼를 인간에게 제시하고, 결핍을 충족하고자 하는 인간이 스스로 그것에 끌려가도록 유혹하는 방법을 사용한다. 빼앗긴 자신의 노예들을 되찾기 위해 발악하던 애굽의 바로 왕같이 사탄은 그리스도로 말미암아 빼앗긴 자기의 종들을 다시 되찾기 위해 우는 사자처럼 삼킬 자를 찾아다니고 있다. 공중권세로, 어두움의 세상 주관자로서 인간들의 가장 연약한 치부(약점)를 공격한다. 결핍을 충족하려는 인간의 복잡한 사고 구조 속의 연약한 틈새(약점)를 공략하여, 교묘하게 자신과 타인을 속이고 하나님을 속이도록 만든다. 인간 스스로의 의지나 노력으로는 감당할 수 없는 탐스러움으로, 지혜로움으로, 간교함으로 자기 세력의 회복을 꾀한다. 결코 눈으로 쉽게 인식할 수 있는, 겉으로 드러난 추악한 악의 정체로 활동하지 않는다. 표면을 화려하게 포장하여 자신의 정체를 감쪽같이 숨긴 채, 악을 낳게 하는 뿌리로 인간에게 다가선다. 이것이 화려한 미끼로 미움, 다툼, 시기, 질투, 교만, 두려움을 낳게 하는 육신에 속한 어두움의 세력이다. '정당화'나 '양자의 신분'을 얻은 크리스천들이라 해도 어두움을 물리치는 영의 지배만 받는 것이 아니라, 여전히 옛 속성인 육신을 자극하는 세력의 영향도 받게 된다.

'육신'이라는 죄 된 옛 지배적 성품(Sinful nature)에 대해 성경은 많은 지면을 할애하여 다양한 표현을 써서 직·간접적으로 언급하였다. 여기서 우리가 간과하지 말고 다시 한 번 신중하게 생각해야 할 것은, 이 단어가 세상에 속한 사람들이 아니라, 크리스천들에게 주시는 말씀이라는 점이다. 하나님 백성들의 모임인 하나님의 교회에 문제가 생길 때마다 쓰인 단어(표현)들이다. 만일 하나님의 교회가 쇠퇴하고 타락하는 주된 원인을, 즉 생명의 촛대가 다른 곳으로 옮겨지는 원인을 아직도 다른 곳에서 찾고자 한다면, 하나님의 말씀을 편견의 목소리로 잘못 이해한 결과다.

누가 무너뜨려서 넘어지는 것이 아니다. 우리 안에 있는 또 다른 무서운 존재와 싸움에서 스스로 패배하게 된 결과다. 이 사실을 인식하지 못한 채, 돌팔이 의사처럼 겉으로 드러난 표면적인 문제나 바로잡겠다고 노력하며, 더 나아가 표면을 화려하게 치장하여 더러운 치부를 덮고자 한다면 본질적인 문제점은 영원히 해결할 수 없다. 또한 그 문제는 곪은 상처를 봉합하는 것처럼 그후 더욱 심각해져서 파탄에 이르게 된다. 더욱 걱정이 되는 것은, 크리스천들이 배후에서 조종하는 사탄의 계략에 휘말려 이렇게 어리석게 종노릇하는 것을 마치 하나님의 사역인 양 착각하고 있다는 점이다.

보조 기구들 | Secondary Tools

"나는 양의 문(The gate)이라 나보다 먼저 온 자는 다 절도요 강도니"(요 10:7하-8상)라고 예수님께서 말씀하셨다. 예수님 당신 외에는 구원의 문이 될 수 없다는 선언이다. 자신 외에 다른 존재가 있다면 곧 도둑이고 절도이고 속임수이며 거짓이라는 말씀이시다. 그런데 성경은 그분의 역할을 '생명을 얻게 하는 구세주'로만 국한하지 않았다. 양을 위하여 목숨을 버리는 '선한목자', 가지에 영양분을 공급하는 '포도나무', 그리고 '지체의 머리', '주인', '왕', '주권자' 등에 비유하고 있다. 이 은유적 표현들은 구원의 완성 상태를 설명하는 내용들이 아니다. 우리 안에 끝나지 않은 과업(Mission)을 위해 예수님께서 하실 일이 여전히 남아 있음을 확인시켜 주시는 말씀들이다. 그래서 빌립보서에는 자신의 기쁘신 일을 위해 구원을 시작하신 이가 구원을 끝내실 것이라고 말씀하고 있다(빌 1:6, 2:13). 일그러지고 뒤틀리고 구부러진 세대 가운데서 하나님의 뜻에 따라 흠이 없는 자녀들로 굳게 설 것을 빌립보 교인들에게 강조한 말씀이다(빌 2:15).

예수님께서 세상에 오심과 십자가의 죽으심은 그분 나라가 어두움의 세력을 침범하는 첫 시작일 뿐이다. 예수님은 더 많은 확장을 위한 끝나지 않은 과업(Mission)의 완성을 위해 세상 끝날까지 그리스도의 영으로 활동하실 것이다. 모든 피조물과 성령이 탄식하는 바도 이를 위한 것이다(롬 8:22-23). 양처럼 연약하여 유혹에 빠지기 쉬운 당신의 백성들이 악의 지배적 생각에서 온전히 해방되어 하나님의 자녀가 누릴 수 있는 영광에 참여하도록, 성령은 말할 수 없는 탄식으로 우리의 연약함을 위해 오늘도 여전히 활동하신다.

성경은 성경에 대하여 '전신갑주', '진리의 허리 띠', '의의 흉배', '구원의 투구와 성령의 검'이라고 표현하며 스스로 자기 정체성을 밝히고 있다. 싸움에서 적의 공격을 방어하고 적을 공격하기 위한 무기는 반드시 필요하다. 농사를 짓기 위해 농기구가 필요하고, 작동이 멈춘 기계를 고치기 위해 도구들(Tools)이 필요하듯, 하나님도 자신의 사역을 완성하시기 위해 선한 기구(도구)들을 사용하신다. 우선, 하나님이 택하신 사람들을 준비시켜 다른 지체들의 연약함을 돌보게 하는 선한 구원의 그릇으로 그들을 사용하신다(엡 4:12). 성경 역시 그 역할을 감당하도록 하기 위해 친히 만세 전부터 계획하신 뜻에 따라 기록되게 하셨고, 동일한 목적을 두고 그의 백성들을 위해 준비해 오셨다(딤후 3:16-17). 이는 악의 세력을 물리칠 수 있는 검이며 적의 공격을 방어할 수 있는 방패와 전신갑주와 같은 의(義)의 무기(준비물)다. 삐뚤어진 생각을 바른 생각으로 바로잡기 위해 주어진 선한 도구다. 잘못된 육신의 생각은 자신의 의지로 욕망의 결핍을 채울 수 있다고 유혹하며 악의 세력을 좇게 한다. 이러한 악의 세력에 의해 휘둘리는 자녀에게 영원한 안전(Security)과 영원한 중요성(Significance)에 대한 그분의 약속을 확증해 주시고, 하나님의 자녀로서 신분을 굳건하게 하는 일이 곧 성경의 역할이다.

오랫동안 육신의 지배로 길들여진 생각이 배후세력으로 여전히 남아 있기 때문에, 크리스천들은 습관적으로 자신의 의지로 결핍을 채우려 하며, 그분의 영원한 보장과 대치되는 원수 된 생각으로 판단하고 행동한다. 이 악의 세력을 물리치기 위하여 하나님은 만세 전부터 그분의 계획에 따라 인간에게 방패와 흉배와 검과 같은 무기를 마련해 주셨다. 그것이 바로 말씀, 곧 성경이다.

하나님은 그의 백성들을 항상 공동체(Community/Assembly)라고 부르셨다. 그 공동체를 성경은 교회라고 정의한다. 건물이나 조직체나 교단은 성경이 정의하는 교회가 아니다. 부름 받은 그분의 백성들의 모임이 곧 교회가 된다. 성경이 '고린도 교회'나 '에베소 교회'라 칭하지 않고 '고린도에 있는(In Corinth) 하나님의 교회'나 '에베소에 있는 하나님의 교회'라고 표현한 것에서 교회의 진정한 의미를 찾을 수 있다. 고린도나 에베소에 있는 성도(하나님 백성들/공동체/모임)가 곧 교회로 지칭되었음을 알 수 있다. 비인격적인, 물량적인 것(외모)들이 세상에서는 존중받을 수 있다. 하지만 하나님 나라에 속할 수 있는 것은 그런 것이 아니라 오직 그분 형상을 따라 지음 받은 피로 값 주고 사신 영에 속한 그분의 백성들뿐이다. 이런 이유에서 교회를 하나님의 백성으로 표현하였고, 교회(The People of God)가 문제시될 때마다 교회는 '한 몸(One body)'이라고 정의하는 은유적 표현을 강조하게 됐다. 몸 안에는 지체 외에 그 어느 것도 자리 잡을 수 없다.

그렇다면 하나님께서 자기 백성을 공동체로 부르시는 이유는 무엇인가? 공동체가 아니고서는 막강한 그 악의 세력을 대적할 수 없기 때문이다. 연약한 지체가 홀로 대적할 수 없기 때문에 지체와 머리가 한 몸이 되어 능히 적을 방어할 수 있도록 항상 공동체(교회)로 부르신다.

지체 하나하나가 온전할 때 비로소 몸 전체가 튼튼해질 수 있다. 온전한 몸을 이루기 위해서 머리로 일하실 뿐만 아니라, 먼저 된 자들로 하여금 나중 된 자들을 돌보는 맏아들의 역할을 하도록 하신다. 바이러스가 몸의 취약점을 뚫고 공격하면, 백혈구와 같이 다른 건강한 기관에서 형성된 항체가 바이러스 감염에서 신체를 보호한다. 이렇듯이 공동체도 서로서로 도울 때 비로소 막강한 악의 세력을 물리치는 것이 가능해진다.

보화가 담긴 그릇이 있다면, 보화뿐만 아니라 그 그릇 역시 소중하게 다뤄진다. 비록 그 그릇이 질그릇처럼 보잘것없을지라도 소중한 보화를 담고 있기 때문에 그 그릇 역시 소중한 존재가 된다. 보조기구들 역시 악을 물리치는 거룩한 사역에 쓰임받기 때문에 모두 귀한(Noble) 존재가 된다.

하나님께서는 지도자들에게 하늘의 비밀을 가르칠 수 있는 권세를 주셨다. 인간 자체로서는 하찮은 도구에 지나지 않지만, 거룩한 사역에 쓰임받는 선한 도구이기 때문에 업신여김을 받지 않도록 하늘의 권세를 허락하신다.

하나님은 미리 정하신 자들을 부르시고, 의롭게(Justification) 하셨으며, 맏아들로서 그 아들의 형상을 닮게(Sanctification) 하셨다. 그리고 먼저 된 자들을 맏아들로 준비되게 하여 하나님이 기뻐하시는, 하나님 나라를 세우는 영광(Glorification)된 구원 사역에 동참케 하신다(롬 8:29, 30; 빌 2:13). 나중 된 자들을 돌볼 수 있는 선한 도구로 사용하기 위해서다. 고통이 없고, 다시 주리거나 목마르지도 않는 하나님의 나라가 이 땅에 충만히 임할 수 있도록, 악의 세력들을 물리치는 무기와 방패 같은 도구의 역할을 하도록 준비되게 하시는 작업이다. 하나님은 이 도구(보조 기구)들을 복되게 하신다. 보이는 것을 세우기 위함이 아니다. 보이지 않는 영원한 것을 세우기 위해 순간적이고 가시적 존재들(건물/조직체)조차 복되게 하신다.

하나님은 이스라엘을 선민으로 복되게 하셨다. 그러나 결국 이스라엘은 버림을 받았다. 그 이유는 무엇인가? 하나님의 뜻을 올바르게 깨닫지 못하고 선민으로 부름 받은 목적에서 벗어났기 때문이다. 보화를 담을 그릇으로서 준비된 선민인데, 그릇이 자기 자리를 떠나 보화의 자리를 차지하려다(Role play) 스스로 무너지고 만 것이다. 존재의 목적인 자기의 위치를 떠났기 때문에 버림을 받을 수밖에 없었다.

예수 그리스도는 육신의 해방을 위해 십자가에서 피 흘려 죽으셨다. 먼저 된 자들은 그 자유(육신의 해방)를 위해 하나님에게 부름을 받았다(갈 5:13). 성전 미문의 앉은뱅이에게 베드로는 "은과 금은 내게 없거니와 내게 있는 이것을 네게 주노니 나사렛 예수 그리스도의 이름으로 일어나 걸으라."(행 3:6)라고 명령하였다. 앉은뱅이도 세상사람들과 똑같은 것을 추구하였다. 그는 그의 안전을 보장해 줄 수 있는 금과 은이라는 물질을 원했다.

만약 제자들이 세상 사람들이 줄 수 있는 금과 은을 주었다면 어떻게 되었을까? 그는 평생 구걸하는 삶을 벗어나지 못했을 것이다. 앉은뱅이가 다시 구걸하지 않게 된 것은 제자들이 주림과 목마름이 없는 영원한 충만의 본체이신 예수 그리스도를 전했기 때문이다. 크리스천들이 세상에 줄 수 있는 선물은 무엇인가? 그것은 다시 주리고 목마르게 하는 금과 은이 아니라, 다시는 주리고 목마르지 않게 하시는 충만 자체이신 예수 그리스도이다.

'지도력'은 성도를 육신의 지배에서 영원히 해방되게 하시려고 주시는 은혜의 선물이다. 하나님께서 먼저 된 자들을 맏아들로 삼으신 것도, 또한 업신여김을 받지 않도록 하늘의 권세를 허락하신 이유도 바로 이 때문이다. 만일 자신의 만족(결핍 충족)을 채우기 위해서 남들의 만족을 채우려고 한다면 어떻게 되겠는가? 존재의 목적을 떠나 버림받은 이스라엘의 전철을 밟게 될 것이다. 결핍을 채우기 위한 금과 은에 목적을 둔 상부상조, 상생, 공생공존은 만민이 기도하는 하나님 아버지의 집을 상거래를 위한 장사의 소굴이 되게 하는 것과 마찬가지다. 하나님의 나라를 세우는 일이 아니라 오히려 하나님과 원수 된 세상 나라를 세우는, 즉 적을 이롭게 하는 이적(역적)행위가 된다.

갈라디아서에는 "형제들아 너희가 자유를 위하여 부르심을 입었으나 그러나 그 자유로 육체의 기회를 삼지 말고 오직 사랑으로 서로 종노릇 하라."(갈 5:13)라고 언급되어 있다. 육신의 지배에서 자유로워지기 위하여 부르심을 받은 자가 그 자유를 도리어 육체의 기회로 삼아 자기의 결핍을 채우기 위해 남의 결핍을 채우는 일(상부상조/공생공존/상생)을 한다면 어떻게 되겠는가? 자신을 만족하게 하는 우월감을 성취하기 위하여, 타인에게 우월감을 심어 주어 기쁘게 하는 지도력은 하나님과 원수 되는 일이다. 이러한 지도력은 타인을 세워 주는 것처럼 보이지만 결국 자신뿐만 아니라 다른 사람도 무너뜨리는 무서운 흉기가 된다. 데이빗 왓슨(David Watson)은 이와 같은 현상에 관하여, 다음과 같은 슬픈 시로 표현하고 있다.

그리스도(영)를 떠나

우월하려고 하는 어느 경향이나 태도

그리고 그리스도 외에

그것이 다른 어느 곳에 놓이는 것은,

주님(그리스도)의 영광을 떠났기에,

이는 오 통제라!(Ichabod: '영광이 사라졌구나' 하는 탄식)

그 교회의 사망 명부의 기사를 쓰는 것이다.[47]

    이스라엘의 패망은 결코 먼 나라의 이야기나 강 건너 불구경거리가 아니다. 아담과 하와는 먹음직하고 탐스러운 순간적 미끼로 무너졌고, 에서는 배고플 때 팥죽 한 그릇의 유혹으로 영원히 장자의 축복을 동생 야곱에게 스스로 내어 주고 말았다. 교회의 사망, 이스라엘의 패망, 만민이 기도하는 집이 장사의 소굴로 변해 버린 부끄러운 모습 등, 이 수치스러운 사건들은 순간적 착오나 실수가 만들어 낸 것이 아니라, 순간적 충족을 미끼로 삼아 영원한 것을 스스로 포기하게끔 미혹하는 막강한 세력과 싸움에서 패배한 결과들이다.

    이렇게 막강한 세력을 가진 사탄을 인간의 이성으로 싸워 대적할 수 있다고 생각하는가? 혹시라도 그럴 수 있다고 믿는다면 그것은 어린아이와 같은 수준의 매우 잘못된 발상이다. 그럴 수 없기에 "오호라 나는 곤고한 사람이로다!"라고 가슴을 치며 바울은 고백하지 않았는가. 세상의 시선으로 볼 때 선하게 보이는 행동들이 육신에 이끌려 타인과 자신은 물론, 하나님까지 속이는 속임수였다는 것을 기억해야 한다. 인간의 이성으로는 자기 자신 속에 있는 이 무서운 정체를 결코 대적할 수 없다.

예수님은 "사람이 먼저 강한 자를 결박하지 않고서야 어떻게 그 강한 자의 집에 들어가 그 세간을 강탈하겠느냐 결박한 후에야 그 집을 강탈하리라."(마 12:29) 하고 말씀하셨다. 몸에 뜻하지 않은 바이러스가 침투하듯이, 사탄이 지배하는 세상의 풍조를 통해 악의 세력이 침범하는 것은 인간 자신의 힘으로는 막을 수 없는 요소다. 악의 세력의 공격 대상은 누구든 예외일 수 없다. 예수님 역시 그 공격의 대상이 되셨다. 그 공격을 방어하기 위한 "싸움은 결코 단순히 생각이나 느낌이나 사상이 아니라 도리어 영들과의 전쟁이다."[48] 혈과 육의 힘으로는 이길 수 없는 전쟁이다. 삐뚤어진 생각, 양심, 지능, 능력, 이성, 의지 등 그 어느 것도 인간 스스로 삐뚤어진 자신의 생각에서 벗어나게 할 수 없다. 사망을 삼킬 자는 누구인가? 육을 의존케 하는 악의 영이 아니라 그것을 능히 이겨 삼키는 생명의 영이다.

크리스천들 중에는 수동적인 삶이 마치 크리스천들의 바른 자세라고 착각하는 자들이 적지 않다. 매우 위험한 발상이다. 물 흐르는 것처럼 세상에 끌려 순응하는 삶은 결단코 크리스천의 바른 삶이라고 말할 수 없다. 물론 무서운 정체를 잠시나마 모면하기 위해 산에 올라가 기도나 하는 도피 신앙 역시 올바른 크리스천의 삶이 아니다. 바짝 움츠린 자라목과 같은 수동적 자세, 즉 거대한 악의 세력 앞에 무릎을 조아리고 비위를 맞추며 하인 역할을 하는 것은 도리어 이방인들에 속한 이적 행위가 된다. 다시 종의 멍에를 메는 행위다. 크리스천의 바른 자세는 정정당당하게 그 세력을 물리치고 승전가(찬송)를 부르는 데 있다. 크리스천들이 두려워하지 않아도 되는 이유는 우리들 안에, 영적 전쟁에서 패할 수밖에 없는 연약한 '나'만 존재하는 것이 아니라, 그 세력을 대적하여 능히 물리칠 수 있는 대장 되신 예수님의 강함이 함께 존재하기 때문이다.

악의 세력은 인간 스스로는 넘볼 수 없는 거인(Giant)이다. 거대한 아낙 자손들 앞의 이스라엘 백성들처럼 메뚜기와 같은 자화상을 그릴 수밖에 없는 두려움의 대상이 된다. 그러나 더 강한 분이신 하나님 앞에서는 그 거대함(물량/외모)도 비교할 수 없는 작은 거인(Small Giant)에 불과하다.

거대한(Giant) 골리앗 앞에 어린 다윗은 초라하기 그지없는 작은 존재였다. 하지만 다윗은 싸움에서 승리하게 된다. 연약한 '나'라는 자신을 보았기 때문이 아니었다. 자신과 함께하시는 '나'보다 더 강한 분이신 하나님을 보았기 때문에 담대할 수 있었다. 골리앗은 인간의 시각으로 볼 때 모든 조건상 감히 대적할 수 없는 거대한 거인이었다. 하지만 다윗의 시각으로는 '작은 거인'에 불과했다. 다윗은 자신 안에 거하는 '연약한 나'를 '거대한 상대'와 비교했던 것이 아니고 자신과 함께하시는, 상대보다 더 강하고 거대한 하나님과 비교하여 담대한 힘을 얻을 수 있었다.

크리스천들의 영적 싸움은 보이지 않는 끊임없는 전쟁이다. 적을 거대하게 느끼는 '나'와 '작은 거인'으로 보는 '또 다른 나 자신'이 끊임없이 싸우고 있다. 내가 원하는 나와 내가 원치 않는 나, 즉 영에 속한 나와 육신에 속한 또 다른 나 자신이 계속해서 싸우고 있다. 그렇기 때문에 이 땅에 살아 있는 동안 크리스천들에게 두 지배적 세력 간의 싸움은 불가피하고, 영의 지배 혹은 육의 지배에 따른 두 시각을 가질 수밖에 없다. 즉, 육신의 지배적 시각(Sinfulness-level-Perspective)과 영의 지배적 시각(Holy spirit-level-perspective)이다. 전자의 시각은 적을 넘볼 수 없는 '거대한 거인'으로, 후자의 시각은 '작은 거인'으로 인식하게 한다. 물론 외인들에게는 그 싸움이 없다. 그들에게는 오직 하나의 지배(육신)만이 있기 때문이다.

빛만이 어두움을 물리칠 수 있다. 영적인 전쟁은 결코 양적인 숫자의 크기나 양적인 표면적(외모) 물량에 의해서 그 승패가 좌우되지 않는다. 어두움은 아무리 크다 할지라도 어두움일 뿐이고, 빛은 아무리 적어도 어두움을 물리치는 빛이 된다. 영적인 싸움을 세상적인 물량 대결의 싸움과 동일시하다가 망한 자들의 역사를 성경은 여러 차례 반복하여 기록하고 있다. 변치 않는 이 진리의 말씀을 교훈으로 기억하기 위해서다. 큰 자라 할지라도 작은 자가 되고, 작은 자라 할지라도 큰 자가 된다. 또한 먼저 된 자가 나중 되고, 나중 된 자가 먼저 되기도 한다. 예수님은 초라한 제자들을 보고 "적은 무리여 무서워 말라." 하고 말씀하셨다(눅 12:32). 마침내 세상은 그 초라하고 적은 무리에 의해 점령되었다. 빛 앞에 어쩔 수 없이 굴복하고 사라지는 어두움처럼, 양적으로 거대한 무리라 할지라도 빛과 함께 하는 소수의 무리 앞에서는 '작은 거인'에 불과하다.

끝나지 않는 영적 싸움에서, 그리스도는 우리와 친히 한 몸이 되어 지체들의 머리로서 일하신다. 하지만 그 대장 되신 그리스도께서 하시는 일이 우리 앞에 놓여 있는 거대한 육신을 제거하시는 일이라고 착각해서는 안 된다. 또한 그 거대한 육신이 우리 앞에서 무릎을 꿇고 굴복하게 하는 일이나, 그에게서 우리의 안전을 확보하기 위해 타협하는 일은 더더욱 그분이 하시는 일이 아니다. 머리로서 그리스도의 역할은 무엇인가? 지체들의 머리로서 지체들을, 대적을 능히 물리칠 수 있는 온전한 능력을 지닌 자들로 하나하나 훈련하시는 일이다. 곧 지배적 생각을 변화(Transformation)시키는 일이다. 적을 무서운 세력으로 인식하게 하여 스스로 무너지게 하는 또 다른 '나'를, 그리스도 안에 존재하는 나로서 인식하게 하는 일이다. 나를 보고 적(상대/외부 세력)을 평가하는 인식 구조에서, 그리스도의 십자가를 보고 그 세력(적)을 보는 인식 구조로 바뀌도록 지체들에게 힘을 부여하는 역할(Empowering God's people)을 하신다. 불순물, 즉 여전히 남아 있는 옛 모습의 쓴 뿌리를 제거하시는 작업이다. 원치 않는 일을 하게 하는 연약한 '나'라는 존재를 그리스도의 영에 지배받도록 연단하시는 일이다. 하나님 앞에 악의 세력들이란, 감히 그분과 비교할 수 없는 초라한 작은 거인(Small Giant)에 불과할 뿐이다.

아버지께서 지금까지 일하시므로 나도 일한다(요 5:17)고 말씀하신 그리스도는 오늘도 지체들의 머리로서 그 지체들을 세우기 위해 일하신다. 그렇게 일하실 수밖에 없는 이유는 우리가 그분과 하나이기 때문이다. 신분적으로는 그분의 자녀가 되었을지라도 속사람의 속성은 악의 세력에게서 완전히 자유로운 것이 아니기 때문에 완전함을 향한 과정 속에 있다. 모이기를 힘쓰는 이유는 무엇인가? 공동체로 모이게 하시고, 예배 의식을 갖게 하시고, 떡과 잔을 나누게 하시는 이유는 무엇인가? 성경 말씀을 가르치는 이유는 무엇인가? 영적 훈련, 예배의식, 공동체 모임, 그리고 지도력은 크리스천들에게 하나님의 자녀가 될 수 있는 자격을 부여하기 위한 도구가 아니라 이미 자녀가 된 크리스천들을 더욱 장성한 자로 자라나도록 훈련(Discipline)시키는 선한 도구다.

하나님은 지체들이 영적 전쟁에서 승리할 수 있도록 방패와 흉배와 검과 같은 무기들을 보조 기구들로 우리에게 허락하셨다. 외부에 존재하는 상대와 싸우는 것이 아니라 우리 안에 있는 '또 다른 나'라는 지배적 생각과 싸우도록 준비하신 무기들이다. 하지만 그 도구들은 혈과 육의 능력, 즉 세상적인 능력을 기르는 역할이 아니다. 거대한 적을 작은 거인으로 만드는 대장 되신 그리스도께서 지체들의 머리가 되게 하는 역할을 한다.

어두움의 세력이 대적할 수 없는 그리스도를 대장(왕)의 자리에 앉히시기 위해, 하나님은 먼저 된 자들로 하여금 나중 된 자들을 세우게 하시고, 이를 위해 맏아들을 먼저 온전케 하신다. 또한 적을 물리치기 위한 무기와 같은 보조 도구를 준비시키신다. 나중 된 자들을 온전한 자들로 준비시키는 선한 과업[역할(Equipper)]을 위해 충성된 종들을 택하시고 그 일을 감당케 하신다. 그 일이 곧 성경이 말씀하시는 크리스천 지도력이다(롬 8:29; 엡 4:1-13).

_ 제3부

하나님의 목소리
The Voice of God

7. 구원에 이르는 지혜
– The Wisdom for Salvation

성경 말씀은 정경(Canon/Criterion)이다. 정경(正經)이란 한자의 의미처럼 모든 것을 판단할 수 있는 올바른 의(義)의 척도이자 기준(표준)을 의미한다. 따라서 성경은 옳고 그름을 판단할 수 있는 절대 기준이 된다. 성경의 기준(표준/절대)치에서 벗어난 상태는 어원적으로 볼 때 '죄(hamartia)'가 되며,[49] 올바른 상태로의 회복은 '되돌아왔다'는 의미로서 '회개(metanoia)'라고 정의할 수 있다.

하나님의 형상에 따라 지음 받은 최초의 사람, 아담은 하나님(성경)의 기준에서 흠이나, 결핍이나, 부족함이 없는 온전한 상태였다. 하지만 아담의 범죄로 말미암아 온전한 하나님의 형상을 상실했으며, 그로 인해 올바른 의(義)의 척도(기준)에서 벗어나게 되었다. 결국 올바른 의(義)에서 어긋난(빗나간) 척도(기준)는 모든 인류에게 유전되어 무엇을 해도 의에서 멀어지는 결과를 낳게 되었다. 아담 한 사람으로 인해 빗나간 그 기준이 모든 사람들에게 왕 노릇하게 된 것이다. 그 결과 삐뚤어진 것을 바른 것으로, 거짓 속임수를 진리(Truth)로, 역리를 순리로 인식하여 부끄러워할 것을 도리어 자랑하는 어리석은 결과를 초래하게 되었다(롬 1:21–31).

인간들은 원래의 온전한 상태로 회복되기 위해 부단한 노력을 한다. 이것이 곧 종교적 행위이다. 종교적 활동을 하는 이유는 비록 인간이 타락하여 하나님의 형상을 상실하였어도 동물에게는 없는 이성(어렴풋이나마 하나님을 알 만한)과 양심이 그 안에 잔재[찌꺼기(殘在)]되어 인간의 한 속성이 되었기 때문이다. 그러나 어두움이 스스로 빛으로, 쓴물이 단물로 바뀔 수 없는 것처럼 올바른 의(정상)에서 어긋난(삐뚤어진/치우진/왜곡/편견) 기준은 스스로 바뀔 수 없다. 결국 올바르지 않은 것(비정상)을 올바른 것(정상)으로 인식하여 올바른 의(정상)에서 벗어난 죄를 낳을 수밖에 없다. 어떤 노력도 종래는 비정상에 도달하게 된다. 인정받아야 할 착한 사람이 도리어 바보 취급받고, 자신의 눈의 들보는 보지 못하고 남의 눈의 티만 보는 것도, 남이 잘못되거나 어쩌다 실수라도 하면 자신도 모르게 마음이 통쾌해지는 것도 바로 이 때문이다. 성경은 이와 같이 비참한 운명을 '사슬(Chain)', '종[노예(Servant)]', '멍에(Yoke)' 혹은 '감옥(Prison)' 등의 표현(은유)으로 설명하고 있다. 인간 자신의 힘으로는 그 굴레에서 벗어날 길이 전혀 없다는 사실을 표현하고자 함이다. 칼뱅(Calvin)은 이를 완전타락(Total Depravity)으로 재해석하였다.

세상의 모든 외침들은 속임수일 뿐이다. 세상에서 주장하는 모든 가치는 속임수가 만든 이념(관념)일 따름이다. 이념이 또 다른 이념을 만드는 것도 이 때문이다. 영원한 평화는 이 세상에 결코 존재할 수 없다. 종교적 부르짖음도 결국 헛된 수고에 불과하다. 타락 이후, 죄로 인해 미련해진(어두워지고/우둔해지고/일그러진) 마음속에 거짓을 진리로 착각하고 살 수밖에 없는 기준이 자리 잡았기 때문이다. 따라서 양심과 이성에 호소를 하여도 인간은 결국 거짓 속임수의 쳇바퀴를 맴돌게 된다. 하지만 모순되게도 성경은 여전히 인간 자신의 힘으로는 도저히 도달할 수 없는 바른 의의 기준에 대해 상세하게 제시하고 있으며 또한 그 기준에서 벗어났을 때의 비참한 결과를 서술하고 있다.

그렇다면 이처럼 모순되어 보이는 성경이 진리의 말씀인 이유는 무엇인가? 세상 종교들은 근본적인 원인은 해결하지 못한 채, 그 원인으로 인해 반복되는 비참한 현상만을 일시적으로 모면하게 한다. 하지만 오직 성경만이 유일무이하게 그 비참함의 원인을 밝히고 있으며, 그 비참함을 낳는 악순환의 사슬을 끊을 수 있는 진리의 길을 계시하고 있다. 그렇다고 마치 마을 입구에 있는 장승나무를 신격화하여 숭배하는 샤머니즘처럼 성경책 자체를 신격화하는 오류를 범해서는 안 된다. 성경책은 성경책일 뿐이지 결코 그 자체가 능력이 될 수는 없기 때문이다. 그러나 성경에 기록된 '말씀'은 살아 있어 인간을 본질적으로(Radically) 새롭게 변화시킬 수 있다. 성경 말씀은 마치 숨겨진 '비밀(Secret)', '신비(Mystery)', 혹은 '수수께끼(Puzzle)'와 같다. 비참한 운명(저주/사망)의 사슬(멍에/족쇄)을 끊고(Breakthrough) 환희와 소망과 희망을 가질 수 있는 유일한 비밀을 담고 있다. 따라서 그 비밀을 담고 있는 생명의 말씀인 성경의 역할에 대해 바르게 이해해야 할 필요가 있다.

바울은 성경의 본질적 역할(Essential role)에 대하여 다음과 같이 세 가지로 구분하여 정의한다. 첫째, "성경은 능히 너로 하여금 그리스도

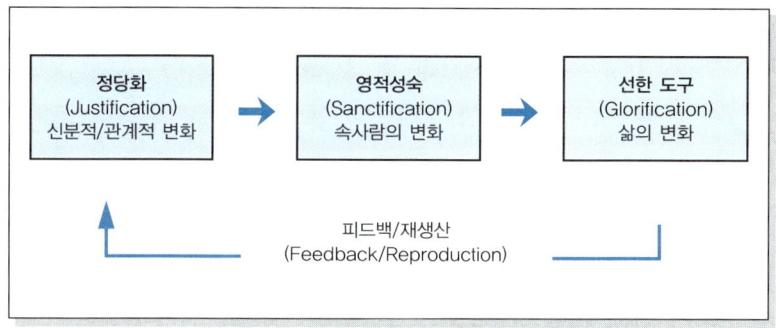

예수 안에 있는 믿음으로 말미암아 구원에 이르는 지혜가 있게 하느니라."라고 정의하였고 둘째는 "모든 성경은 하나님의 감동[호흡]으로 된 것으로 교훈과 책망과 바르게 함과 의로 교육하기에 유익하니 이는 하나님의 사람으로 온전하게[준비하게]" 하며, 셋째는 "모든 선한 일을 행할 능력을 갖추게 하려 함이라."(딤후 3:15-17)라고 피력한다.

성경의 역할을 다시 정리한다면 ❶ 구원(Justification)에 이르는 지혜를 주며, ❷ 옛 지배적 습관에서 벗어나 그분의 온전한 충만의 속성(표준)으로 온전케(Sanctification) 되는 영적 성숙을 이루게 하며 ❸ 성숙으로 말미암아 그분의 온전하고 선한 도구가 되어 그분의 영광(Glorification)된 사역에 동참하도록 자격을 갖추게 하는 역할로 요약할 수 있다. 하나님의 아들과 동일한 형상을 갖도록 "… 또 미리 정하신 그들을 또한 부르시고 부르신 그들을 또한 의롭다 하시고 의롭다 하신 그들(하나님과 올바른 관계를 가진 자)을 또한 영화롭게…"(롬 8:29-30) 하시는 그분의 뜻을 담은 글이 성경이다.

의롭게 하심 | Justification by Faith Alone

구약 성경의 율법은 몽학선생(초등교사)의 역할을 한다(갈 3:23-24). 타락한 인간들은 도달할 수 없는, 하나님의 고차원적인 의(義)의 표준을 제시하는 책이 구약 성경이다. 그러나 의(義)의 척도에서 벗어난 인간이 스스로 그분의 의(義)에 도달하는 것은 불가능하다. 그럼에도, 성경이 온전한 의(義)의 기준을 언급하는 것은 그 의(義)의 기준에 도달해야 한다는 명령이 아니라, 도리어 인간들로 하여금 인간 스스로 그 표준에 절대 도달할 수 없다는 사실을 깨닫게 하기 위해서다(롬 3:20).

칼뱅(Calvin)은 하나님을 알기(교통) 위해서는 자신을 먼저 바로 알아야만 한다고 자신의 글인 『기독교 강요』의 첫머리에서 주장하였다.[50] 병든 자가 자신이 병들었다는 사실을 깨닫지 못하는 한 치료는 불가능하다. 문제 인식이 결여되었다면 문제 해결 역시 불가능하다. 자신이 병들었다는 사실을 인식하게 될 때 비로소 의원을 찾아 병 고침을 받을 수 있다. 따라서 성경은 높은 의의 기준을 보여 줌으로써 인간 스스로 그 의에 도달할 수 없다는 사실을 깨닫게 하여 궁극적으로 구세주 예수 그리스도에게로 인도하는 역할을 한다. 성경이 복잡한 내용들을 서술하고 있을지라도 그 핵심은 예수 그리스도이시다. 인간의 모든 비참함은 하나님과 단절된 것에서 비롯되었다. 하나님의 형상을 상실한 인간이 삐뚤어진 것을 옳게 여기게 되어 스스로 비참함을 초래하였다. 하나님 형상으로 회복시키기 위한 유일무이한 화목제가 곧 예수 그리스도이시다. 그렇기 때문에 예수님은 성경이 무엇을 말하고 있든지 결국 예수 그리스도를 증거하게 된다고 친히 말씀하셨다(요 5:39). 오직 한 분, 그리스도만이 빛이고 진리이며 생명이시다. 비참함(어두움/거짓/사망)

에서 인류를 해방할 수 있는 유일한 구세주는 오직 예수 그리스도이시다. 영원한 생명에 이를 수 있는 유일한 통로가 그리스도 외에는 없기 때문에 구약은 오실 구세주에 대한 약속을, 신약은 약속의 성취로 오신 예수 그리스도와 승천 후 영으로 오신 성령과 약속의 완성을 위해 다시 오실 예수 그리스도를 계시하고 있다.

성경은 다양한 언어와 다양한 문체로, 수많은 기자들에 의해, 1,500년이라는 긴 세월 동안 기록되었다. 복잡하고 다양하게 보일지라도 결국 하나님께서 수많은 성경기자들을 감화시켜 자신의 존재를 스스로 알리신 책이 곧 성경이다. 절대 변하지 않는 하나님 자신의 의(義)의 기준과, 그 의(義)의 기준에서 벗어난 결과와, 의의 기준으로 다시 회복될 수 있는 길을 제시(Proclamation)하고 있다.

성경은 영원히 변치 않는 하나님의 절대적 속성(Eternal relevance)인 그분의 진리를 성경 독자들에게 전하고 있다. 하나님의 속성은 스스로 존재(자존)하신다는 데 있다. 인간을 지배하고 있는 지배적 속성(Sinful nature)을 인간 스스로 변화시킬 수 없듯이 그분의 속성 역시 변치 않는 절대성과 영원성을 지니고 있다.

하나님은 당신의 정체성을 예수 그리스도를 통하여 빛, 진리, 생명 등의 은유적 표현을 사용하여 성경에 계시하셨다. 인간에게 없는 그분의 속성을 인간에게 전해 주시기 위하여 인간의 소통 방법(언어)을 선택하시고 그렇게 표현하셨다. 그러나 단순히 어두움을 밝히는 빛이 아니며, 죽은 영혼을 살리는 생명으로 나타난 것도 아니며, 진리가 되기 위해 진리가 된 것도 아니다. 그분은 누구를 위해서 혹은 누구에게 증명하기 위해서 존재하시는 분이 아니다. 그분은 스스로 존재하시는 분이다(I am who I am). 스스로 존재하는 그분의 속성은 선이며, 빛이며, 부족함이 없는 충만이며 옳을 수밖에 없는 의(義)이며, 스스로 변치 않는 진리이며, 전능자이시며 사랑이시다. 삐뚤어짐이나 치우침과 같은 편견이나 편애가 없으신 온전하고 절대적인 의(義)와 사랑을 지니신 분이다.

하나님이신 예수 그리스도가 그분 나라의 권세를 버리고 이 땅에 오셔서 십자가에 죽으신 이유는 무엇이었을까? 인간들에게 예수님을 통해서만 구원에 이를 수 있다는 사실을 납득시키기 위해 희생하신 것이 아니다. 절대 변하지 않는 그분 자신의 의(Justice)의 속성 때문이었다. 변치 않는 절대적인 당신의 의(義)가 충족되기 위해서는 그 길 외에는 다른 길이 없었기 때문이다. 죄에 대한 대가 없이 무조건적으로 용서하는 것은 그분의 '절대적 속성'에 반한다. 죄의 값은 반드시 사망이 되어야 옳다. 그분의 올바른 의(義)의 절대적 속성 때문에 하나님은 자신의 의(義)를 스스로 충족하시기 위해(정당화) 스스로 이 땅에 오셔서 죄가 없었음에도, 인류의 모든 죄를 지시고 스스로 십자가에 죽으셨다(롬 3:26). 온전한 하나님의 의 앞에서 죄인을 의인으로 정당화시킬 수 있는 유일한 길이었기 때문이다.

바울은 그의 서신에서 구원에 대하여 '정당화(Justification/righteousness)'라는 은유적 표현을 사용하였다(롬 1:17). 사실 구원과 구원받은 백성들인 크리스천의 신분(죄인인 동시에 의인)을 말로 표현하기란 결코 쉬운 일이 아니다. 하지만 이 단어는 그 의미를 온전하게 함축하고 있는 매우 적절한 표현이다. 사실 정당화라는 개념은 바울의 생각에 의해 독창적으로 창작된 것이 아니다. 하나님께서 자신의 변치 않는 의와 그 정당화의 길을 이미 이스라엘 역사와 그리스도를 통해 알리시고 있는 것을 율법에 능한 바울이 법적 용어를 사용하여 적절하게 '정당화'로 표현한 것일 뿐이다. 우리가 아는 것처럼 성경은 예수님의 죽음과 '유월절의 어린양의 희생'을 동일시하였다(고전 5:7). 죽음을 대신한 희생양의 피로 말미암아 피할 수 없는 죽음을 넘긴 유월(Passover)의 사건을 출애굽기는 보여 주고 있다. 논리적으로 인간들을 설득하기 위한 방편이 아니라 그분 스스로 변치 않는 절대적 의(義)의 속성을 충족하기 위해서는 정당화밖에 다른 길이 없었기 때문이다. 궁극적 목적은 유월절 사건을 통하여 하나님의 변치 않는 의를 알리고 장차 나타날 예수 그리스도의 죽음이 하나님 의(義)의 정당화를 위한 어린양과 같은 희생임을 알리는 것이다. 그리하여 죽을 수밖에 없는 상황에서 믿음으로 유월절 어린양의 피로 구원받은 이스라엘 백성들처럼, 그리스도의 대속의 피로 말미암은 정당성을 믿어 구원에 이르게 함이다(히 11:28). 신구약 성경의 복잡하고 다양하게 보이는 모든 내용들도, 세상의 교훈들과 다를 바 없어 보이는 지혜서들도, 혹은 '지푸라기'처럼 쓸모없어 보이는 내용들까지도 오직 성령의 감동으로 그 하나의 목적을 위하여 쓰였다. 어린양 되시는 예수 그리스도를 믿는 것이 값없이 구원에 이르는 유일한 길임을 전하기 위해서였다.

 하나님은 애굽의 종으로 매여 살던 이스라엘 백성들을 구원하기 위해 유월절 사건을 통해 애굽에서 놓임 받게 하시고, 홍해를 건너게 하셨으며, 광야 생활을 거쳐 당신께서 예비하신 가나안 땅에 이르게 하셨다. 이러한 이스라엘 민족의 역사는 단순히 하나님께서 그 옛날 선민 나라, 이스라엘을 인도해 주셨다는 역사적 사건만을 말하고 있는 것은 결코 아니다. 그 역사는 장차 나타날 그리스도를 통한 구원의 역사를 계시하기 위해 그분의 경륜을 따라 그분이 의도적으로 인간 역사에 개입된, 구원 사건의 모형이었다. 즉, 부르시고 의롭게 하시고 영화롭게 하시기 위해 하나님의 모든 백성들이 가야만 하는 여정을 모형으로 보여 주고 있는 내용들이다. 그분의 세심한 배려 속에 성경의 모든 부분(Scriptures)에서 구세주이신 예수 그리스도가 증거되고 있음을 알 수 있다. 그분을 믿을 때 비로소 사망에서 생명으로 영생에 이를 수 있고, 비참한 운명의 사슬에서 해방되어 영원한 그분 나라의 풍성함에 거할 수 있기 때문이다.

크리스천들은 구원에 대한 은유적 표현인 '정당성(Justification)' 이라는 개념을 반드시 바르게 이해해야 한다. 믿음으로 말미암아 구원에 이르는 구원 자체에 대한 설명뿐만 아니라, 구원받은 크리스천의 신분 상태, 그리고 새로운 신분을 지닌 자의 바른 자세가 어떤 것인지 이 단어 하나 속에 그 모든 뜻이 함축되어 있기 때문이다. 정당성(Justification)은 성경이 말씀하시고자 하는 핵심 주제가 된다. 만일 이 단어에 대한 바른 이해가 없다면 구원도, 영적 싸움의 승리도, 크리스천으로 온전케 되는 영적 성숙도 어려워지며, 하나님의 영광을 위한 선한 도구도 될 수 없다. 앞장에서 언급된 이 단어가 계속 반복되는 것도 바로 이 유기적 연관성 때문이다.

8. 온전케 하심
– Equipping God's People

성경은 성경의 또 다른 목적에 대해서 "하나님의 사람으로 하여금 온전하게 하며"라고 그 역할을 정의한다(딤후 3:17). 이것은 크리스천들의 영적 성장(Spiritual growth/maturity)에 관한 언급이다. 때로는 이를 도덕적, 종교적, 율법적 완벽추구로 오해할 수 있다. 매우 위험한 생각이다. 영의 생각이 아닌 삐뚤어진 육신의 생각일 뿐이다.

"육으로 난 것은 육이요 영으로 난 것은 영이니"라는 말씀처럼 그리스도를 구세주로 믿는 크리스천들은 세상에 속한 자가 아니라 이미 하늘의 시민권을 가진, 생명의 영이신 그분 영(성령)에 속한 자녀가 되었다(요 3:6; 롬 8:6). 그러나 믿음으로 말미암아 구원을 받고 정당화된 크리스천의 신분 상태는 육의 지배에서 영의 지배로, 지배하는 주체가 바뀌었을 뿐, 속사람은 그대로이기 때문에 하나님의 온전하신 형상과는 전혀 무관하다. 때로는 영적 성숙을 마치 세상 사람들보다 좀 더 고상한 인격의 변화로 여기는 오류를 범할 수 있다. 크리스천의 영적 성숙은 있는 그 상태에서 좀 더 발전하는 진화와 같은 수평적 변화를 말하는 것이 아니다. 믿음으로 말미암은 구원(정당화)이란 육에 속한 자녀가 본질적으로 완전히 다른 영역(Realm/kingdom)에 속한 신분인 영의 자녀로 새롭게 거듭나는 것(Conversion)이다. 정당화되는 것은 영적으로 온전케 되는 것이 아니라 다만 그 영역에서 갓 태어난 어린아이의 상태가 되는 것일 뿐이다.

크리스천들의 신분은 '포도나무와 그 가지'의 비유처럼 이미 그분과 하나가 되었다(요 15). 또한 다른 은유적 표현들처럼, 머리 되신 그분과 지체로서 이미 한 몸이 되었고, 생명으로 인도하는 선한 목자 되신 그분과 '한 우리' 안에 있는 양무리가 되었다(엡 4:4; 요 10:16). 충만은 이미 우리의 것으로 상속이 완료된 상태다. 그럼에도, 크리스천들은 여전히 세상 사람들과 다를 바 없는 행동을 한다. 자녀가 되었기 때문에 자녀로서 하나님 아버지의 이름을 더럽히지 않고자 노력하지만, 마음만 그럴 뿐 우리의 손과 발과 입술은 여전히 그분을 종종 욕되게 한다. 그분의 원수인 분노, 좌절, 자괴감, 교만, 편견, 시기, 질투는 육신의 자기 방어(Security and significance)를 위해 감추어 놓은 칼날을 버리지 못하게 한다. 그 이유는 우리가 우리 자신의 의(義)로써 구원에 이른 것이 아니라, 다만 그분의 대속의 의(義)를 믿어 정당화되었기 때문이다. 따라서 세상에 속한 성품이 그대로 남아 여전히 원치 않는 행동을 하는 것은 자연스러운 현상이다. 그러나 하나님은 그 상태에 머물러 있기를 원치 않으신다. 변화되기를 원하신다. 일그러진 속사람은 그대로 놓고 표면만을 깨끗이 하려는 허망한 종교적, 율법적 완벽 추구가 아니라 온전하신 하나님 형상으로 그 자녀다움이 회복되어 자녀로서의 특권을 누리게 되길 원하신다. 곧 충만의 본체이신 하나님의 형상을 따라 창조된, 타락 전의 모습으로 다시 회복되는 일이다.

예수님은 "내가 온 것은 양으로 생명을 얻게 하고 더 풍성히 얻게 하려는 것이라."(요 10:10)라고 당신 스스로 이 땅에 오신 목적을 설명하셨다. 첫 번째 목적은 생명을 얻게(구원) 하심이었다. 곧 하나님의 자녀가 되는 것을 말한다. 그러나 주님은 우리가 생명을 얻은 것에 머물지 않고, 생명을 얻되 그 생명이 더 풍성해지기(Its fullness)를 원하셨다. 정당화를 믿는 믿음으로 말미암아 구원을 얻는 것이 첫 단계라면, 두 번째 단계는 풍성함에 이를 수 있는 영적 성장의 단계이다. 우리가 그분의 영적 풍성함에 거하는 것은 그분을 기쁘시게(영화롭게) 하는 일이다. 하지만 영적 풍성함은 하나님의 자녀가 되기 위해 노력해야 얻을 수 있는 것이 아니다. 이미 하나님의 자녀에게 허락된 특권이다. 그러나 그 모든 특권이 자격 조건을 갖출 때 주어지듯이 그 풍성함의 특권을 누리기 위해서도 자격이 먼저 요구된다. 그 자격이란 곧 속사람의 변화인 영적 성숙을 말한다.

크리스천들은 '사망 권세를 이기신 하나님의 자녀'라는 신분을 얻었다. 믿음으로 말미암아 비참한 운명의 저주에서 자유(해방/구원/구출)함을 받은 상태다. 그러나 영에 속한 자들이 되었을지라도 아직 육의 생각에서 온전히 자유한 것은 아니다. 그러므로 정당화된 그 백성들의 삶은 완성된 자유가 아니라 자유의 풍성함을 향한 출발이라고 할 수 있으며, 영적 모험(Spiritual adventure)이 시작되었다고도 할 수 있다(고전 1:9). 세상에 없는 미지의 나라, 곧 신령한(Spiritual) 하나님 나라의 풍성함을 향하여 탐험이 시작된다.

바울은 로마서에서 '양자의 영[자녀다움(Spirit of sonship)]'이라는 언급을 하고 있다(롬 8:15). '아바 아버지'라 부를 수 있는 양자의 영을 지닌 자들은 그분 영에 속한 자로서, 그 영의 인도하심을 받는 자들이다. 그러나 신분상으로 그분 영의 지배 속에 거한다 할지라도 영의 생각과 대적이 되는 육신에 속한 옛날의 지배적 습관은 그대로 간직하고 있다. 하나님 나라의 백성이 되었지만 하늘의 생각과는 무관하고 도리어 하나님과 원수 된, 세상에 속한 땅의 생각을 그대로 지니고 있다. 텅 빈 것(결핍)을 채우기 위해 여전히 방황한다. 크리스천들에게도 그것은 부정할 수 없는 현실이다. 그래서 마르틴 루터(Martin Luther)는 믿는 자들의 신분적 상태를 '동시에 의인이며 동시에 죄인'으로 표현하였다. 그래서 하나님은 속사람의 생각이 육신의 생각에서 영의 생각으로 변화되기를 원하신다. 그 상태에 머물러 있는 한, 스스로 비참한 상태를 자초하기 때문이다. 하나님 아버지가 일하시므로 나도 일한다는 예수님의 말씀처럼 오늘도 하나님의 우편에서 그리스도는 그 일을 위해 일하신다. 하나님이 일하시면 성령은 말할 수 없는 탄식으로 우리를 도우시고 예수 그리스도 역시 우리를 위해 일하신다. 무엇을 위한 것인가? 다시 한 번 상기할 것은 자녀가 될 수 있는 자격을 위한 조건이 아니라 이미 자녀가 되었기에 자녀로서 누릴 수 있는 자녀다움(Sonship)을 위해서 일하신다. 다시는 종의 멍에를 메지 않도록 하기 위해서다.

예수님은 "너희는 내가 일러준 말로 이미(Already) 깨끗하여졌으니 내 안에 거하라. … 나는 포도나무요 너희는 가지라 그가 내 안에, 내가 그 안에 거하면 사람이 열매를 많이 맺나니"(요 15:3–5상)라고 말씀하셨다. 그분의 백성들은 죄인이었으나 대속하러 오신 예수 그리스도를 믿음으로 말미암아 깨끗함을 받게 된다. 흰 눈처럼, 세마포처럼 죄 사함 받고 정당화된다. 그러나 속사람에 남아 있는 육의 지배적 생각은 과실의 풍성함과는 별개(Different story)가 된다.

성경은 우리의 신분 상태에 대해서 더 풍성함으로, 양자의 영으로, 포도나무 비유로 다양한 표현들(Structures/Forms)을 사용하여 설명하고 있다. 모두 동일한 의미(Substance/Meaning)들이다. 구원을 얻어 그분의 자녀라는 신분이 되었으나 그 생명의 풍성함은 구원(정당화)과는 별개임을 알려 그분의 백성들이 구원받은 신분 자체에 머물러 있지 않고 더 풍성함을 얻도록 인도하기 위한 가르침이라고 할 수 있다. 생명을 얻을 뿐 아니라 그 풍성함까지 더하기 위해 주어진 말씀들이다. 하나님은 자녀들이 생명의 풍성함을 누리는 자로 성장할 뿐만 아니라 그 자녀들을 통해 영광 받으시기를 원하신다. 풍성함에 취해 머물러 있지 않고 자신들이 누리는 하늘의 신령한 기쁨을 다른 사람들과 같이 누릴 수 있도록 다른 사람들을 돕는 역할을 하기 원하신다. 소경이 소경을 인도할 수 없다. 풍성함을 누리는 것도, 그분의 영광에 동참하는 일도 영적으로 장성할 때 가능케 된다. 따라서 풍성함의 열매를 거두는 것도, 하나님 영광에 동참하는 일도, 자녀 된 특권을 누리는 일도, 남을 돕는 일도 그것 자체가 먼저가 아니다. 먼저 그 일을 감당할 능력을 갖추는 것이 중요하다. 성경은 이런 이유에서 자격을 갖추는 일 혹은 목적을 위해 준비되게 하는 일을 '온전함'이라고 정의한다.

준비시키는 일 | The Preparing Role

바울이 말한 성경의 역할로써 '하나님의 사람으로 온전하게 하며'라는 구절에서 '온전하게 하며(katartizo)'라는 단어는 성경 여러 곳에서 여러 형태로 나타난다. 어원적으로 볼 때 '준비시키고(Preparing)', '갖추게 하고(Equipping)', '교정하여(Arraigning)', '수리하고(Mending)', '회복하게 하여(Restoring)', '적절하여(Suitable/fitting)' 등 한 단어가 다양한 의미로 표현되고 있다.[51] 비록 표현(Forms/structure)은 다르지만 본질적 의미(Meaning/substance)는 하나로 압축된다. 말하자면 어떤 목적을 이루기 위해 준비시키는 작업, 즉 어떤 일을 감당할 수 있는 자격을 갖추게 하는 일이 곧 성숙하게 함, 온전케 함을 의미한다.

크리스천들의 성숙은 단순히 선한 모습을 남들에게 보여 주기 위해 요구되는 것이 아니다. 또한 다른 종교처럼 마음의 평안을 얻으려는 종교적인 완벽추구도 아니다. 하나님은 모든 크리스천들에게 구원사역을 위한 선한 목적(Mission)을 두고, 그 목적을 이루어 가신다. 하지만 그 목적을 이루기 위해서는 그 목적을 감당할 만한 자격이 먼저 요구된다. 감당할 만한 자격이 없다면 그 일을 이룰 수 없다. 따라서 감당할 만한 자격을 준비시키기 위해 영이 장성한 자로 자라도록 하신다. 영이 자라는 것이 곧 그 목적을 이루기 위한 자격이 되기 때문이다. 우리는 정당화로 인하여 그분의 자녀가 되었고 한 몸이 되었다. 이제 머리 되신 그리스도의 형상을 닮아 온전해지는 것은 그 목적을 성취하기 위한 준비 작업이며, 그 목적을 감당할 자격을 갖추는 일이 된다. 이 일을 위해 성경을 두셨다. 교훈하고 책망하고 바르게 하여 영이 자라게 하시기 위해서다.

고아원에서 자라던 한 어린아이가 양자로 입양됐다. 그의 양부모는 아이의 생일에 잔치를 베풀어 주었다. 그런데 음식을 먹기 전 식사기도를 하는 동안 상에 차려져 있던 풍성한 음식들이 사라지고 말았다. 생일의 주인공인 아이가 사람들이 기도하는 동안 음식들을 모두 숨겨 버린 것이다. 그것은 아이를 위해 부모가 베푼 상이었다. 따라서 그것은 이미 아이의 것이었다. 양자로 입양됨과 동시에 그 부모의 것이 모두 아이의 것이 된다. 이미 상속된 것이다. 하지만 모순되게도 자기 것을 자기가 훔치는 슬픈 일이 발생했다. 그러나 결코 민망한 일도, 잘못된 일도 아니다. 어떻게 보면 지극히 자연스러운 현상이다. 비록 양자가 되었다 해도 그것은 일방적 선택(Chosen)에 의한 신분상의 변화일 뿐, 행동을 유발하는 생각이 그대로 남아 그것을 따를 수밖에 없었기 때문이다. 이와 동일한 맥락에서 성경은 그리스도인의 신분 상태를 '양자의 영'으로 표현한다. 비록 하나님 아버지께 속한 영의 자녀가 되었을지라도 신분상의 변화일 뿐, 지니고 있는 속사람은 여전히 옛사람의 모습 그대로이기 때문이다. 만약 그리스도를 영접하자마자 행동에 변화가 있었다면 그것은 일시적, 감정적, 위선적인 행동의 하나가 될 뿐이다. 겉사람을 좌우하는 속사람의 생각이 변화되기 전까지는 아무리 그리스도를 오래 전에 영접하였다 할지라도 자기 것을 자기가 훔치는 악순환은 계속될 수밖에 없다.

베드로 사도는 사람들이 이미 크리스천이 되었음에도, 영의 열매가 없는 이유에 대하여 설명하고 있다(벧후 1:5-10). 서론에서 언급하였듯이, 그는 그 이유를 이미 죄 사함을 받아 그분의 자녀가 되었다는 사실을 망각하였기 때문이라고 언급한다. 영에 속한 크리스천들은 이미 영에 속한 특권이 완성된 상태다. 아버지의 것이 우리에게 상속되었다. 그럼에도 상속받지 못한 자처럼 행동을 하고 또한 상속받기 위해 노력하는 것은 곧 자신이 이미 택함을 받고 부르심을 받았다는 사실을 망각하였기 때문이다. 그래서 베드로 사도는 이미 영에 속한 자녀를 열매 맺기에 '흡족하다'고 표현하며, 그들 자신의 죄 사함 받은 완성된 신분 상태를 굳건히 하라고 독려한다.

베드로후서에서는 구체적으로 생명의 풍성함(열매)을 영적 성숙과 관련하여 설명하고 있다. 그리고 크리스천들에게 하늘의 풍성한 열매가 맺히지 않는 이유를 두 가지로 분석하고 있다. 첫 번째는 그분의 영에 속하지 않은 소경과 같은 자(이방인)의 상태이며 두 번째는 먼 곳을 볼 수 없는(어린아이) 상태이다(벧후 1:5–9). 생명의 풍성함(열매)과 무관한 것을 이방인들에게만 적용하는 것은 매우 잘못된 생각이다. 영의 눈이 열렸다 할지라도 먼 곳을 볼 수 없는 영적 미성숙 상태 역시 베드로의 언급처럼 그 생명의 풍성함(열매)과는 무관하기 때문이다. 변하지 않는 진리는 "심은 대로 거두게 된다."라는 사실이다. 양자의 영을 받아 그분 안에 머물고 있을지라도 육신에 속한 옛 지배적 생각이 그대로 남아 있는 한, 육의 열매로서 자기가 자기 것을 훔치는 민망한 일들이 계속 반복될 수밖에 없다.

부모가 어린아이에게 칼을 줄 수는 없다. 다룰 수 있는 능력이 갖춰지지 않은 자에게 주어진 칼은 자신의 몸은 물론이고 타인까지 해칠 수 있는 흉기가 된다. 바른 양육을 하는 바른 부모(아버지)의 역할은 아이에게 무조건 칼을 주는 것이 아니라 칼을 다룰 능력을 갖게 하는 일이다. 무딘 칼 역시 사용하기에 부적절(Unsuitable)하다. 칼은 좌우의 예리한 날로 잘 준비해 놓아야 비로소 온전하게 쓰임을 받게 된다. 쓰임받는 것에 앞서 쓰임받을 자격이 먼저 요구되고, 소유보다 소유를 감당할 수 있는 자격이 선행된다.

집에는 천한 그릇도 있고, 귀한 그릇도 있다. 은그릇도 있고, 질그릇도 있다. 모두가 필요한 그릇들이다. 그러나 주인이 쓸 수 있는 그릇은 한정되어 있다. 어떤 그릇이든 '깨끗함'이 전제되어야 사용될 수 있다(딤후 2:21). 쓸 수 있는 자격 조건이란 결코 외적으로 귀하고 아름다운 것에 있는 것이 아니라 내면적으로 깨끗한 것이 우선시된다.

"예수님이 세배대의 아들 야고보와 그의 형제 요한이 그물을 깁는 (Mending) 것을 보시고"(마 4:21)에서 '깁는'과 '온전하여'는 동일한 어원으로 쓰인 것을 발견할 수 있다. 찢어진 그물을 수선하는 준비 작업이 '온전하여'와 동일한 의미로 쓰이고 있다. 물속에 물고기가 아무리 많아도 찢어진 그물로는 물고기들을 잡을 수 없다. 찢어진 그물은 어부가 사용하기에 적절한 도구가 아니다. 물고기를 잡는 것보다 그물을 수선하는 작업이 우선이라는 것은 누가 봐도 명확한 순서이다. 다시 말해, 특권이 먼저가 아니라 특권을 감당할 만한 자격이 우선이다. 쓰임받는 것보다 쓰임받을 수 있는 자격이 선행된다. 아무리 아름다운 선율의 음악도 들을 수 있는 귀가 있을 때 비로소 아름다운 음악이 된다. 귀한 진주를 돼지에게 주는 것은 얼토당토아니한 일이다. 이처럼 하나님 나라의 풍성한 생명력을 누리는 것이 먼저가 아니라, 풍성함을 누릴 자격을 갖추는 것이 먼저 선행되어야 한다. 마찬가지로 쓰임받기 위해서도 쓰임받을 수 있는 자격을 먼저 갖추어야 한다. 성경은 '온전함'이라는 의미를 이처럼 다양한 표현법을 사용하여 반복적으로 설명하고 있다. 진리의 보편성을 알려 성경 독자들로 하여금 변치 않는 그 진리를 깨닫게 하기 위해서다. 하나님 나라에 속한 생명의 풍성함에 이르는 자격조건이 곧 '영적성숙'이라는 것을 알려 그분이 기뻐하시는 바, 그분에 속한 풍성함의 열매를 맺을 수 있는 길로 인도하시기 위함이다.

'온전케 하여'란 곧 영적 성장(Spiritual growth/Maturity)을 의미한다. 육의 성장이 아니라 영의 성장이다. 있다가 곧 사라지는 세상의 풍성함을 갖기 위한 능력을 성장시키는 것이 아니라, 도리어 세상을 물리칠 수 있는 능력을 갖추는 성장이다. "내 나라는 세상에 속한 것이 아니니라."(요 18:36) 하신 예수님의 말씀처럼 그분의 나라는 다른 세계에 속한다. 음식을 먹고 어린아이가 자라듯, 생명의 떡인 다른 세계(하나님의 나라)의 법(생명의 법/말씀)을 읽고 배워, 그 영역(하나님의 나라) 안에서 자라가는 것이 곧 영적 성숙이다. 스스로 채울 수 없는 것을 채우라고 부추기는 사망의 법에서 벗어나 충만을 믿는 믿음으로 변화되어 가는 과정이다. 생명에 속한 그분 나라는 침노하는 자의 것이 된다(마 11:12). 보다 깊은 그분의 세계를 침노하기 위해서는 그분 나라를 보다 깊이 볼 수 있는 영의 눈이 필요하다. 보다 세미한(Little voice) 음성을 듣기 위해서는 세미한 것을 들을 수 있는 영적 귀가 있어야만 한다. 그 나라에 속한 생명의 풍성함은 그 나라 방식(영적)으로 자란 만큼 더 풍성하게 누릴 수(Being advanced) 있다. 영적으로 젖먹이 갓난아이와 같은, 선악을 분별할 수 없는 자에게 무분별하게 주어진 특권들은 도리어 스스로를 해치는 독이 된다. 따라서 영적 성장의 지표는 옛 지배적 생각인 육의 생각(욕구 충족)에서 영의 생각(충만의 믿음)으로 얼마나 변화되었는가에 따라 그 성장 수치가 결정된다. 성경이 가르치고, 교훈하고, 책망하고, 바르게 하고, 훈련하는 이유는 성도가 육에 속한 세상의 생각에서 벗어나 변화를 받고 하나님 자녀의 특권을 누릴 영광의 자리에서게 하시기 위해서다. 그러므로 크리스천의 성숙은 정당화된 크리스천의 삶에서 결코 들러리기 이니다. 폴 스티븐(R. Paul Steven)의 말처럼 영적성숙이야말로 크리스천의 삶의 주된 개념(Master concept)이며 하나의 공동체로 부르신, 부르심(교회)의 상을 위한 궁극적 목적이 된다.[52]

공동체(개교회)가 존재하는 이유도 바로 이 때문이다. 말씀을 가르치는 크리스천 지도력이 허락된 것이나, 하늘의 권세를 부여하는 특권은 세상을 지배하기 위한 방편이 아니라 성도들로 하여금 세상을 이기도록 그분의 충만한 속성으로 성장시키기 위해 주신 힘이며 특권이 된다.

너희는 먼저 그의 나라와 그의 의를 구하라 그리하면 이 모든 것을 너희에게 더하시리라(마 6:33).

예수님은 먼저 무엇이 갖춰져야 하는지 분명히 말씀하셨다.

지배적 사고를 변화시키는 일 | The Transformational Role

'온전하여(Equipped)'라는 헬라어 단어는 어원적으로 살펴보면 의사가 삐뚤어진 척추 뼈를 바르게 교정한다는 교정(Arraignment)의 의미로 본래 의학적 배경(Medical context)에서 유래되었다고 한다.[53] 모든 신체의 중심이 되는 척추가 잘못되면 몸의 모든 기능에 이상이 온다. 척추손상으로 인하여 전신 마비가 올 수 있을 정도로 척추이상은 뇌와 오장육부와 각 기관들에 심각한 악영향을 줄 수 있다.

1미터(Miter)가 지금의 반절의 크기라고 한다면 그 반절 크기의 기준(Standard/canon/barometer)에 의해서 모든 사물을 측정하게 될 것이다. 기준이 되는 척도를 근거로 모든 것을 판단하고 측정하기 때문이다. 만약 자동차 바퀴 회전 축(Wheel)이 삐뚤어져 있다면 아무리 운전을 잘 하려고 하여도 자동차는 원치 않는 방향으로 빗나갈 수밖에 없다. 삐뚤어진 척도를 바로 교정하지 않으면 그로 인한 잘못된 증상의 악순환은 반복될 수밖에 없다.

예수님은 눈이 나쁘면 온 몸이 어두울 수밖에 없다고 언급하셨다(마 6:23). 그리스도로 말미암아 세상이 온통 새것으로 바뀌었다 해도 어두운 눈은 결국 모든 것을 어둡게 만들 뿐이다. 환경의 변화보다 우선적인 것은 가치 척도의 변화라는 것을 강조하신 말씀이다. 눈을 떴다 할지라도 멀리 보지 못하는 눈은 그 앞에 놓여 있는 모든 사물들을 희미하게 볼 뿐이다. 본질적인 문제는 외부에 있는 것이 아니라 자신들의 내부에 있다. 그처럼 본질적 치료는 모든 것을 판단하고 측정하는 잘못된 척도를 바른 것으로 변화시키는 일이다. 즉 눈을 뜨도록 하는 것만이 아니라 뜬 눈을 더 밝게 하는 데 있다. 따라서 영적 성숙은 곧 내적 변화인, 지배적 생각의 변화(Inside-out)에서 출발된다.

"육신의 생각은 사망이요 영의 생각은 생명과 평안"(롬 8:6)이라고 성경은 선포한다. 심은 대로 거두는 것처럼 모든 인간 행동들은 뿌리와 같은 지배적 사고(믿음/생각/마음/신념)에서 유발된다. 지배적 생각이 우리의 가치관을 변화시키면 가치관이 변화되고 우리의 마음도 변화된다. 또한 마음이 변화되면 비로소 우리의 감정과 행동 역시 변화되어 욕망을 따르게 하는 사망의 법칙 대신 생명의 법칙에 따라 살게 된다. 삐뚤어진 척추를 그대로 놓고 표면에 나타난 잘못된 증상만을 치료한다면 제2, 제3의 증상은 또 다시 발생할 수밖에 없다. 다시 주리고 다시 목마르게 될 따름이다. 표면적 치료는 하나님을 속이고 자신 스스로를 속이는 행위이다. 그렇기 때문에 진정한 해방을 위해서는 표면적 치료를 중단하고 내면적 치료에 힘써야 한다. 일그러지고 삐뚤어진 형상에서 하나님의 온전한 형상으로 바르게 잡아가야만 한다. 하나님은 결코 만홀히 여김을 받으실 수 없는 분이다(갈 6:7). 표면만을 깨끗하게 하는 율법은 오히려 하나님의 진노에 이르게 할 뿐이다(롬 4:15).

진리는 둘이 아니라 하나다. 성경은 하나의 진리를 씨 뿌리는 원리, 쓴물과 단물, 뿌리와 열매 등의 예를 통해서 반복적으로 서술하고 있다. 진리는 변하지 않는다는 사실을 자연의 이치를 통하여 증명하기 위해서다. 다시는 주리고 목마르지 않는 길, 배고픔과 갈증에서 영원히 해방될 수 있는 길은 무엇인가? 더러워진 표면만을 닦는 순간적 치료가 아니라 삐뚤어진 척도를 바로 세우고, 뿌리가 되는 악한 본질적 척도를 새로운 다른 척도(하나님의 기준)로 변화시켜 하나님의 온전한 형상으로 회복시키는 일이다. 척도를 그대로 방치한 채 환경의 변화를 주장하는 것은 자기 자리에서 맴돌게 하는 사탄의 거짓 속임수에 불과하다. 그렇기 때문에 크리스천들의 성숙은 겉사람의 변화(Transaction)를 추구하는 것이 아니라, 삐뚤어지고 일그러지고 찌그러진 세상 풍조에 영향 받은 마음이 그분의 풍성한 마음으로 변화(Transformation)되도록 겉사람을 좌우하는 본질적 속사람의 변화를 추구한다. 성경이 존재하는 이유도 구원에 이르게 하는 역할을 위해서다. 또한 속사람의 변화를 위해서다. 예수님은 진리이신 하나님의 말씀으로 인해 인간이 영적으로 변화되고 성숙하게 된다고 설명하고 있다.

> 내가 세상에 속하지 아니함 같이 그들도 세상에 속하지 아니하였사옵나이다 그들을 진리로 거룩(성화/Sanctify)하게 하옵소서 아버지의 말씀은 진리니이다 아버지께서 나를 세상에 보내신 것 같이 나도 그들을 세상에 보내었고 또 그들을 위하여 내가 나를 거룩하게 하오니 이는 그들도 진리로 거룩함을 얻게 하려 함이니이다(요 17:16-19).

성경은 '인간을 온전케 하는 일(성숙)'을 '구원에 이르는 지혜'와 더불어 성경의 주된 개념으로 언급하고 있다. 바울은 육체의 신뢰에 대하여 "또한 모든 것을 해로 여김은 내 주 그리스도 예수를 아는 지식이 가장 고상하기 때문이라 내가 그를 위하여 모든 것을 잃어버리고 배설물(오물/쓰레기)로 여김은 그리스도를 얻고 그 안에서 발견되려 함이니"(빌 3:8-9상)라고 설명하고 있다. 성령의 다스리심으로 삐뚤어진 지배적 사고(믿음/마음/신앙/생각)가 그분 형상, 즉 바른 척도(Canon)로 변화되었다는 의미이다. 그렇기 때문에 육신의 지배에 끌려 외적 결과로 결핍을 채우려고 추구하였던 지난날의 모든 화려한 것들(신분/학벌/성과)이 도리어 오물로 여겨질 수밖에 없었다. 무엇을 판단하고, 믿고, 따르고, 행동하도록 하는 척도(표준/속성)가 본질적으로 다른 기준으로 변화된 결과였다. 비록 땅에 살고 있으나 하늘의 생각을 가짐으로써 세상을 넉넉히 이길 수 있는 능력을 지니게 되었다.

타락 후 인간의 지배적 척도는 비정상적 상태가 되었다. 아무리 바른 것을 추구하려 해도 삐뚤어진 척도 때문에 삐뚤어진 것을 옳은 것으로 착각하여 그것을 좇게 된다. 한쪽으로 기울어진 차축처럼 삐뚤어진 척추를 표면적으로만 치료하면 또 다른 원치 않는 증상이 나오게 되고, 아무리 바로잡으려 해도 다시 기울어지는 현상의 반복을 피할 수 없게 된다. 척도(기준치/절대치)가 되는 생각이 허망하여지고, 미련한 마음이 더 어두워져서 삐뚤어진 것을 마치 바른 것으로 착각하게 하기 때문이다. 그리스도는 그 삐뚤어진 척도에서 인간을 해방하시기 위해 오셨다. 순간적 해방이 아니라 영원한 해방을 위해서 오셨다. 어리석은 행동과 실속 없는 열매의 뿌리이자 척도가 되는 삐뚤어진 지배적 사고를 바르게 하기 위해 오셨다. 악한 영(Evil spirit)의 지배적 생각에서 우리를 해방하여 하나님의 영(Holy spirit)이 우리들 심령을 지배하시도록 하기 위해서다.

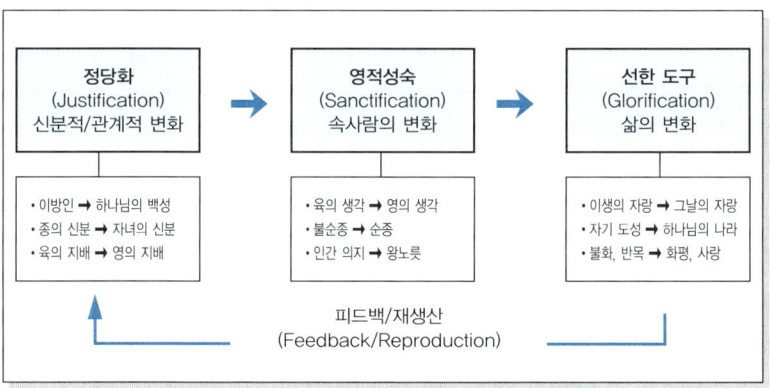

성경의 역할은 무엇인가? 구원에 이르게 하는 지혜일 뿐만 아니라 구원받은 백성들을 온전케 하는 역할을 한다. 다시 더러워질 수밖에 없는 거울의 먼지를 계속해서 닦아내는 표면적 치료가 아니라 다시는

주리거나 목마르지 않도록 속사람을 근본적으로 변화시키는 일을 하게 된다. 표면에 낀 먼지를 닦는 윤리적 온전함을 위한 역할이 아니라, 속사람의 변화를 위한 온전함을 가르치고 훈련하는 역할을 하게 된다. 즉 자신의 의를 주장하고 세우는 육신의 옛 지배적 생각을, 영원토록 충만한 하나님 자녀의 특권을 누리게 하는 영의 생각으로 변화시키는 일을 한다. 그 지배적 생각(영의 생각)만이 세상을 이기고 초월하게 하는 그분 나라의 풍성함을 더할 수 있고, 그 풍성함을 위한 영광의 사역에 쓰임받을 수 있게 하기 때문이다. 순간적 해방을 위한 도구가 아니라 다시는 목마르거나 주리지 않게 하시는 하나님 나라의 새로운 법을 배우도록 당신의 말씀인 성경을 통하여 감동, 감화시키신다. 당신의 자녀들을 위한 사랑의 편지가 곧 그분의 말씀이 된다. 그러나 우리 안에 뿌리로, 속사람으로, 척도로, 지배적 생각으로 자리 잡고 있는 불순물을 제거하는 변화(Transformation)의 과정이란 결코 단순하지 않다. 그 골이 깊은 만큼 그리고 해방을 위한 속사람의 변화가 성경 역할의 핵심이 되니만큼, 성경은 이미 독자에게 그 중요성을 설명하기 위해 많은 비유와 은유를 사용하였고 구약의 많은 사건들을 예표로 삼아 그 과정들을 설명해 주고 있다.

- 예표적 계시들(Biblical Illustrations)

하나님의 백성들은 애굽 땅에서 비참한 노예 신분으로 살다가 그분의 은혜로 말미암아 애굽에서 놓임을 받고, 홍해를 건너 구출(구원/해방/자유)되었다. 그러나 그 앞에 놓여 있는 것은 젖과 꿀이 흐르는 가나안 땅이 아닌 황망한 광야였다. 애굽 생활보다 더 험악한 광야생활은,

낙원으로 인도될 줄 알았던 그들에게 낙심거리가 될 수밖에 없었고, 원망과 불평거리가 아닐 수 없었다. 한 달도 채 안 되는 길을 무려 40년이라는 긴 시간에 걸쳐 가게 되었다. 하나님은 그들을 불기둥과 구름기둥으로 인도하시고, 만나라는 양식을 주시며 광야 길 가운데 함께하셨다. 때로는 결핍이라는 고통도 허락하셨다. 그러나 이 모든 것은 목적이 있는 의도적인 사건들이었다. 속사람을 변화시키기 위한 훈련이었다. 속사람이 변화되어야 또 다른 어려운 환경에 처해도 능히 그것을 이길 수 있기 때문이었다. 또한 그 훈련은 하나님의 풍성함을 누릴 수 있는 자격을 갖추게 하는 일이었다.

남북전쟁이 끝난 후, 노예 신분에서 해방된 흑인들이 옛 주인들에게 다시 노예 생활을 자청한 아이러니한 사례들이 많았다. 해방된 이스라엘 민족이 어려움을 당할 때마다 애굽 땅으로 다시 돌아가 종의 멍에를 메겠다고 했던 어리석음과 같은 것이며, 또한 양자 된 자가 이미 자기 것이 된 것을 훔치는 비애와 같은 현상이다. 이러한 자들은 영원한 종의 신분으로 살게 된다. 종 된 신분에서 해방되었으나 지난날로 족한 종의 멍에를 스스로 다시 메는 어리석은 자들이다. 몸은 해방되었으나 마음은 아직 해방되지 않았기 때문에 나타나는 현상들이다. 따라서 그 생각에 머물러 있는 것은 스스로 누릴 수 있는 특권을 거부하고 비애를 자초하는 원인이 된다. 특권을 특권으로 누릴 수 있고, 자유를 자유로 느낄 수 있는 유일한 길은 오직 지배적 생각의 변화에 있다. 그래서 하나님은 그분의 백성들이 종 된 옛생각에서 벗어나 자유인의 생각으로 살아가도록 그들을 노예 생활에서 해방하시고, 그 풍성함을 누리게 하기 위해 그들을 40년 광야 생활로 인도하셨다. 행동의 변화 이전에 믿음의 변화가 요구되기에 이를 성경은 '믿음의 연단' 으로 정의하고 있다(약 1:3; 벧전 1:7). 특권을 누릴 수 있는 온전한 백성으로서 자격을 갖추게 하기 위해서였다.

지배적 생각은 세상을 보는 시각(Perspective)의 척도(Standard)가 된다. 파란 안경을 쓰면 모든 세상이 파랗게 보이는 것처럼 눈이 어두우면 어두움이 세상을 보는 시각의 절대치(기준치)가 된다. "너희는 육체를 따라(Standard) 판단하나"(요 8:15)라고 예수님은 말씀하셨다. 육체를 따라 사는 자는 육체적 시각에 따라, 영의 지배를 따라 사는 사람은 영의 시각에 따라 판단할 수밖에 없다. 동일한 문제라도 그 문제를 바라보는 시각은 정반대가 된다. 동일한 환경을 보고서도 열 정탐꾼들과 여호수아, 갈렙의 시각이 전혀 달랐던 것을 성경에서 살펴볼 수 있다. 사실 그들은 아낙 자손에 비해 메뚜기와 같은 작은 체구들이었다. 그러나 여호수아와 갈렙은 당연히 '거대한 거인'으로 보아야 할 상대를 '작은 거인(Small giant)'으로 묘사했다. 전지전능하신 하나님 안에 있는 자신들을 정확히 볼 수 있는 마음의 눈을 가지고 있었기 때문이다. 여호수아와 갈렙의 마음속 판단 기준이 다른 정탐꾼과 정반대였기 때문에 보는 시각도, 대처하는 자세도 정반대였음을 알 수 있다. 예수님의 말씀처럼 마음에 있는 것이 입으로 나오게 되어 있다. 성경은 지배적 생각(믿음/신앙/사고)이 바뀌면 보는 시각이 바뀌고, 보는 시각이 바뀌면 모든 반응(감정/이성/양심/마음) 역시 바뀌게 된다는 진리를 이 사건을 통해 다시 한 번 보여 주고 있다.

광야를 건너는 동안 이스라엘 백성은 신분상으로는 이미 출애굽 상태였다. 젖과 꿀이 흐르는 가나안은 그들에게 이미 약속이 완성된 땅이었다. 그러나 끝이 없는 육신적인 생각이 그 속에 그대로 남아 불평과 원망을 만들었다. 사실 젖과 꿀이 흐르는 가나안 땅은 배고픔이나 목마름을 충분히 해결할 수 있는 풍족한 환경이었다. 더 이상 불평과 원망이 나올 수 없는 조건이었다. 입성 후 불평과 원망은 그 땅 가나안에서 영원히 사라져야만 했다. 하지만 잠시 잠깐이었다. 또 다시 그 민족(다른 세대)의 불평과 원망은 고개를 들게 되었다. 배고픔과 목마름에 대한 불평과 원망이 아니라 다른 욕구들(사회적/정신적)을 채우고자 울부짖는 원망과 불평의 소리였다. 속사람이 변화되지 않았기에 백성들은 그들에게 허락된 모든 평화를 또 다시 빼앗길 수밖에 없었다. 그렇기 때문에 눈앞에 놓여 있는 어려움을 제거해 주는 일은 그 백성을 인도하시는 하나님의 방식이 될 수 없다. 한 가지 어려움이 제거되었다 할지라도 다시 다른 어려움이 나타날 수밖에 없고, 이로 인한 불평과 원망 또한 다시 나타날 수밖에 없기 때문이다. 계속해서 맴도는 쳇바퀴에서 해방되는 길은 오직, 원망과 불평을 낳는 잘못된 옛 지배적 생각에서 영원한 약속과 보증을 믿는 생각으로 변화되는 것뿐이다. 그래서 하나님은 이스라엘 백성들이 가나안에 들어갈 수 있는 믿음의 자격을 갖추게 하시려고 광야 길을 허락하셨다.

아브라함의 연대는 출애굽 사건의 시간보다 앞선다. 그럼에도, 하나님께서 아브라함 역시 출애굽과 동일한 원리 속에서 인도하신 것을 볼 수 있다. 진리는 하나이며 시간과 공간을 초월하여 섭리하시는 하나님도 한 분이시기 때문이다. 구약은 신약의 그림자가 된다. 성경 속 과거의 사건이 오늘날 독자들에게도 적용이 되는 것은, 바로 그 사건 속에서도 모든 것을 초월하시는 하나님의 변치 않는 진리가 동일하게 작용하고 있기 때문이다. 성경은 구세주이신 그리스도를 믿어 생명을 얻고 더 풍성함을 누릴 수 있도록 우리에게 주신 하나님의 계시다. 이스라엘 민족을 인도하시는 여정과 출애굽보다 이전 세대인 아브라함을 인도하신 것, 그리고 모든 믿음의 선진들을 인도하시는 여정이 동일한 것은 속사람의 변화가 우선이라는 변치 않는 진리 때문이다.

아브라함은 믿음의 아비가 되었다. 아브람에서 아브라함으로 변화된 후 믿음의 아비가 되었다. 그러나 그 역시 온전치 못했다. 바로 왕 앞에서 자기 아내를 욕되게 하였고, 서자(이스마엘)를 택하여 대대손손 분란을 일으킨 장본인이 된다. 무엇 때문이겠는가? 오직 지배적 생각인 믿음(신앙/생각/사고/의식)이 온전치 못하였기 때문이다. "나는 전능한 하나님이라 너는 내 앞에서 행하여 완전하라"(창 17:1). 아브라함은 하나님에게 꾸중을 들었다. 그 꾸중은 그가 온전하지 못하고 부도덕했기 때문에 들은 꾸중이 아니었다. 오직 그의 믿음이 온전하지 못했기 때문이었다. 하나님의 약속에 대한 믿음이 온전하지 못했다. 변치 않는 그분의 사랑, 그분의 약속에 대한 보증 앞에 흔들리지 말 것을 촉구하시는 책망이었다. 이미 가나안 땅과 후손에 대한 약속은 완성되었다. '여호와 이레'로서 이미 완성된 상태였다. 그러나 흔들리는 나약한 믿음을 가지고 있었던 아브라함은 이미 완료된 약속을 믿지 못하여 스스로 비애를 자초하였다. 그러나 그는 마침내 모리아 산에서 마지막 테스트를 통과하게 된다. 성경은 그 상태를 '비로소(이제야(For now)]'라고 표현하였다. 하나밖에 없는 독생자 이삭이 죽임을 당할지라도 하나님이 바다의 모래처럼, 하늘의 별처럼 후손을 주시겠다고 약속하신 것을 이루실 것을 그때서야 믿게 될 것이다. 이 믿음(사고/생각/마음)이 온전한 자격이 되어 '비로소(이제야)' 그분이 예비하신 여호와 이레를 성취하게 되었다. 속사람의 지배적 생각 곧 믿음(신앙)이 근본적으로 달라졌기 때문에 보는 시각 역시 달라질 수밖에 없었고, 행동 역시 변화된 인식을 따르게 되었다.

탕자가 변화되었다. 하지만 이 역시 육신적, 물량적, 외적, 조건적 변화가 아니라 속사람의 변화였다. 속사람의 변화와 무관한 큰 아들을 책망하는 것을 보면, 탕자의 비유의 핵심은 속사람의 변화에 초점을 두고 있는 것을 알 수 있다. 탕자의 비유를 보면, 아버지의 태도가 변한 것이 아니었다. 아들이 돌아왔기 때문에 그 아들을 영접한 것은 아니었다. 아버지의 마음은 탕자가 집에 있을 때에도, 집을 나갔을 때에도 동일하였다. 변화가 있었다면 다만 탕자의 마음이 변했을 뿐이다. 아버지 사랑에 대한 인식이 새롭게 변하였을 뿐이다. 곧 믿음이었다. 외적인 행동이 변화된 것이 아니라 아버지의 무조건적인 변치 않는 사랑을 깨달은 탕자의 마음(사고/생각/인식)에 변화가 있었을 뿐이다. 아들이 집에 돌아왔기 때문에 그를 사랑하는 조건적 사랑이 아니었다. 집을 떠나 있을 때에도 그분의 사랑은 동일하였다. 다만 탕자의 지배적 생각이 변화되었을 뿐이다. 집 안에 있을 때는 아버지의 절대적 사랑을 미처 깨닫지 못했으나, 세상 속에서 고생하며 비로소 그분의 사랑을 깨닫게 되었다. 아버지는 탕자가 막대한 유산을 탕진할 것을 이미 알고 있었으면서도 아까워하지 않고 그에게 유산을 허락하였다. 이 역시 광야로 이끄는 생활이었다. 무엇 때문이었는가? 변화를 위해서였다. 육체적인 아들로서 몸이 돌아오기를 바란 것이 아니라, 하늘에 속한 영적 아들로, 하나님의 사랑 안에 있는 존재임을 깨달은 자로서 돌아오기(회개)를 바라서였다.

출애굽과 광야생활 그리고 가나안 입성은 오래전 결론이 난 역사적 이야기이자 아직도 끝나지 않은 역사적 예시[모형(Pattern/Example)]이다(고전 10:1-11; 행 7:38). 비록 시간과 공간과 여건은 다를지라도 출애굽 후 광야로 인도하셨던 그 하나님이 오늘도 동일한 목적을 가지고 당신의 백성들을 인도하시기 때문이다. 출애굽은 끝났으나 오늘도 아직 끝나지 않은 사건으로 성경이 우리에게 가르치고 있는 이유는, 신약시대를 사는 우리에게 하나님의 변치 않는 보편적 진리(General principle/pattern)를 전하기 위해서다. 출애굽의 사건은 말세를 사는 크리스천들의 삶의 본보기(Examples)로서 속사람을 변화시켜 그분 나라의 풍성함을 누릴 수 있도록 깨우침을 주시기 위한 기록(고전 10:11하)들이다.

- 상황적 예표들(Situational Illustrations)

분노(Resentment)는 자신을 해치는, 마치 몸의 암 덩어리와 같은 존재다. 정신과 의사들은 정신적 치료를 위해 분노를 유발하는 원인을 찾고, 크리스천들도 '중보기도'라는 제목으로 그 원인을 드러내어 치료를 모색하고자 한다. 그러나 그 역시 표면의 먼지나 닦는 순간적 치유일 뿐이다. 치유되었다 해도 다시 누군가에 의해 받을 수밖에 없는 상처는 또 다른 분노를 생기게 하기 때문이다.

불의(Injustice)가 판을 치고 인권이 유린되는 곳에서 그 불의와 싸우는 자들이 있다. 그러나 불의 자체를 크리스천들이 대적해야 할 대상으로 착각해서는 안 된다. 불의를 물리치고 정의가 그 땅에 실현된다

할지라도 인간 안의 무의식 가운데 숨겨져 있는 제2, 제3의 또 다른 불의는 표면으로 다시 나타날 수밖에 없다. 결핍을 채우고자 하는 육신의 지배적 생각이 그대로 남아 있는 한, 불의는 또 다시 누군가에 의해 그 모양을 바꾸어 나타날 것이기 때문이다.

가난한 자들을 돕는 선행이 때로는 그리스도 공동체의 목적으로 인식될 수 있다. 하지만 주의해야 할 것은 그것이 인간들이 할 수 있는 최상의 도덕적 선의 가치 기준은 될 수 있어도 크리스천들이 추구해야 할 절대적 가치 기준은 될 수 없다는 점이다. 이 또한 불의와 싸우는 일과 전혀 다를 바가 없다. 다시 주리고 목마르게 될 것이 분명한 순간적 치료일 뿐이다. 그리스도는 다시 주리지도 목마르지도 않는 영원한 것을 주시기 위해 오셨다. 다시 목마르고 다시 주리게 하는 물이나 빵, 혹은 자유를 주시기 위해 오신 분이라면 결코 하나님이 스스로 인간이 되면서까지 이 땅에 오실 이유가 전혀 없었다. 인간 스스로 모든 욕구를 만족하리만큼 가득 채울 수 있겠는가? 또한 하나님이 원하시는 바가 정녕 금과 은을 인간에게 주시는 것인가? 만약 그렇다면 젖과 꿀이 흐르는 가나안 땅에 이르기 전, 40년간의 광야생활의 훈련은 이스라엘 민족에게 불필요한 요소였을 뿐이다.

일반적으로 미국의 호텔이나 모텔들은 투숙객들의 숫자에 따라 요금을 책정한다. 하지만 그 많은 투숙객들의 숫자를 일일이 확인할 수는 없기 때문에 결국 투숙객의 말에 따라 요금이 그대로 책정된다. 그래서 투숙객들은 가끔 사람 수를 속여 거짓으로 신고하곤 한다. 요금을 충분히 절감할 수 있기 때문이다. 이렇듯 사람들이 거짓말을 하는 이유는 무엇 때문일까? 그리고 스스로를 속여야 하는 비참함에서 해방되는 길은 무엇일까? 율법적, 종교적 행위는 그것이 잘못되었다고 정죄할 것이다. 그리고 그것을 비우거나 죄를 고백하도록 가르칠 것이다. 그러나 그것은 다람쥐 쳇바퀴 도는 일에 지나지 않는다. 이와 같은 치료는 입으로 나오는 것을 막으려고 할 뿐 마음이나 생각의 변화와는 무관하다. 마음에 있는 생각이 무의식적으로 말로써 표출된다. 무의식적인 거짓말은 돌발적 실수가 아니라 본능적으로 마음의 생각이 입으로 나오는 것이다. 자신의 소유를 믿는 마음 때문이다. 소유가 자신을 지켜 줄 것이라는 본능적(육신) 생각이 마음을 지배한 것이다. 그 생각에서 해방되는 길은 무엇인가? 영의 생각뿐이다. 예수 그리스도로 말미암아 불안(Insecurity)과 비참함(Insignificance)에서 벗어나, 다시는 주리지도 목마르지도 않게 하시는 그분 나라의 자녀로 인침 받았음을 믿는 믿음뿐이다. 이미 완성된 충만에 대한 믿음만이 거짓을 고하는 추한 행동뿐만 아니라, 다른 욕구들의 결핍에 따른 비참함도 넉넉히 이길 수 있게 한다.

    세상의 종교나 철학들은 도덕에 초점을 두고 있다. 그것들은 도덕을 바로 세우는 법처럼 보인다. 그러나 도리어 도덕을 폐하는 법들이다. 표면이나 닦아 주는 도덕을 세우는 일들이란 또 다시 부도덕성을 낳는 악순환을 반복할 따름이다. 다시는 주리지도 목마르지도 아니할 그분의 영원한 약속을 믿게 될 때, 어떠한 부도덕도 능히 이길 수 있는 능력을 지니게 된다. 속사람의 믿음의 변화만이 부도덕을 낳는 악순환의 영원한 연결고리를 단절시킬 수 있다. 예수 그리스도 없이 도덕을 세우는 일들은 도리어 도덕을 폐하게 하는 사망의 법들이 된다. 바울은 그런 이유에서 율법은 사망을 낳게 한다고 선언한다(롬 7:5; 고전

15:56).

크리스천들의 온전함은 결코 도덕적 완전(Perfect itself)에 대한 요구가 아니다.[54] 삐뚤어지고 일그러진 생각을 그대로 방치한 온전함은 표면에 낀 먼지나 닦는 세상의 종교나 철학의 수준과 다를 바가 없다. 어느 한 증상을 치료한다고 해도 다시 솟구치는 쓴물처럼, 다시 돋아나는 쓴 뿌리처럼 하나를 덮으면 또 다시 덮어야 할 제2, 제3의 것들이 나타나게 된다. 눈앞에 놓여 있는 원망과 불평거리를 제거한다 해도 또 다른 결핍은 또 다시 제2, 제3의 불평과 원망거리를 만들게 한다.

영원한 해방이란 첫째는, 다시 주리지도 목마르지도 않게 하시는 예수 그리스도를 믿어 영에 속한 자녀가 되는 일(Justification)이며, 둘째는 자녀가 되었기에 자녀다워지는 것(Sanctification)이다. 채울 수 없는 것을 채우도록 부추기는 생각에서 벗어나 다시는 주리지도 목마르지도 않게 하시는 하나님의 영원한 안전(Security), 영원한 중요성(Significance)에 대한 확실한 보증과 약속을 믿는 지배적 사고(믿음/생각/신앙)로 충만해지는 것이다. 이것은 영의 자녀에게만 주어지는 특권이다.

성숙의 과정 | The Process of Spiritual Growth

인간의 모든 비극의 원인은 '죄와 사망의 법'이다. 인간이 지구에서 살고 있는 한 중력의 법칙에서 벗어날 수 없듯이 인간 스스로 사망의 법에서 헤어날 길은 전혀 없다. 사도 바울이 인간의 운명을 죄와 사망의 '법(Law)'으로 명명한 것도 이처럼 인간들이 법 앞에서 옴짝달싹할 수 없는 존재임을 설명하기 위해서다. 이제, 하나님을 떠나 자신이 하나님과 같이 되고자 했던 인간들은 하나님을 떠났기에 어쩔 수 없이 죄와 사망의 법에 매이게 되었다. 하나님과 단절된 인간은 스스로 필요를 책임지고 채울 수밖에 없는 운명이 되었다. 충만의 상실(단절)이 결핍을 초래한 것이다. 그 결과 필요가 결핍될 때 걱정, 근심, 불안, 두려움이 생긴다. 누구도 도와줄 수 없는 신분(홀로)이 되었기에 생존과 존엄성을 지킬 수 없는 결핍은 위협이 아닐 수 없고, 그 위협은 곧 걱정, 근심, 두려움이 될 수밖에 없다. 살기 위해 그리고 자신의 존엄성을 지키기 위해 남의 것을 빼앗고 남을 속이고 우월하려고 몸부림치게 된다. 하나님이 비참한 운명을 만든 것이 아니라 하나님과 단절됨으로 말미암아 스스로 죽이고 죽는 정글의 법(Law of Jungle), 곧 죄와 사망의 법이 생기게 됐다. 비참한 운명의 올무에서 벗어나려는 노력은 오히려 더 조여드는 올무처럼 더 깊은 수렁으로 빠지게 한다. 무엇이 이 사망의 법에서 우리를 건져낼 수 있을까? 바울뿐만 아니라 모든 인류의 부르짖음이 아닐 수 없다.

바울 사도는 "그리스도 예수 안에 있는 생명의 성령의 법이 죄와 사망의 법에서 너를 해방하였음이라."(롬 8:2)라고 선언한다. '법'이란 인간이 거역할 수 없는 힘이다. 그 법에서 해방되는 길은 오직 다른 법에 지배되는 것뿐이다. 잠언서에 철은 철만이 날카롭게 한다(27:17)고 언급된 것처럼 오직 더 큰 위력을 지닌 상위(Far superior)의 법만이 옛 법에서 우리를 해방할 수 있다. 성경은 그 법이 곧 '생명의 성령의 법'임을 알리고 있다. 그런 까닭에 성경은 우리가 죄와 사망의 법을 극복했다(Overcoming)고 말하지 않고 다만 생명의 성령의 법이 그리스도 예수 안에 있는 우리를 죄와 사망의 법에서 해방하셨다고 선언한다.

죄를 짓기 위해 특별히 노력할 필요는 없다. 노력하지 않아도 저절로 죄를 짓는 것이 인간이다. 공기 중에 있는 물체가 지구 중심으로 떨어지는 것은 자연의 이치다. 다른 영역이 아니고서는 누구도 거스를 수 없는 법칙이다. 죄와 사망의 법 아래(Under law) 있으면 죄가 자연스럽듯이 생명의 성령의 법 아래 있으면 생명의 풍성함 역시 자연스럽다. 인간의 의지나 노력, 깨달음에 상관없이 법의 힘이 지배(Operation)하게 된다. 그처럼 인간들의 의지와 무관한 새로운 법, 즉 우리 주 예수 그리스도로 말미암은 생명의 법 역시 영을 사모하는 자들을 무의식적으로 지배[통치/주권(Sovereignty)]하게 된다. 다른 영역의 통치 곧 '하나님 나라'의 다스리심이다. 이제 우리가 알 수도, 할 수도, 깨달을 수도, 경험할 수도 없는 전혀 다른 영역의 생명의 성령의 법이 우리를 지배하여 죄와 사망의 법에서 우리를 해방한다.

전에는 알 수 없었던 하늘의 평화가 가득한 것을 경험할 수 있다. 어둡게 보였던 것들이 밝게 보이고 슬퍼 보였던 것들이 아름답게 보인다. 왠지 성가시고 짜증스럽고 역겨웠던 요소들이 마음에 전혀 거스르지 않다. 이치에 걸맞지 않는 논리나 억지에, 또는 이성을 잃어야 할 상황에서 내가 알 수 없는 힘이 그것들을 초월하게 만든다. 미움이 사라지고 두려움 대신에 담대함이, 초조함 대신 느긋함이 샘솟게 된다. 시간에 쫓기는 긴박함이나 중대한 결과를 기다리는 초조한 상황에서도 우리의 마음에 평안과 여유로움이 깃들게 된다. 자신을 돌아보며 내가 왜 이럴까 생각해도 자신이 이해할 수 없는, 화평과 희락과 담대함이 무의식적(Unconscious)으로 우리를 지배하는 것을 경험하게 된다.

이 환희! 이 기쁨! 이 평안! 우리 안에 있는 이것을 세상에서는 빼앗아 갈 자가 없다. 굶주려도 배고프지 않고 목말라도 목마르지 않은, 세상 사람들이 알지도 느끼지도 경험할 수도 없는 양식과 물이 우리에게 주어지는 것을 느낄 수 있다. 하지만 이러한 현상은 결코 신기한 일도 이상스러운 일도 아니다. 죄를 짓는 데 노력이 필요 없듯, 생명의 풍성함 역시 인간 의지와 상관없이 저절로 성령에 의해 주어진다. 그것이 법의 원리다. 크리스천들은 우리 주 예수 그리스도로 말미암아 생명의 성령의 법(하나님 나라) 아래 있는 하나님의 백성이다. 하나님 나라의 풍성함이 상속되는 것은 필연적이다. 인간의 의지나 노력이 아니라 오직 다른 법, 더 큰 위력을 지닌 상위(Far superior)의 생명의 성령의 법이 죄와 사망의 법을 삼키게 된다.

두려움이 사라질 때, 두려움을 이길 수 있다. 미움이 사라질 때, 미움에서 해방될 수 있다. 미워하는 마음이 없기에 미워하지 않는다. 두려워하는 마음이 없기에 두려워하지 않는다. 기쁜 일이 있어서 기뻐하는 것이 아니라 마음이 기쁘기에 기뻐한다. 웃겨서 웃는 것이 아니라 웃음이 나오기에 웃는다. 웃긴 일이 있어서 웃음이 나오면, 웃기는 일이 사라지면 웃음 또한 사라진다. 기뻐서 기뻐하면, 기뻐할 수 있는 일이 사라지면 기쁨 또한 사라진다. 그리스도 예수로 말미암은 다른 법, 생명의 법은 다시는 주리고 목마르지 않게 한다. 기쁨이 절로 나오면 슬픈 일이 있어도 기뻐할 수 있다. 웃음이 절로 나오면 웃기지 않아도 웃음이 나온다.

생명의 법, 오직 의와 평강과 희락이 죄와 사망의 법에서 우리를 해방할 수 있다. 다른 법(하나님 나라)의 마음이 풍랑뿐만 아니라 이보다 더한 위협 속에서도 내 의지와 상관없이 그 두려움을 삼키고, 우리가 알지 못하는 생명의 성령의 능력이 핍박하는 자들을 용서하게 하고,

사랑하는 마음이 분노와 시기와 질투를 잠재운다. 인간들은 무엇을 해도 본능적 프로그램에 의해 움직일 수밖에 없는데 이제 전혀 다른 프로그램, 즉 그리스도 예수로 말미암는 생명의 성령의 법이 우리를 지배하는 법(속사람)이 되었다.

진정한 승리는 무의식의 승리다. 의식은 결코 다시 샘솟게 하는 무의식을 잠재울 수 없다. 오직 무의식적인 속사람만이 겉사람을 변화시킬 수 있다. 무의식을 이기게 하는 것은 무엇인가? 다른 상위의 무의식뿐이다. 다시 주리고 목마르게 하는 것은 다시 주리고 목마르게 한다. 다시 주리지도 목마르지도 않게 하는 생명의 무의식적 힘(영의 생각)만이 다시 주리고 목마르게 하는 사망의 무의식(육의 생각)을 삼킬 수 있다.

성경은 "그러므로 이제 그리스도 예수 안에 있는 자에게는 결코 정죄함이 없나니 이는 그리스도 예수 안에 있는 생명의 성령의 법이 죄와 사망의 법에서 너를 해방하였음이라."(롬 8:1-2)라고 언급한다. '정죄함이 없나니'는 우리가 연약하고 무능한 자(Disabling/handicap)가 아니라는 또 다른 의미를 지니고 있다.[55] 생명의 성령의 법 아래 있는 자란, 전에는 죄 앞에 무능한 자였으나 이제 더 이상 무능한 자가 아니라는 의미이다. 우리가 죄를 극복(Overcome)할 수 있는 능력을 지녀서가 아니다. 그리스도 예수 안에 있는 성령의 법이 우리를 지배하여 죄를 이기게 하였기에 죄의 법에 대하여 더 이상 연약한(불구자) 자가 아니라는 말이다. 그러므로 이 말씀의 의미는 크리스천들이 생명의 성령의 법 안에 있는 이상 더는 무능한 자가 아니므로 그 확신으로 담대히 세상을 이기라는 말씀이다. 비참한 인간의 운명에 더 이상 종노릇하지 말고 비록 세상에 살고 있으나 세상을 초월하여 풍랑 속에서도 고요하고, 죽음 앞에서도 평안하며, 어떤 궁핍이나 풍부함이나 초라함이나 비천함 가운데서도 이를 넉넉히 이기게 하시는 생명의 풍성함에 거하라는 격려의 말씀이다.

영적 성숙은 새로운 법(생명의 성령의 법)을 알고 배우는 과정이다. 육의 생각에서 영의 생각으로 변화되는 과정이 곧 영적 성숙이다. 밝아진 눈이 더 밝아지는 과정이다. 먼저, ❶ 죄가 법이라는 사실과, ❷ 인간의 의지로는 결코 그 법을 이길 수 없다는 사실을 깨닫고, ❸ 사망의 권세를 물리치신 우리 주 예수로 말미암아 죄의 법에서 우리가 해방되어 생명의 성령의 법 아래 있는 존재임을 믿고, 그 법이 왕 노릇할 수 있도록 그 법을 배우고 따르고 순종하는 과정이다.

인간은 사탄의 유혹으로 하나님의 자리를 넘보다 비참한 운명이 되었다. 생명의 주권자이신 하나님께 다시 그 자리를 돌려드릴 때 생명의 풍성함이 왕 노릇할 수 있다. 내 의지, 내 노력, 내 주장을 버리고 왕 되신 하나님께 순종할 때 비로소 세상을 이기고 세상을 초월하여 존재하는, 다시는 주리거나 목마르지 않게 하시는, 즉 우리가 알지도 경험하지도 못하는 그분 나라 영역에 속한 충만함이 임하게 된다. 이것이 바로 믿음과 순종을 통해 그 영이 자라가는, 크리스천들의 영적 성숙 과정이다. 생명의 영이신 성령의 인도하심에 순종하는 것만이 영으로 자랄 수 있게 한다. 바울도 내가 약할 때 강한 비결을 배웠노라 언급하였다. 자신의 의지를 버리고 하나님의 인도하심이 왕 노릇하도록 하는 믿음과 순종이, 없어야만 할 것 같은 육신의 가시조차 우월을

낮게 하는 사망의 법에서 자신을 해방하는 역할을 하는 것을 깨달았다. 모든 것이 협력하여 자라게 하는 것을 보았다. 그래서 하나님이 왕 노릇하실 때, 풍부와 궁핍에서 종노릇하는 것과 사망의 법 아래 종노릇하는 모든 비참함에서 우리를 해방하여 세상에 없는 영원한 하늘의 희락과 평강을 누리는 능력을 지니게 한다고 고백한다. 생명의 성령의 법에 대한 믿음과 순종이 장성한 자로 자라게 하고 생명의 풍성함의 열매를 더하게 하는 자격 조건이 된다. 주인의 자리를 내어놓을 때 사망을 삼키는 생명의 법이 스며들어 어렸을 때부터 지배되어 온 뿌리 깊은 잘못된 법을 점차적으로 대신하게 된다. 예레미야서에는 "아무리 볕이 따가워도 두려워하지 않고 잎사귀는 무성하며 아무리 가물어도 걱정 없이 줄곧 열매를 맺으리라."(17:8, 공동번역)라고 언급되어 있다. 성경은 믿음의 사람으로 끝까지 남은 자(Remnant)는 땅 속으로 싱싱한 뿌리를 내릴 것이고, 땅 위에서 열매를 맺을 것이라 말씀하고 있다(왕하 19:30). 믿음이라는 뿌리가 사망으로 이끄는 그 어떤 올무도 넉넉히 이기게 하고 생명의 풍성함을 더하게 한다. 뿌리가 깊지 않은 나무 역시 잠시 잠깐은 풍성할 수 있다. 그러나 시냇가에 심기운 나무라 할지라도 뿌리가 깊어야만 가뭄뿐만 아니라 비바람 속에서도 끝까지 살아남을 수 있다.

    열매를 맺기 위해서는 나무가 자라야만 한다. 또한 자라기 위해서는 뿌리가 깊이 내려야 한다. 이같이 믿음의 생명의 성령의 법이 왕노릇하게 하고 또한 왕 노릇하게 하는 그 믿음이 마침내 우리를 사망의 법에서 해방되게 한다. 속사람의 생각이 생명의 성령의 법을 익히고 배워 변화되는 일, 곧 믿음의 변화다. 이미 우리는 물가에 심긴 나무처럼, 포도나무의 가지처럼 하나님 나라의 충만의 풍성함을 상속받은 자가 되었다. 하지만 풍성함이 없는 이유는 충만의 보장이 없어서가 아니라 오직 자신의 믿음이 부족해서 스스로 다시 죄와 사망의 법에 지배되기 때문이다. 우리 주 예수 그리스도로 말미암아 죄와 사망의 법에서 해방됐다는 믿음의 부족이다. 그 해방의 과정이 곧 영적 성장으로 마음을 새롭게 하는(Renewal) 믿음의 변화(Transformation) 과정이다.

그리스도인들에게 영적 훈련은 절대적이다. 하지만 기도, 묵상, 금식, 말씀 상고와 같은 영적 훈련 그 자체가 사망의 법을 이기는 힘을 가져다 줄 수는 없다. 타 종교의 종교적 행위와 동일시해서는 안 된다. 인간 의지에 의한 일시적 자기 도취는 사탄의 계략에 의한 착각으로 속임수일 뿐이다. 다시 본색이 드러나게 만든다. 바른 영적 훈련은 스스로 해방을 추구하는 것이 아니라 사망의 법을 삼킬 수 있는 생명의 법이 왕 노릇하도록 마음의 문을 두드리는 주님이 들어오실 수 있게 마음의 공간(Space)을 만드는 일이다. 자라게 하시는 분은 오직 하나님뿐이시다. 다만 농부가 할 수 있는 일은 곡식이 잘 자랄 수 있도록 필요한 조건을 갖추는 일이다. 곧 사망을 낳는 법의 원리를 깨닫고 이를 해방하는 생명의 성령의 법을 배우고 믿고 따르고 순종하는 일이다. 그 조건을 갖추게 하는 것이 성경의 역할이며 지도력이며 영적 성숙을 위한 훈련이며 또한 하나님의 선한 일을 위한 사역(Ministry)이다. 자라야 볼 수 있고 볼 수 있을 때 능력을 갖추게 되고, 능력을 갖추게 될 때 풍성함이 더해질 수 있고, 풍성함이 더할 때 비로소 하나님이 기뻐하시는 영광의 자리에 동참할 수 있다. 소경이 소경을 인도할 수 없기 때문이다.

먼저 된 자로서 나중 되고 나중 된 자가 먼저 될 자가 많다고 예수님은 친히 말씀하셨다(막 10:31). 크리스천의 바른 삶의 자세는 내 의지적 노력으로 죄에 대항하여 싸우는 것이 아니라 다만 사망권세를 이기신 우리 안에 있는 대장 되신 예수 그리스도의 승리를 기뻐하며 감사하는 데 있다. 하나님의 자녀 된 자가 얼마나 쓸데없이 더 시간을 낭비해야 하겠는가? 자신의 것을 훔치는 비애를 반복하고, 비참한 운명의 수레바퀴를 다시 맴돌아야만 하겠는가? 눈물을 얼마나 더 흘리고 근심과 걱정과 슬픔에 얼마나 더 잠겨 있어야 할 것인가? 소모적인 신앙생활, 어린아이와 같은 신앙생활은 지난날로 족하다. 자유를 주장하고 쟁취해야 자유가 주어지고, 불의와 싸워야 정의가 실현되는 것이 아니다. 생명의 성령의 법, 곧 진리가 자유케 할 뿐이다. 오직 생명의 법이 인류를 사망의 법에서 해방할 수 있다. 오직 하나님의 법만이 다시 주리거나 목마르지 않게 하실 수 있다. 연약하였던 존 웨슬리는 '죄와 사망의 법에서 건짐을 받았다는 확신(중생의 체험)' 때문에 그의 삶이 온전히 새롭게 바뀌게 되었다. 크리스천들의 운명이 그처럼 완전히 바뀌는 날은 우리 주 예수 그리스도로 말미암아 영적 눈이 열리는 때이다. 인생의 위대한 발견(Great discovery), 위대한 계시, 전혀 다른 새로운 인생이 펼쳐지는 날은 생명의 성령의 법이 육신의 법을 이기게 하는 법임을 깨닫는 순간이다.

정당화라는 단어의 의미에서 볼 수 있듯이, 한 영혼이 그리스도를 영접하는 순간 신분상으로는 영의 자녀가 되었을지라도 영적으로는 아직 미성숙한(Immaturity) 상태이다. 그 영혼은 갓 태어난 영적 아기로서 전혀 다른 새로운 영역의 지배적 사고로 변화되기 위해 모험과 도전이 따르는 신앙적 여정을 걷게 된다. 생명의 풍성함을 얻기 위해 전혀 알지 못하는 미지의 세계를 향하여 앞으로 나아가는, 마치 이스라엘 민족의 광야 생활과 같은 순례자의 길에 놓이게 된다. 새로운 영역을 향한 출발점은 마치 갓난아이가 태어난 상태와 같고 그 전진은 성장 과정과 같기 때문에, 성경은 어린아이가 장성한 자로 성장하기까지의 성장 과정에 비유하여 크리스천들의 영적성숙을 설명한다. 사실 부모의 역할도, 학교의 역할도 궁극적으로는 인간의 성장을 위해 존재한다. 비록 영적 성장과 세상 교육이 추구하는 육신적, 정신적, 사회적 성장은 근본적으로 다른 범주일지라도 모두가 목표하는 바는 어린아이가 장성한 어른으로 자라 자기 일들을 잘 감당할 수 있도록 자격을 갖추게 하는 데 있다. 그런 까닭에 많은 교육학자, 심리학자, 정신분석학자들은 성경의 말씀을 토대로 하여 인간의 발달과정을 설명하고 있다. 유아기에서 장성한 자들에 이르기까지 그 발달과정을 유추하여 자신들이 주장하고자 하는 측면에 성경 내용을 적용하는 것을 살펴볼 수 있다. 에릭 에릭슨(Erik Erikson)과 진 피아제(Jean Piaget)의 인간 발달(Human development) 과정에 대한 이론 정립은 그 기초를 이루고 이를 토대로 각 분야별로 그 발달과정을 설명하고 있다. 특히 제임스 파울러(James Fowler)는 종교적 성숙의 발달 과정을 이와 연계하여 설명하고 있다.[56]

파울러는 종교적 관점에서 성숙의 과정을 여섯 단계로 구분하여 자신의 이론을 정립하였다. 그는 첫째 단계(Stage 1)를 직관적인 신앙(Intuitive Faith)으로 설명한다. 보이는 것은 보이지 않는 것에서 비롯된다. 그러나 갓 태어난 어린아이는 직관적 본능에 따라 보이는 대로 보

장년기	Stage 6	**보편화적 신앙** 역설적 갈등에서 완전 해방/선각자의 역할/ 신념들의 시스템을 초월
중년기	Stage 5	**융합적/연결적 신앙** 역설적 반대적 시각에 대한 마음의 눈을 열게 됨/ 극소수가 이에 해당됨
사춘기 후 초장년기	Stage 4	**독자적/반응적 신앙** 종교적 신념에 대한 책임의식을 가지게 됨/ 자신의 가치와 종교적 신념에 대한 깊은 탐험
초기 사춘기	Stage 3	**합성적/정통적 신앙** 보다 추상적 생각/다른 사람들과 일치된 신앙을 형성
초년기 중후반	Stage 2	**공상적/문자적 신앙** 문자적으로 해석/하나님을 마치 부모로 인식/ 논리성 구체성이 발전
초기 유년기	Stage 1	**직관적/투사적 신앙** 선과 악을 직관적 이미지로 인식/ 화려함과 실체를 동일시함

고 판단한다. 좋고 그름을 보이는 대로 판단하는 단계다. 좋은 것만을 좋은 것(Good is good)으로 인식하는 단계다. 결과가 좋으면 좋은 것이며 결과가 나쁘면 나쁜 것이다. 겉은 속으로 말미암아 나타나는 과정을 전혀 인지할 수 없는 수준의 단계다. 만약 도덕성이 형성되기 이전 상태에서 어른의 눈높이로 도덕성을 강요하게 된다면 성인이 되어 중대한 성격적 결함이 야기될 수 있다.

둘째 단계(Stage 2)는 문자적 신앙(Literal faith)의 단계다. 의사소통을 위한 표현에는 직설법만 존재하는 것이 아니다. 보다 깊은 의미전달을 위해서는 비유나 은유, 역설적이고 변증적인 표현들을 쓸 수밖에 없다. 그러나 이 단계에서의 인식 능력은 이 모든 것을 문자적으로만 해석하는 수준이다. 자신의 인식 능력의 수준으로 그와 같은 표현법들을 결국 모두 문자적으로 재해석하게 된다. 그 대표적인 사례로 우리는 예수님 당시의 바리새인들을 살펴볼 수 있다. 유대인들과 예수님의 갈등은 성경을 인식하는 수준의 차이에서 발생되었다. 바리새인들은 성경에 수록된 추상적이고 역설적인 개념들이 인간의 이성으로 쉽게 이해될 수 없는 어려운 것들이었음에도, 그것을 자기 눈높이로 인식하고 예수님과 상반되는 자신만의 결론을 내렸다. 자신만의 문자적 해석을 절대화하려는 어리석음에서 비롯된 것이다.

세 번째 단계(Stage 3)는 정통적 신앙(Conventional faith)의 단계다. 파울러는 이를 '일치성(Conformity)' 단계로 표현하였다. 일치성이라는 의미는 마치 하나의 틀[형식(Form)] 속에 모든 것을 일치[통일(Con)]시키는 것을 말한다. 각자가 생각하고 경험하고 깨달은 것을 자기 것으로 소화한 독자적 주장들과 상반되는 개념으로, 공동체 안에서 형성된 일치된 의견(목소리)에 동의하는 수준 상태를 의미한다. 순수한 진리 추구에 눈을 뜬 상태가 아니라 문화 속에서 형성된 종교적 이데올로기(Ideology)가 바탕이 되는 정통(유전)적 신앙을 무조건 계승하려는 답습적인 신앙수준이 된다. 어린아이의 수준을 갓 넘은 사춘기(Early adolescence) 시절과 같은 단계로서 무엇을 추구한다 할지라도 여전히 부모의 영향권 아래에 머물 수밖에 없고 그 틀을 벗어나지 못하는 상태가 된다. 그럼에도, 독자적인 사고를 추구하려고 하는 태동의 단계이기도 하다.

네 번째 단계(Stage 4)는 독자적으로 반응하는 신앙(Individual Reflexive Faith)의 단계다. 자기의 경험을 통해 얻은 자신의 믿음을 독자적으로 구현하려는 단계다. 부모에게서 답습한 틀에서 벗어나 독립하려는 청년기로 볼 수 있다. 순수성을 찾기 위해 가면을 벗고자 하는 노력들을 하게 된다. 그리고 자신만을 생각했던 본능적이고 이기적인 생각에서 벗어나 다른 사람들을 배려하고 다른 세계 속에서 자신을 보게 되는 단계에 이르게 된다. 기존에 답습된 틀에서 벗어나 순수한 진리 추구를 위해 다른 세계를 탐험하는 도전적인 계기가 된다. 따라서 새롭게 형성된 가치와 정통적 교리 사이에서 많은 갈등이 일어나게 된다. 하지만 이로 인해 보다 더 깊고(Depthen) 더 넓고(Widen) 더 예리하고(Sharpen) 구체적인 단계의 영적성숙으로 도약하게 된다.

다섯째(Stage 5) 단계는 융합적인 신앙(Conjunctive Faith)의 단계다. 위와 같은 갈등 속에서 전에는 이를 초월하여 쉽게 이해될 수 없었던 영역들이 조금씩 선명하게 이해되는 수준에 이르게 된다. 모순적이고 역설적이고 복잡하고 변증적인 내용들이 도리어 온전해지는 것을 인식할 수 있는 단계다.

마지막 단계(Stage 6)는 보편화된 신앙(Universalizing Faith)의 단계다. 갈등의 원인이었던 모순이나 역설적인 요소들이 완전히 이해되고 초월하게 되는 단계로서 이제는 자신이 경험하고 초월하고 깨달은 것을 보편화시키기 위해 남들에게 전하고 가르치는 선각자적인 단계가 된다.

갓 태어난 어린아이가 자라서 장성한 장년에 이르는 성숙의 과정을 종교적 관점에서 살펴보았다는 점에서 파울러의 정립은 성경에서 언급하는 영적 성숙을 이해하는 데 많은 도움이 된다. 주목해야 할 점은 이상에서 살펴본 것처럼 성숙이란, 변화이며 그 변화의 과정에는 사춘기의 반항과 같은 갈등과 고통이 반드시 수반된다는 사실이다.

연구에 의하면 환자가 충격적인 검사결과를 듣거나 시한부 선고를 받고 그것을 수용하는 과정에는 공통적으로 몇 단계가 선행된다고 한다. 부정을 하고, 원망을 하고, 다시 사실 확인을 위해 다른 병원을 찾고, 고쳐 보겠다고 이곳저곳을 찾아다니는 이와 같은 일을 반복하다 결국 수용하는 단계에 이르게 된다고 한다. 전혀 새로운 세계의 복음을 받아들이는 과정 역시 이 연구결과와 동일하기 때문에 선교 전략에 많이 응용되고 있다. 전에 경험하지 못한 새로운 것을 받아들이는 변화의 과정에는 필연적인 고통들이 단계별로 수반되는 것을 확인할 수 있다. 약속의 땅, 젖과 꿀이 흐르는 가나안 땅에 도달하기 위해서는 광야생활을 거쳐야 하듯 변화에도 고통이 수반된다. 이스라엘 민족들뿐만 아니라 모든 믿음의 선진들도 하나님에 대한 감사와 기쁨 그리고 그 반대가 되는 원망이나 불평과 같은 불신앙적인 갈등이 반복되면서 비로소 하나님이 기뻐하시는 온전한 성숙의 단계에 이르는 것을 성경을 통하여 확인할 수 있다.

두 가지 지배가 공존할 수 없다. 육체의 소욕은 성령을 거스르고 성령은 육체의 소욕에 반대되기 때문이다(갈 5:17). 따라서 어느 한쪽을 택하고 다른 한쪽은 버려야만 비로소 한쪽을 얻을 수 있다. 결국 옛 지배적 육신의 기쁨을 따르려고 하는 생각이 제거될 때 비로소 생명의 지배가 그곳에 놓이게(Replaced) 된다. 세상의 자랑들인 학벌, 재산, 직위, 신분 등을 도리어 배설물로 여기는 생각이 지배적이 될 때 세상에서 느낄 수 없는 생명의 풍성함을 비로소 누릴 수 있게 된다. 얻고자 할 때 잃고, 잃고자 할 때 얻을 수 있게 된다. 육신의 생각을 버려야만 성령의 다스리심을 받을 수 있기 때문에 하나님은 이 세상의 불순물과 찌꺼기를 제거하기 위하여 그 백성들을 풀무불과 같은 연단의 길로 인도하신다.

선한 목자는 험한 계곡을 넘어 푸른 초장이 있는 곳으로 양들을 인도한다. 이때, 험한 계곡 너머 푸른 초장이 있는 것을 알지 못하는 양들은 이를 거부한다. 하지만 눈앞에 놓여 있는 험한 계곡을 거부하면 그 풍성함 역시 기대할 수 없다. 반드시 넘어야만 하는 과정이기 때문에 모든 지각에 뛰어난 선한 목자는 그 양을 위하여 같은 고통을 겪으며 험한 계곡으로 양들을 인도한다. 영에 속한 자녀가 영의 지배를 전적으로 따르고 순종하도록 훈련(Discipline)하는 일이다. 은유적 표현으로 볼 때 이것은 광야생활이다(행 7:38). 버리는 일이 아니라 도리어 얻게 하는 역설적인 여정이 된다. 만약 믿음의 선진들이 이를 거부하였다면 어떻게 되었을까? 결코 그분이 예비하신 풍성함은 성취될 수 없었을 것이다.

예수님은 '밭에 감춰진 보화'를 비유로 말씀하셨다. 버림을 통하여 얻게 하신다는 말씀이다. 이웃의 밭에서 보화를 발견하고 그 보화를 얻고자 자기 전 재산을 다 팔아 보화가 묻힌 밭을 샀다고 말씀하신다. 버림을 통해서 오히려 얻을 수 있다는 것을 알려 주는 내용이었다. 해산의 수고 역시 동일한 말씀이다. 해산의 수고가 없다면 새로운 생명이 탄생하는 기쁨을 기대할 수 없다. 풍성함을 더하기 위한 변화에는 그와 같은 고통이 수반되지만 그 고통은 잠깐이며 그 고통으로 인한 기쁨은 영원하다는 사실을 전하시기 위한 말씀이다. '한 알의 밀알'에 대한 비유 또한 일맥상통한다. 한 알의 밀이 땅에 떨어져 썩어져야 비로소 60배, 100배의 열매를 얻을 수 있다는 평범한 진리를 가르치는 내용이다. 씨를 뿌려 열매 맺기까지는 농부와 같은 기다림과 인내가 요구된다. 대가를 치러야만 하는 크리스천들의 고통이란 결코 잃어버리는 것이 아니라, 오히려 얻기 위해 버려야만 하는 과정임을 가르치고 있는 말씀들이다. 그러기에 하나님은 당신의 백성들에게 고통을 허락하시고 낙심케 하신다.

선한 목자는 한 분뿐이시다. 힘준한 계곡을 넘어가면 생명의 풍성한 초장이 나온다는 것을 아시는 분은 오직 예수 그리스도 외에는 없기 때문이다. 그 어느 누구도 목자의 자리를 대신할 수 없기 때문에 당신 외에는 모두가 삯꾼이라고 예수님은 말씀하셨다(요 10:7-15). 인간 지도자가 할 수 있는 일은 무엇인가? 선한 목자 되신 예수 그리스도를 유일무이한 지도자로 따르는 일뿐이다. 그분은 사람들을 순간적으로 기쁘게 하여 당신 자신을 기쁘게 하는 공생과는 전혀 상관이 없는 분이다. 그 선한 목자(The Shepherd)는 낙심케 하고 괴롭게 하는 좁고 험한 길로 그분의 백성들을 인도하시고 결국엔 생명의 풍성함을 얻게 하시는 분이다. 영적 생활의 최고의 적은 무엇인가? 사람들을 기쁘게 하는 일이다. 순간적 욕구를 충족하도록 부추기는 생각이다. 일시적인 욕구를 채우게 한 후 모든 것을 빼앗아 가는 악의 세력들이다.

"사망아 너의 승리가 어디 있느냐 사망아 네가 쏘는 것이 어디 있느냐"(고전 15:55)[57]라고 성경은 그 백성들에게 외치고 있다. 사망이 무엇이며 무엇이 그 사망의 독침이란 말인가? 이는 이 땅의 승리에 목적을 두게 하는 육신의 마음이다. 무의식을 자극하여 선동케 하는 마음이다. 땅의 승리를 영원한 승리로 착각하게 하여 그것을 우상으로 섬기다가 영원한 형벌에 처하게 하는 사망 권세다.

> 사탄아 내 뒤로 물러 가라 **너는 나를 넘어지게** 하는 자로다 내가 하나님의 일을 생각하지 아니하고 도리어 사람의 일을 생각하는도다(마 16:23).

십자가의 죽음을 만류하였던 베드로를 향하여 예수님께서 단호하게 꾸중하신 내용이다. 목숨을 부지하기 위해 모두가 배신하는 긴박한 상황에서, 목숨을 내건 그의 충정이 오히려 사탄의 세력으로 변질되는 순간이었다. 예수님을 위하고 하나님의 나라를 위하는 것처럼 보이나, 잠시 있다 없어지는 땅의 승리는 사탄의 유혹이며 영원한 파멸로 인도하는 사망의 독침이라는 것을 아셨기 때문에 예수님은 단호히 그 세력을 물리치셨다.

하나님은 오늘도 예배하는 자들을 찾으신다. 그분이 애타게 찾으시는 참 예배는 무엇인가? 주일에 모여 드리는 의식이 아니라 그분을 기쁘시게 하는 일이 곧 그분이 원하시는 참 예배가 된다. 하나님께서 예비하시고 인도하시는 길을 따르는 일이 곧 거룩한 산제사가 된다. 그 과정 속에서만 새로운 피조물로서 새로운 생명이 자라게 되고, 성숙으로 인한 풍성함의 기쁨을 비로소 누릴 수 있기 때문이다. 따라서 '여호와 이레' 되신 하나님이 예비하신 그분 나라의 풍성함을 주시기 위한 일, 즉 영적 성숙을 위한 고난을 거부하는 것은 곧 예배를 거부하는 것과 마찬가지다. 예배란 자기(육신)를 세우고자 하는 자기의지를 버리고 하나님께 항복(Surrender)하는 것이기 때문이다.

예수님은 저녁 하늘이 붉어지면 다음 날 맑아지리라는 것을 알 수 있다고 말씀하셨다. 이 비유의 말씀에 이어 천기는 분별하면서 왜 이 세대의 징조가 무엇을 말하는지 알지 못하느냐 하시며 그 세대를 향하여 책망하셨다. 이 말씀을 통해 오늘 우리 세대에게 말씀하시고자 하는 것은 무엇인가? 그리고 교회 공동체를 무너지게 하는 사망의 독침은 무엇인가? 들을 귀 있는 복 있는 사람들(The blessed)은 하나님이 주시는 그 음성을 들을 수 있을 것이다.

9. 선한 도구
- Tools for God's Work

성경은 마지막 역할에 대하여 스스로 밝히고 있다. 결론적으로 말하면 예수 그리스도를 믿어 구원받은 – 의인으로 인정받은 (Justification) – 자녀들이 그대로 머물러 있지 않고 그분과 함께함으로 그분의 성품을 닮아(Sanctification) 장성한 자로서 그분이 기뻐하시는 (Glorification) 사역인 하나님의 '모든 선한 일'에 쓰임받도록 하는 역할이 최종 단계가 된다. 하지만 '믿음으로 말미암은 구원'과 '온전케 하여'와 '선한 일'의 관계는 개별적인 것이 아니라 마치 바늘과 실처럼 불가분의 유기적 관계를 형성한다.

개역한글 성경은 "하나님의 사람으로 온전케 하며(so that) 모든 선한 일(Ministry)을 행하기에 온전케 하려 함(Equipped)"으로 정의한다(딤후 3:17). 이 구절에서 우리는 '온전케'라는 단어가 앞뒤로 중복된 것을 확인할 수 있다. 그러나 본래의 문장은 두 단어로 구성된 것이 아니라 한 단어로 구성되어 있다. '온전케'라는 단어의 의미는 앞장에서 살펴본 것처럼 한 단어 속에 많은 뜻이 함축되어 있다. 많은 의미가 함축된 이 단어를 단 한마디로 표현하기란 결코 용이한 일이 아니다. 그렇기 때문에 우리말로 옮기는 과정 중에 한 단어 속에 함축된 여러 의미를 최대한 부각시키기 위해 부득불 중복적인 방법을 택한 것으로 보인다. 개역개정은 이를 수정하여 "하나님의 사람으로 온전하게 하며 모든 선한 일을 행할 능력을 갖추게 하려 함이라."라고 번역하여 "온전케 하며"라는 표현 대신에 "능력을 갖추게 하려"라는 어구로 바꾸어 표현하였다. 온전함이라는 단어 속에 함축된 여러 의미들을 극대화하기 위한 의도로 볼 수 있다.

성숙(영적성장)이란 성숙 자체를 위해 존재할 수 없다. 크리스천의 성숙에는 불순물을 제거하기 위한 연단이라는 아픈 과정이 필연적으로 수반된다. 따라서 갈등과 고통을 수반하는 크리스천들의 온전함이란 맹목적 완벽(Perfection) 추구가 될 수 없다. 크리스천들은 온전해져야만 하는 뚜렷한 목적이 있으며 그 목적의 성취를 위해 성숙함이 전제된다. 그 뚜렷한 목적을 성경은 '하나님의 선한 일'로 정의하고 있다. 시험(Test)을 통과하여 자격증을 받게 될 때 비로소 그 일에 종사할 수 있는 특권이 주어진다. 이처럼 하나님 나라의 생명의 풍성함을 이 땅에서 누리고 다른 사람들 역시 그 생명의 풍성함에 이를 수 있도록 인도하는, 그분이 계획하신 선한 일(사역)에 쓰임받기 위해서는 자격이 요구된다. 그 자격 조건이 바로 크리스천들의 성숙이다.

로마서는 "환난 중에도 즐거워하나니 이는 환난은 인내를, 인내는 연단을, 연단은 소망을 이루는 줄 앎이로다."(롬 5:4)라고 기록하고 있다. 그리고 야고보서는 그 연단을 '믿음(마음/생각/사고/신앙)의 연단'(약 1:4)이라고 말씀하고 있다. 그리고 잠언서 역시 "도가니는 은을, 풀무는

금을 연단하거니와 여호와는 마음을 연단하시느니라."(잠 17:3)라고 말하고 있으며, 욥기는 불순물을 제거하여 순수성(순도)을 높인 정금과 같은 상태로 변화시키는 과정을 연단으로 설명하고 있다(욥 23:10). 종합하여 볼 때 연단의 목적이 마음(믿음)의 변화에 목적을 두고 있는 것을 확인할 수 있다. 궁극적으로는 연단을 통하여 마음이 변화되어 그리스도의 장성한 분량에 이르는 것도 결국은 하나님이 기뻐하시는 구원 사역에 쓰임받을 능력을 갖추는 과정임을 확인할 수 있다. 온전함은 '온전' 자체를 위해 존재하는 것이 아니라 하나님이 기뻐하시는 소원(선한 일/사역)을 위해 전제되는 조건임을 알 수 있다. 바꾸어 말하면 그분이 기뻐하시는 그분의 사역(하나님 나라를 세우는 일)에 쓰임받기 위해서는 감당할 만한 능력, 즉 자격이 먼저 갖추어져야 하는데, 갖추어야 할 그 자격 조건이 곧 '크리스천들의 성숙'이다.

그날의 자랑 | Rejoicing in Eternal Life

예수 그리스도를 믿는 자들을 의롭다고 하시는 하나님은 의롭다 하심(Justification)으로 끝내지 않으시고 의인 된 자들을 다시 불러[소명(Second calling)], 온전케(변화) 하시고 온전케 한 자들을 또한 영화롭게 하신다(롬 8:30). 곧 그리스도의 날에 당신의 백성들로 하여금 자랑할 것이 있게 하신다(빌 2:16). 미리 택하여 부르시고 의롭게 하신 목적은 무엇인가? 달음질이 헛되지 아니하고, 수고가 헛되지 않도록 하시기 위해서다. 그리스도의 자녀로서 그리스도를 닮아 그분의 자녀답게 하시고, 세상에서 자랑이 되게 하시며 또한 그날에 그리스도와 함께 영화롭게 하시기 위해서다.

하나님께서는 예수 그리스도를 영화롭게 하셨다. 예수 그리스도 역시 세상을 이기시고 승리(Victory)하심으로 하나님을 기쁘게 하셨고 영화롭게 하셨다. 그 승리는 무엇이었는가? 그것은 십자가의 죽으심이었다. 결코 세상 사람들이 추구하는 땅(세상)의 승리가 아니었다. 땅(육신)의 시각(Earthly level perspective)으로 볼 때 그 죽음은 오히려 완전한 패배였다. 2,000년 전 팔레스타인, 이스라엘 백성들은 로마에서 해방되기를 염원해 왔다. 그 해방을 위해 그리스도를 열망하는 대망사상이 그들의 유일한 희망이었다. 그러나 로마제국에서 이스라엘을 회복하기는커녕 "당신이 하나님의 아들이면 십자가에서 내려와 증명해 보라." 하고 외치는 군중들의 야유 속에서 예수님은 속수무책으로 죽음을 맞이하셨다. 능력의 사람인 줄 알았건만 예수님께서 무기력하게 패배의 길을 택하는 모습을 바라본 땅의 사람 빌라도는 그분을 도저히 이해할 수 없었기 때문에 "네가 추구하는 진리가 도대체 무엇이냐?"(요 18:38)라고 반문하였다.

예수님은 십자가에서 죽으셨다. 하지만 패배로 보이는 그 십자가의 죽음은 하나님이 기뻐하시는 영광이 되었고 승리가 되었다. 그 죽음은 곧 생명의 열매를 낳는 승리였다. 저주의 사슬(족쇄/감옥/포로)에서 생명의 길로 인간들을 해방하는 유일한 길이었기 때문에 십자가의 죽음은 참 승리(Real Victory)의 죽음이었다. 사망 권세를 이기는 순간이었기에 예수님은 십자가의 죽음 앞에서 오히려 담대하게 "다 이루었다!", "내가 세상을 이기었노라."(요 16:33)라고 외치셨다. 그리고 그 승리는 하나님을 영화롭게 하였다.

예수님은 "아버지께서 내게 하라고 주신 일을 내가 이루어 아버지를 이 세상에서 영화롭게 하였사오니"(요 17:4)라고 기도하셨다. 하나님께서 주신 일(십자가의 죽음)을 완성함으로, 즉 사망 권세를 이기신 십자가의 일로 말미암아 하나님께서 당신을 영화롭게 하셨다고 말씀하셨다. 이어서 예수님은 "내가 비옵는 것은 그들(제자)을 세상에서 데려가시기를 위함이 아니요(요 17:15), 오히려 아버지께서 나를 세상에 보내신 것같이 나도 그들(제자)을 세상에 보내었고"(18절)라고 말씀하신다. 그리고 다음 구절에서 자신은 세상을 떠나지만, 자기를 따르는 자들을 세상에 그대로 남겨 두시고, 그 이유에 대하여 설명하신다. 그 답변은 하나님 아버지 안에서 그 아들이 하나 되었듯이 그리스도와 그들(제자) 또한 하나가 되기 위해서라고 말씀하신다. 자신이 하나님의 뜻과 하나 되어 하나님 아버지를 영화롭게 하였던 것처럼, 자신의 제자들도 자신의 뜻과 하나 되어 자신처럼 하나님을 영화롭게 하기를 바라는 간구이다(22–24절). 즉, 순종으로 말미암아 세상을 이긴 자신의 영광이 자신뿐만 아니라 자신을 따르는 제자들에게도 전해져 보존되기를 바라는 간구이다(22절).

그리스도께서 이 땅에 오신 목적이 무엇이며, 그리스도의 제자 된 우리를 미리 정하시고 부르시고 온전케 하신 이유는 무엇인가? 그 목적(Mission)은 오직 하나다. 그리스도께서 하나님이 주신 일을 따라 할 수 있으나 할 수 없는 자로 순종하여 어두움의 권세를 물리치고 영광스러운 승리를 이루셨던 것처럼 그리스도를 따르는 자녀들 역시 사망 권세를 물리치는, 주님이 주신 선한 일에 온전히 순종함으로 승리의 영광에 동참케 하기 위해서다. 따라서 그 영광에 이를 수 있는 '주신 일' 을 하기 위해서는 온전함이라는 감당할 만한 능력(자격)인 영적성숙이 전제된다. 영적성숙은 곧 사망 권세를 이기는 힘이다. 하지만 의롭다 함을 받았다 할지라도 육신의 만족을 위해 '자신의 일'을 하도록 하는 육신에 속한 생각이 '주신 일'을 거부케 한다. 그러므로 욕구를 채우고자 하는 본능적 의지가 영적 변화로 제거되어 하나님께 전적으로 순종할 때 그 선한 일을 감당할 수 있다. 따라서 그 선한 일을 할 수 있는 자격조건을 갖추도록 하는 것이 성경의 역할이다. 그 자격을 갖춰야만 주신 일을 할 수 있고 주신 일을 감당했을 때 비로소 그분이 기뻐하시는 영광에 이를 수 있기 때문에, 하나님은 그 선하신 목적을 우리 안에 두시고 오늘도 친히 자신의 말씀으로 교훈하고 책망하고 바르게 하신다(빌 2:13).

하나님은 기적을 통하여 이스라엘 백성들을 비참한 노예 생활에서 해방하시고 광야의 길을 가게 하셨다. 하지만 그 사건은 결코 우연도, 맹목적인 명령도 아니었다. 오직 하나, 그 목적은 이스라엘 백성을 선한 도구로 준비시키시고 당신의 백성들을 그날 영화롭게 하시기 위해서였다. 하나님은 이스라엘을 선민으로 택하셨다. 젖과 꿀이 흐르는 가나안으로 인도하신 이유는 무엇인가? 그것은 육신의 배(Security)를 채우거나, 자신들의 자긍심(Significance)을 고취하라고 주신 특혜가 아니었다. 선민이라는 우월감으로 세상의 으뜸이 되려는 민족주의를 갖게 된 것은 하나님의 뜻이 아니었다.

세상에는 가나안 땅보다 더 풍요로운 나라들이 많다. 그렇다면 왜 하나님은 그 땅을 거룩한 땅으로 정하시고 그 민족으로 하여금 그 약속의 땅을 밟게 하셨는가? 가나안 땅 자체는 결코 이스라엘 민족이 취해야 할, 그분이 기뻐하시는 최종 목적지(Final Destination)가 아니었다.

먹고 마실 수 있는 젖과 꿀이 흐르는 가나안 땅 자체가 목적이었다면 그 백성들을 계속 맴돌게 하였던 광야의 40년 세월은 무의미해진다. 다만 그 땅을 약속의 땅으로 거룩하게 하신 이유는 오직 그 땅이 그분께서 원하시는 최종 목적(Purpose)을 성취할 수 있는 가장 적절한 장소 [매체(Method)]가 될 수 있었기 때문이다.

팔레스타인 땅은 지구의 화약고라고 할 정도로, 그 땅을 점령하기 위한 피비린내 나는 싸움이 계속되고 있는 곳이다. 그곳이 거룩하기 때문이 아니라, 아시아와 아프리카와 유럽을 연결하는 요충지역이기 때문이다. 특히 수천 년 전, 당시 가나안 땅은 상업, 물류, 문화 등 모든 교류에 있어서 절대적으로 중요한 가치를 지닌, 세상에 다시없는 유일한 요충지역이었다. 그런 이유 때문에 그 땅을 미리 정하시고 그 땅을 거룩하게 하셨다. 이유는 오직 하나, 그분이 원하시는 구원 사역에 매우 소중한 요새가 될 수 있는 땅이었기 때문이다. 그리스도로 말미암아 만백성을 구원하시려는 하나님의 목적을 성취하기 위한 소중한 장소이기 때문에 그 땅을 거룩하게 하시기 위해 그 땅에서 멀리 떨어져 사는 아브라함을 부르셨고 그를 믿음의 아버지로 온전케 하여 그 땅과 그 자손들까지 축복하시겠다고 약속하셨다. 곧 구원을 이루기 위한 열국을 만들기 위해 선민이 되게 하셨고, 믿음으로 말미암은 열방의 아버지가 되도록 아브라함을 불러 가나안 땅을 복되게 하셨고 그 자손들 역시 복되게 하셨다. 이스라엘 백성의 구원뿐만 아니라 다른 민족까지 구원하시기 위해 '제사장 나라'로 삼으셨다. 그리고 그 역할을 감당하게 하기 위해 광야 생활을 허락하셨다. 안주하려고 하는 육신의 생각에서 그분이 원하시는 소망의 생각으로 그 지배적 생각을 변화시키기 위해서였다. 그 생각으로 변화되어야 그리스도의 날에 자랑이 될 수 있고 하나님이 기뻐하시는 일을 감당할 수 있기 때문이었다.

어두움이 지배하는 악의 세력은 그리스도께서 다시 오시는 날 완전히 소멸된다. 그리고 그 지배하에 세워진 모든 육신의 바벨탑 역시 모래 위에 지은 집처럼 악의 세력과 함께 사라질 것이다. 세세토록 무궁한 것은 무엇인가? 언젠가는 사라질, 눈에 보이는 땅의 것들이 아니라 변치 않는 그분의 약속과 말씀, 그분의 나라일 뿐이다.

점령된 세상의 땅은 누군가에 의해 다시 점령된다. "오늘 내가 이 성을 점령하였으나 내일은 누가 이 성을 점령할꼬!" 세상을 점령하였던 알렉산더 대왕은 이같이 정복의 무의미함을 노래하였다. 유배지로 떠나는 세기의 영웅 나폴레옹도 "나는 땅을 점령하려고 했으나 패했고 땅을 포기한 저 나사렛 목수가 승리하였노라."라고 고백하고 있다. 세상의 점령은 다시 목마르고 주리게 할 뿐이다. 육신의 장막은 반드시 무너질 수밖에 없다. 부귀도, 영화도 언젠가는 사라진다. 무엇이 영원한 영광이며 승리란 말인가? 무엇이 최후의 날인 그리스도의 날에 자랑이 된다는 말인가? 누가 빼앗아 가거나 해하거나 도적질할 수 없는 영원무궁한 하나님의 약속을 믿고, 없어지지 아니할 그분의 나라를 바라보고 세우는 일만이 그 해답이다. 다른 모든 것은 어떤 화려한 것으로 현혹한다 하여도 종래는 거짓이 된다. 증거는 받았지만 확실한 약속을 받지 못한 믿음의 선진들조차 보이는 것을 바라본 것이 아니라 보이지 않는 영원한 것을 보았다(히 11:39). 없어지지 아니할 그분의 나라를 세우는 일만이 그날에 영원히 없어지지 아니할 자랑이 되고, 영화롭게 되는 유일한 길이 된다. 최후의 승리, 그 영광을 바라보도록 하나님은 당신의 백성들에게 고통을 허락하신다. 젖과 꿀을 사모하는 순간적 욕망에 이끌려 살게 하는 육신에 속한 마음에서 벗어나 영원한 것을 사모하는 마음으로 변화시키기 위해서다.

예수님은 "너희가 무엇을 원했더냐?" 하시며 본질에 대한 질문을 하셨다. 그리고 "너희가 무엇을 보려고 광야에 나갔더냐 바람에 흔들리는 갈대냐 그러면 너희가 무엇을 보려고 나갔더냐 부드러운 옷 입은 사람이냐 부드러운 옷을 입은 사람들은 왕궁에 있느니라."(마 11:7-8)라고 말씀하셨다. 또한 유대인들을 향하여 저들이 "표적(Sign)을 본 까닭이 아니요 떡을 먹고 배부른 까닭이로다."(요 6:26)라고 하셨다. 육신을 초월하는 영의 생각을 갈구하는 가난한 마음(The poor in the Spirit)이 아니라 다시 목마르고 주리게 하는 욕구만을 채우고자 자신을 따르는 어리석은 자들의 마음을 지적하시는 말씀들이다. 어제나 오늘도 하나님은 당신 백성들로 하여금 '광야의 교회'를 먼저 걷게 하신다(행 7:38). 세상의 나라가 아니라 하나님 나라를 세울 수 있는 자격을 갖추게 하시기 위해서다. 미련하고 우둔하여 없어질 것을 쌓는 삐뚤어진 육신의 마음을, 없어지지 않을 영원한 것을 바라보고 세우는 마음으로 변화시키는 일이다. 즉 오랫동안 습관화된 지배적 사고를 하나님의 마음으로 변화시키기 위한 작업이다. 육신을 세우고자 하는 마음이 그분 나라를 세우는 그분 영의 생각으로 바뀌게 될 때, 즉 세세무궁토록 영원한 가치를 바로 인식하게 될 때, 비로소 영원한 그분 나라를 세울 수 있는 능력을 갖춘 자가 되며, 그날의 영광에 동참할 수 있게 된다.

예수님은 천국을 설명하실 때 비유를 들어 말씀하셨다. 예수님의 행적 중 성경에 기록된 어록(語錄)의 대부분은 비유법을 통해서 표현되었다. 비유가 아니고는 그분의 나라를 설명할 수 없다고 하셨다. 그 비유의 핵심이 무엇이겠는가? 예수님은 "죽은 자는 죽은 자로 하여금 장사하게 하라."라고 인간의 지식으로 이해하기 힘든 상식 밖의 매몰찬 명령조로 말씀하셨다. 또한 부정직한 청지기가 자신이 파면된 뒤, 자신의 이득을 취하고자 공문서를 위조한(상부상조/공생공존/상생) 것을 오히려 지혜롭다고 말씀하셨다. 부모나 자식을 당신보다 더 사랑하는 자도 합당치 않다고 하셨다. 그들이 원수가 될 것이라고까지 말씀하셨다. 그렇다면 이 모순되고 이율배반적인 말씀을 통해 전하고자 하시는 궁극적인 메시지는 무엇인가? 그날의 승리가 최종 승리가 된다는 말씀이다. 인생의 절대적 가치가 그분이 오실 종말에 결정된다는 사실이 변치 않는 진리이기 때문에, 그리고 그날의 영광이 영원히 없어지지 아니할 진정한 승리가 되기 때문에 장차 나타날 그 승리를 위해 없어질 것들을 버리라고 하시는 비유이다. 초대 교회 상황으로 인해 어쩔 수 없이 종말론적 사상이 생겼다고 주장하는 학자들이 많다. 그것은 영원한 나라를 보지 못하는 수준에서 성경을 바라본 잘못된 해석들이다. 인생의 모든 가치가 종말에 결정되기 때문에 처음부터 그리스도 교회는 종말론적이었다. 예수님은 그래서 인간 사랑의 속성을 뛰어넘어 깊고 넓고 높으며 측량할 수 없는 참된 사랑을, 매몰차고 부정적이고 역설적인 표현들을 사용하여 비유로 설명하셨다.

하나님은 광야에서 이스라엘 백성에게 고난을 허락하셨다. 그러나 결코 그들을 버리셨기 때문에 주신 고통이 아니었으며, 그들의 행로 또한 버림받은 자의 행로(行路)가 아니었다. 타락으로 인한 저주의 결과도, 전생의 업보(業報)로 인한 보응도 결코 아니었다. 오직 하나, 미리 정하시고 택하신 '제사장 나라'의 역할을 온전히 감당하게 하기 위해 주신 연단(고난)이었다. 하나님의 경륜을 따라 예수 그리스도로 말미암아 세워질 영원한 그분 나라를 예비하시기 위해 그들을 선한 도구로 준비시키기 위해서였다. 세상에서 육신의 욕망을 쌓고자 하는 마음이 하나님의 나라를 세우는 선한 마음으로 변화되도록 자격을 갖추게 하시는 작업이었다. 비록 신약 시대의 성도들처럼 예수 그리스도로 말미암아 확실한 그 영광의 약속은 받지 못하였지만 그 약속에 대한 증거를 받은 자들로(히 11:39-40) 그분의 날에 그들 역시 자랑이 되게 하시고 영화롭게 하시기 위해서였다.

아브라함은 하나님의 인도하심으로 믿음의 조상이 되었다. 그러나 그 자리에 가기까지 많은 시험들(Tests)이 있었다. 그야말로 험난한 세월이었다. 환경을 바라보지 않고 약속을 바라보게 하셔서 '믿음의 아비'라는 영광을 얻게 하시고자 하나님이 미리 정하신 일이었다. 그 자격을 갖추도록 믿음을 온전케 하는 과정이 곧 아브라함의 생애였다. 모든 여건 속에서 아브라함은, 정하신 일을 이루시는 '여호와 이레' 되시는 하나님을 증거하는 선한 도구가 되었다. 하나님께서 아브라함을 먼 '갈대아 우르'에서 부르신 목적은 "오직 의인은 믿음으로 말미암아 살리라."라는 변치 않는 보편적 진리를, 유대인들뿐만 아니라 만 백성들을 위한 그리스도의 영광의 사역에 쓰임받는 적절한 도구로 준비하시기 위함이었다(롬 1:17). 절망적인 상황 가운데서 요셉을 국무총리의 자리까지 인도하셨던 이유도 그를 없어지지 않을 그날의 영광을 위해 예비하시기 위해서였다. 세상 사람들에게 속한 이생의 자랑을 위한 것이 아니었다. 세상을 호령하는 '애굽의 국무총리'라는 위치가 목적이 아니라 요셉을 통해 당신의 백성을 7년의 가뭄 속에서 보호하시는 것이 목적이었다. 제사장 나라 이스라엘을 구원하시려는 하나님의 섭리였다. 장차 나타날 그날에 그 백성이 영광의 자리에 설 수 있도록 미리 정하시고 준비하신 일을 요셉에게 감당케 하신 것이다. 만세 전부터 계획하셨던 그분의 섭리였다. 영원한 가치를 아는 일에 성숙했던 요셉은 자신을 궁지로 몰았던 형들로 인하여 생길 수 있는 육신의 지배적 산물인 분노와 원망에서 자유할 수 있었다(창 45:7).

연단(Discipline)의 형태는 다를지라도 모든 믿음의 선조들 역시 광야의 길을 먼저 경험하였다. 하나님은 긴긴 세월 동안 야곱에게도, 다윗에게도, 다니엘에게도, 욥에게도 고난을 주시어 낙심케 하셨다. 이것은 그들을 고통스럽게 하는 고난 자체가 목적이 아니었다. 그들로 없어지지 않을 영원한 집을 세우는 데 쓰임받을 자격을 갖추도록 온전케 하는 과정들이었다. 하나님이 세상의 인간들처럼 성품이 고약해서 크리스천들을 낙심케 하고 괴롭게 하신 것이 아니다. 여호와 이레 하나님은 측량할 수 없는 깊은 그분의 사랑을 통해 그의 백성이 그날 자랑거리가 되고 영광이 되게 하시며, 하나님의 '모든 선한 일(사역)'을 감당할 수 있도록 이 모든 것을 계획하셨다.

소경이 소경을 인도할 수는 없다. 또한 무딘 병기로 적을 대적하여 물리칠 수도 없다. 찢어진 그물을 깁지 않고 그대로 다시 쓸 수는 없는 일이다. 쓰임받기 위한 선행조건이 무엇이겠는가? 자격을 갖추는 것이다. 칼을 갖는 것보다 칼을 쓸 수 있는 능력이 선행 조건이 된다. 찢어진 그물로 물고기를 잡는 것보다 찢어진 그물을 수선하고 깁는 것이 선행되어야 한다. 삐뚤어진 지배적 생각을 그대로 간직하는 것은 삐뚤어진 것을 바로 세우는 구원 사역에 결코 적당(Fitting/suitable)하지 않다. 그렇기 때문에 '온전케(artios) 하며'란 종교적 완벽(Perfection) 추구가 아니라, 삐뚤어져 온전치 못한 우리를 온전케 하여 삐뚤어진 사망권세에서 벗어나게 하고 생명의 풍성함을 누리게 하는 일이다. 또한 하나님이 우리의 해방을 기뻐하셨던 것처럼 아직 사망의 권세 아래 종노릇하는 사람들 역시 그 해방의 기쁨에 동참하도록, 미리 계획하신 하나님의 거룩하고 선하신 사역을 수행할 능력을 갖춘 온전한 도구로 준비되게 하시는 작업이다.[58] 맹목적인 계획이 아니라 당신 아들의 속성을 닮아 그분이 시작하신 구원의 사역을 완성하는 영광(Glorification)의 자리에 동참케 하시기 위해서다(롬 8:30; 빌 2:13). 우리를 그날의 자랑이 되게 하시고 영화롭게 하시기 위해 누구도 빼앗아 갈 수 없는 보물을 하늘에 쌓도록 하신다. 비참한 육신의 수레바퀴를 맴돌게 하다가 결국 사망의 길로 인도하는 악의 지배에서 해방되는 기쁨을 누리게 하시며, 그 비밀의 영광이 이방인 가운데 어떻게 풍성해지는지 보여 주는 거룩한 사역에 온전하게 쓰임받게 하신다(골 1:27).

영원히 숭고한 가치 | Great Worth in God's Sight

하나님의 '교회(The church)'란 단정적으로 '무엇이다'라고 설명하기 어려운 개념이다. 이 개념은 지극히 추상적이고 유기적이며 역설적이다. '거듭남'에 대해서 "어머니 뱃속으로 들어갔다 다시 나와야 하느냐?"라고 동문서답을 하였던 니고데모의 경우처럼 인간 이성으로 이해될 수 없는 개념이기도 하다. 비록 그리스도의 영을 지닌 자들이라 할지라도 여전히 하늘에 속한 개념을 직관적으로 보고 판단하는 미성숙한 자들에게는 여전히 풀리지 않는 비밀이 된다. 예수님이 하나님 나라의 비밀을 세상에 사는 인간들이 이해하지 못하기 때문에 비유를 들어 설명하셨듯이 바울도 '교회'를 은유(Metaphor)적인 표현을 통하여 '비밀(Profound mystery)'로서 설명하고 있다(엡 5:32). 또한 그리스도 안에 있는 남편과 아내, 부모와 자식 그리고 상전과 종의 관계성을 설명하면서 "내가 교회를 말하고 있노라." 하며 이해하기 힘든 설명으로 교회를 정의하고 있다(엡 5:22-6:9).

'교회(ekklesia)'라는 단어는 예수님에 의해 처음 사용되었다. 사실 교회는 그리스도로 말미암아 세워졌다. 예수 그리스도께서 친히 교회의 주춧으로 머릿돌(Corner stone)이 되셨다(막 12:10; 엡 2:20; 벧전 2:6). 교회는 그분에 의해 세워졌고 그분에 의해 보존된다. 교회란 그분의 몸으로서 그분의(Of) 것이며 그분에 의해(By) 세워졌고 그분의 나라를 위한(For) 것이다. 세상이 볼 수 없는 비밀의 약속을 성취하시기 위해 오신 그분에 의해 비로소 태동되고 그분에 의해 비로소 명명된다. '하나님의 백성(People of God)', '그리스도의 몸(Body of Christ)', '하나님의 건축물(Building of God)', '하나님의 전(Temple of God)', '하나님의 가정(Family of God)'이라는 표현들은 그 비밀을 벗기기 위한 대표적 은유들이 된다.

교회란 예배를 드리는 지형적 장소인 성전이나 회당과 동일한 것으로 인식될 수 있다. 하지만 영의 눈으로 본 관점이 아니라 육신의 눈으로 본 관점이다. 영의 눈을 뜨지 못한 자들만이 아니라, 영에 속한 자가 되었을지라도 아직도 영의 눈이 밝지 않아 세상에 없는 하나님의 영역을 여전히 육신의 관점으로 바라본 결과이다. 구약과 동일한 개념이라면 굳이 '교회'라는 단어를 그리스도 공동체로 새롭게 사용할 이유가 없다. 또한 누구나 알아차릴 수 있는 그와 같은 개념을 깊고 깊은 '심연의 비밀'(엡 5:32)로 정의할 이유도 없다. 예수님은 "이 성전을 헐라 내가 사흘 동안에 일으키리라."라고 말씀하셨다(요 2:19). '새로운 성전'을 짓겠다는 선언이었다. 또한 "이 산에서도 말고 예루살렘에서도 말고 너희(사마리아인)가 아버지께 예배할 때가 이르리라."라고 말씀하셨다(요 4:20-24).

예수 그리스도께서 십자가에서 죽으심으로 말미암아 가로막힌 휘장이 찢어졌다. 새로운 시대의 영적 예배는, 죽은 영혼이 소생하여 새로운 신분으로 거듭난 영의 자녀들이 영이신 하나님을 직접 만나는 것이다. 지난날 휘장이 가로놓여 있어 성도의 출입이 제한적이었던 장소나 건물은 더 이상 하나님과 소통하기 위한 적절한 매개체가 될 수 없다. 그 매개체들은 새로운 시대의 새로운 피조물들에게는 더 이상 적절하지 않은 낡은 부대일 뿐이다. 새옷을 찢고 낡은 옷을 기워 입는 어리석은 자들은 없다. 막혔던 장벽(휘장)을 허물고 다시 쌓을 자들도 없다. 그렇기 때문에 예수님은 휘장이 찢어지는 그때가 오면 절대적으로 여겼던 특정 예배 장소가 더 이상 절대적일 수 없다고 말씀하셨다.

시간과 공간에 얽매일 수밖에 없는 인간들을 통하여 다스리는 시대가 아니라, 그리스도가 친히 머리가 되셔서 영(성령)으로 영의 지체들을 다스리시는 새 이스라엘 새 예루살렘 공동체 시대가 도래하였다. 이것이 곧 교회다. 하나님이 세상에 속하지 않으시듯 그분과 한 몸이 된 그 공동체는 결코 세상에 속할 수 없다(요 17:14). 따라서 그 공동체 안에는 세상에 속한 갈등, 불화, 경쟁, 시기, 질투, 분쟁 대신에 그분 나라에 속한 기쁨, 사랑, 희락, 평화가 존재한다.

교회는 평화(Shalom)와 화해(Reconciliation)와 회복(Recovery)을 위한 장(場)이다. '교회는 그리스도의 속죄의 제사에 의해, 하나님과 화해하고 하나님과 평화를 누리는 자들의 공동체'[59]다. 화평케 하시는 주님께서, 화평을 친히 주관하시는 공동체가 교회다. 그 교회를 통해 땅에서는 느낄 수 없는 하늘의 평화를 하나님과 화해함으로 말미암아 땅에서도 누리게 되었다. 뿐만 아니라 그 평화를 이웃과 누릴 수 있도록, 화평을 모르는 자들에게 하나님의 사랑을 전하도록 부름을 받은 공동체가 교회다. 따라서 모든 하늘의 비밀을 함축하고 있는 이 은유적 표현인 교회의 개념을 바로 이해하지 못한다면 비밀로 담고 있는 평화 역시 누릴 수 없게 된다. 다시 말해 이 개념을 바로 이해하지 못한다면, 하나님께서 주신 선한 일, 즉 그분의 몸을 세우기 위해 주신 일 또한 바로 알 수 없고, 그분이 원하시는 대로 주신 일을 바로 하지 않는 한, 하나님이 기뻐 받으시는 영화로움도 결코 기대할 수 없게 된다.

그리스도의 속죄는 하나님과 화해로 하나되게 하여 타락 후 상실된 인간의 존엄성을 회복시키는 장을 마련하였다. 그 장이 곧 교회다. 하나하나의 블록들(Blocks)이 모여 하나의 '건물(Building of God)'이 완성된다. 각기 다른 여러 모형의 블록들이 모여 하나의 집이 세워지듯 모두가 각기 다른 은사를 가진 그분의 백성[지체(Cell)]들이 모여 그분이 계획하신 교회(The church)를 세우게 된다. 인체(Human body)의 신비로운 구조처럼 각기 다른 지체들이 하나가 되어 하나밖에 없는 '그리스도의 몸(Body of Christ)' 을 세우도록 하신다. 그처럼 세상 사람들이 이해할 수도, 세상에서 찾아볼 수도 없는 유일무이한 교회가 '비밀'이 되는 이유는 모임의 구성체가 인간들로만 구성되어 있는 것이 아니라 보이지 않는 예수 그리스도께서 지체들의 머리로, 블록들을 사용하여 집을 지으시는 건축자(Master planer)로, 모든 것을 보살피고 관리하시는 주권자로 몸의 지체들과 한 몸을 이루고 있기 때문이다.

바울은 자신이 이방인의 사도라는 것이 만세 전부터 하나님의 섭리와 경륜을 따라 이뤄진 것임을 강조한다. 사실 복음이 전파되는 과정에서 이방 땅에 흩어져 사는 유대인들(디아스포라)은 복음을 전하는데 매우 소중한 중간 매체였다. 바울의 혈통은 유대인 중의 유대인이며, 율법으로는 바리새인 중의 바리새인이었다. 학문적으로는 가말리엘 문하생으로 누구보다 율법에 능통한 자였다. 그는 흩어져 있는 유대인(디아스포라)들과 자연스럽게 접할 수 있는 가장 적절한 인물이었다. 그러므로 디아스포라를 발판으로 유대 땅을 넘어 이방에 복음을 전할 수 있는 완벽한 적임자가 아닐 수 없었다.

구약에서 신약, 율법에서 복음으로의 연결성은 초대교회가 복음의 세계화를 위해 풀어야 할 숙제였다. 지엽적인 종교 중의 하나가 온 인류를 구원하는 진리임을 알리는 일이었다. 복음과 율법의 관계를 논리적으로 설명하는 일이었다. 바리새인 중의 바리새인으로, 율법으로는 가말리엘 문하생으로 바울이 갖춘 모든 조건들은 그 교량역할을 하기에 매우 온전[적절(suitable)]한 조건들이었다. 사실 수제자인 베드로도, 예수님이 사랑한 요한도, 열심히 기도하는 야고보도 그 일을 대신할 수 없었다. 로마 시민권을 소유한 바울은 자유자재로 국경을 넘나들며 복음을 전할 수 있었으며, 그 때문에 포로가 되어 로마에 압송됨으로 말미암아 세계를 제패하고 있던 그 당시 로마의 핵심부에 복음을 전하는 계기를 마련할 수 있었다. 하지만 이 상황들은 바울 스스로 만들 수 있는 일이 아니었다. 우리가 아는 것처럼 이방인의 사도가 될 수 있는 완벽한 자격의 조건들이란 바울이 다메섹에서 예수님을 만나 개종한 후 준비한 일들이 아니라 오히려 그전부터 준비된 일들이었다. 인간 지식의 한계를 넘어 만세 전부터 계획하시고 섭리하신 하나님의 경륜(Master plan) 속에서 그분만이 성취시킬 수 있는 신비였기 때문에 세상의 모든 비판들을 물리치고 살아 생전 한 번도 예수님을 보지 못한 바울이었지만 이방인의 사도로서 정정당당하게 하나님께 충성을 다할 수 있었다. 더불어 그는 누가 대신할 수도 없고, 흉내 낼 수도 없는, 자신만이 할 수 있는 고유한(Unique) 그 사명을 뒤늦게 인식했기 때문에 결코 사람에게서 난 것이 아님을 자신 있게 고백한다(갈 1:1).

하나님은 바울뿐만 아니라 '하나의 몸(교회)' 안에 있는 모든 지체들 역시 그처럼 누가 대신할 수도, 흉내 낼 수도 없는 고유한(Unique) 특성을 가질 수 있도록 우리가 알지 못하는 가운데 그분의 뜻에 따라 섭리하신다. 소경으로 태어나 천대받던 자도 부모의 죄나 자신의 죄로 인해 그렇게 출생한 것이 아니라 오히려 하나님의 영광을 드러내기 위해 하나님께서 계획하신 일이었다고 예수님은 말씀하셨다(요 9:1-3). 소경 된 자가 한 일이 무엇이었는가? 자신의 노력과 상관없었다. 그 영광과 자신의 공로는 무관하였다. 다만 은혜를 힘입어 눈을 떴을 뿐이다. 짧은 순간이었지만 이 사건으로 말미암아 그분이 하시고자 하는 구원 사역에서 중요한 역할을 감당할 수 있었을 따름이다. 사실 온전한 육체를 지닌 수많은 관중들이 그곳에 많았다. 외적, 물량적 조건으로 볼 때 소경과 경쟁의 대상이 될 수 없었다. 그러나 그 순간에는 소경으로 태어난 그만이 하나님의 영광을 드러낼 수 있었고 그만이 쓰임받을 수 있는 가장 온전한(적절한/준비된/알맞은) 도구요, 적임자였다. 그때, 그곳, 그 순간에 소경이 눈을 뜬 사건은 그때, 그곳, 그 순간, 소경된 그 자 외에는 어느 누구에게서도 일어날 수 없었던 기적이었다. 우연처럼 보일지라도 결코 누구도 대신할 수 없고, 흉내 낼 수 없는, 그 소경만이 감당할 수 있었던 고유한 그 사명을 통해 하나님은 영광을 받으셨다. 이는 만세 전부터 계획(준비/예비)하신 구원 사역을 위한 그분의 때였으며 그분의 장소였으며 그분의 사건이었다.

인간적인 시각으로 볼 때, 매우 미약한 지체거나, 작고 하찮은 블록일지라도 마치 자동차 하나의 부속이 잘못되면 자동차 전체가 움직일 수 없듯이 하나님의 시각에서는 모든 것이 주님의 나라에 없어서는 안 될 절대적 존재들이다. 바울은 "그러므로 이제부터 너희는 외인도 아니요 나그네도 아니요 오직 성도들과 동일한 시민이요 하나님의 권속이라."(엡 2:19)라고 말했다. 주님의 나라를 세우는 구성체인 지체들은 물질적, 외적 크기로 측정되는 세상의 기준으로는 제대로 평가될 수 없다. 오직 머리 되신 그분의 섭리 속에서 그들은 고귀한 존재가 될 수 있다. 성경이 믿음의 백성 모두를 '성도들(성자들(Saints))'로 언급하며, 모든 성도들을 '왕 같은 제사장'으로 표현하는 것도 이 때문이다(롬 12:13; 엡 4:12; 벧전 2:9).

눈이 입을 대신하거나 귀가 코의 역할을 대신할 수는 없다. 게다가

손이 발이나 심장의 역할을 대신할 수도 없다. 그리스도 안에서는 결코 우월함도 열등함도 존재하지 않는다. 개개인 모두가 절대적인 존재가 된다. 물량적 모습으로 그 가치를 평가할 수도 없지만, 평가되어서도 안 된다. 각 지체들은 비교해서도, 비교되어서도 안 되는 절대적 존엄성을 가지고 있다. 그 존엄성을 지닌 영광의 자리에 놓이도록 만세 전부터 계획하시고, 지체를 세우시는 머리이자 블록들의 건축자로서 하나님은 일하셨고, 지금도 일하시며, 앞으로도 일하실 것이다. 이것이 곧 교회다. 누구도 빼앗아 갈 수 없는 영원한 안전(존엄성)을 위해 교회 공동체를 그리스도께서 세우셨다.

하나님은 결코 외모를 취하지 않으신다. 양(Quantity)에 기준을 두는 물량적 외모를 취하는 것은 타락의 산물에 불과하다. 작은 건전지(Battery)선 하나가 잘못되어도 자동차 전체가 움직일 수 없다. 또한 거대한 자동차도 가냘픈 바퀴 축 하나(Small shaft)에 의존한다. 이와 같이 그리스도 안에서도 대소(大小)가 존엄성의 가치가 될 수 없다. 더욱이 소외(疏外)란 그곳에 거할 수 없다. 경쟁(Competition)도, 선망의 대상도 존재하지 않는다. 모두가 왕 같은 제사장으로서 동일한 하나님의 권속들이다. 하나님은 그들을 통해 영광을 받으시기 위하여 그들을 선한 도구로 사용하실 계획을 만세 전에 이미 작정하셨다. 그리고 누가 바꾸거나 대신할 수 없도록 만드셨다. 누가 빼앗아 가거나 능멸하거나 무시하거나 소외시킬 수 없도록 절대적 존엄성의 가치를 부여하셨다. 남을 부러워하는 마음(Envy)도, 시기나 질투와 같은 마음도 그분의 몸 안에는 존재할 수 없다. 작은 것들조차 요긴하고 소중하다(고전 12:22).

따라서 세상에 속한 정글의 법칙(약육강식/적자생존의 법칙)은 그분 안에서는 도리어 그분을 대적하는 일이 된다. 육신의 소욕은 화평케 하는 성령을 거스르는 일을 하기 때문이다. 그분의 몸 안에는 불화 대신 생명의 법인 평강만이 존재할 뿐이다(골 3:15). 그러므로 교회는 영원한 평강을 위한 장(場)이 된다. 하지만 아직도 구습으로 자리 잡고 있는 삐뚤어진 생각이 화평 대신 불화, 경쟁, 시기를 낳게 한다. 큰 것을 추구하고, 소유하려는 욕구, 순간적인 것, 지배적 세력, 다른 사람들의 존경으로 자긍심을 성취하는 것 등 외모를 취하도록 하는 육신에 속한 지배적 생각이 그 평화를 깨뜨린다. 자기 의지를 주장하여 결핍을 채우도록 하는 삐뚤어진 생각이 평강 대신에 불화를 낳는다. 빼앗는 자와 뺏기는 자, 정복하는 자와 정복당하는 자, 억압하는 자와 억압당하는 자들의 피비린내 나는 싸움을 조장하게 된다. 바울이 교회 공동체가 문제될 때마다 육신의 멍에를 다시 메지 말라고 경고하는 것도 이 때문이다. 우월 속에서 교만을, 열등 속에서 두려움을 조장하는 위계체제(Hierarchical system)는 평화를 깨뜨리는 육신의 산물이다. 하나님의 형상으로 지음 받은 인간의 존엄성을 동물이나 사물처럼 물량적 가치로 매도(상거래)하는 원흉이다. '하나님의 사람(People of God)'인 교회가 가시적 건물이나 조직체로만 왜곡되어 취급되는 것도 원치 않는 악의 세력의 지배가 남긴 결과다.

그리스도께서 당신의 교회를 세우셨다. 세상의 법칙을 깨고 새로운 당신의 법을 세우시기 위해서다. 의와 평화와 기쁨이 넘치는 주님의 나라, 주님의 속성이 하늘에서 이루어지는 것같이 땅에서도 이루어지도록 이를 위해 우리를 공동체로 부르셨다. 그런 이유에서 바울은 모든 갈등 즉 상하, 부자, 주종, 남녀 간의 갈등 해결 방법을 서술한

후, 오히려 "이 비밀이 크도다 나는 그리스도와 교회에 대하여 말하노라."라고 말하고 있다(엡 5:32).

하나님은 당신의 나라를 위해 이 공동체를 친히 만드셨다. 왜냐하면 이 공동체만이 하늘과 땅을 일치시켜 티끌보다 못한 우리를 영원히 숭고한 존재로 만들고 그리스도의 날에 영광과 승리가 되게 하기 때문이다. 에스더의 사촌 오빠인 모르드개는 에스더에게 "네가 만일 잠잠하여 말이 없으면 유다인은 다른 데로 말미암아 놓임과 구원을 얻으려니와 너와 네 아버지 집은 멸망하리라 네가 왕후의 자리를 얻은 것이 이때를 위함이 아닌지 누가 알겠느냐"(에 4:14)라고 경고하였다. 예정된 계획에 따라 에스더가 왕후가 되게 하신 이유는, 에스더 자신에게 안전(Security)과 존엄성(Significance)을 은혜로 주시려는 게 전부가 아니었다. 하나님의 뜻을 감당할 수 있도록 미리 예비하신 자리였다. 하나님 앞에서 그리스도의 날에 자랑이 되고 영광이 되게 하시려고 예비하신 자리였다. 이스라엘을 제사장 나라로 세우시고자 미리 정하신 뜻에 따라 허락하신 지위였다.

수백만 개의 세포들(Cells)이 모여서 하나의 몸을 이룬다. 만약 코가 자기 마음대로 세포 수를 늘려 그 코를 크게 만든다면 얼굴의 균형은 어떻게 될까? 눈이나 귀 혹은 입만 크다면 그 생김새는 어떤 모양이 될까? 심장 하나만을, 콩팥 하나만을 튼튼히 세운다고 다른 지체들까지 저절로 온전해지는 것은 아니다. 오히려 몸의 건강을 해치고 불구자가 될 수도 있다.

하나님과 동등한 자리에 계셨던 예수 그리스도는 그 자리를 버리시고 이 땅에 오셨다. 죽기까지 순종하셨기에 모든 세상이 결국 그분

앞에 무릎을 꿇는, 영광스런 자리에 서게 되셨다. 그리고 그 영광의 소원을 그 자녀들에게 두시고 그 소원을 이루시기 위하여 지금도 지체들의 머리로서 일하고 계신다. 머리의 생각인 그리스도의 마음을 닮도록 하기 위해서다. 주신 일인 십자가의 죽으심이 어두움의 세력을 물리치고 영광스러운 승리가 되었다. 주님은 그 영광이 우리의 영광이 되기를 원하신다. 하지만 그에 앞서 그 영광에 이를 수 있는 자격을 갖추길 원하신다. 그래서 주님은 주신 일을 감당할 수 있도록 우리를 성장하게 하신다. 죽기까지 순종하신 그분의 마음[태도(Attitude)]을 닮게 하는 일이다. 성숙하게 하는 일이다. 자신의 욕구 충족을 위해 자신만의 몸집을 불릴 수 있으나 그럴 수 없는 자로, 그리스도의 몸을 바로 세우기 위해 주님이 희생하셨던 것처럼 우리도 그 희생을 지불할 수 있는 자로 자격을 갖추게 하신다. 무너지지 않을 영원한 하나님의 나라를 세우기 위해 때가 찬 경륜을 예비하신 분의 뜻에 순종하는 일만이 그리스도의 날에 그리스도와 함께 영광을 받을 수 있기 때문이다. 광야의 교회생활이 주어지는 이유도 언젠가는 무너질 수밖에 없는 자신(육신)의 집을 세우려는 허망한 옛 지배적 마음이 그분의 영원한 집을 세우려는 마음으로 변화되도록 마음속의 불순물을 제거하고 그리스도의 날에 그 영광에 이르게 하기 위해서다.

인간이 존재하는 이유는 무엇인가? 동물들은 먹고 살다가 죽는다. 만약 존재의 목적이 생존(Survival)을 위한 것이라면 먹고 살다가 죽는 동물과 다를 바가 없을 것이다. 고상하게 보이려고 애써도 결국은 동물과 같은 생존(Survival)을 위한 삶에 불과하다. 궁극적으로 그리스도가 없는 삶이란 육신의 지배 속에서 동물들처럼 육신의 만족을 위해 살아가는 삶일 뿐이다. 자랑할 만한 공로나 업적, 그 무엇도 언젠가는 없어지고 빼앗길 수밖에 없는 허상에 불과하다. 그러한 것을 추구하고 그것을 마치 거룩한 것처럼 착각하며 사는 것은 동물과 다를 바 없는 삶(Life)이다.[60]

그리스도가 인도하시는 크리스천들의 바른 삶이란 무엇인가? 상실된 하나님 형상의 숭고한 가치로 다시 회복되는 일이다. 즉, 세상과 정반대의 방향으로 살아가는 삶이다. 비록 세상 사람들(이방인)과 다를 바 없이 먹고 마신다 할지라도, 먹고 마시는 그 이유나 방향, 목적을 다른 데 두는 삶이다. 그리스도의 삶은 이방인들이 추구하는 것처럼, 또한 동물들처럼 살기 위해 먹는 데 그 목적을 둘 수 없다. 무엇을 먹을까? 무엇을 마실까? 구하는 것은 이방인의 일이 될 뿐이다. 먹고 마시며 살아가는 이유가 성공, 출세, 명성(자신의 이름을 세상에 남기기 위한 것), 칭찬(남들의 칭찬을 받기 위한 것) 등 남들이 하지 못한 무엇을 성취하기 위해서라면 그들과 다를 바가 없다. 크리스천들은 생존을 위해 사는 것이 아니라 존재해야 할 이유 때문에 살고, 그 이유 때문에 먹고 일하고 노력하며 살아간다. 그럼에도, 때때로 크리스천들의 삶이 있다가 없어지는 것을 위해 사는 것처럼 보일 수는 있다. 하지만 실상은 세상 사람들이 보지 못하는 것을 보고 세상 사람들이 알지 못하는 것을 알기 때문에 그 보는 바와 아는 바를 위해 살아가고 있다. 크리스천들은 세상 사람들이 알지 못하는 양식(말씀)을 먹고 살아간다(요 4:32). 영원한 생명을 알기에 그들은 누가 보거나 알 수 없고 누가 무너뜨리거나 빼앗아 갈 수도 없는 영원한 나라에 영원히 없어지지 않을 보물을 쌓기 위해 살아간다. 살기 위해 먹고, 먹기 위해 사는 것처럼 보이나 크리스천들은 만세 전부터 누가 대신할 수 없는 예비된 일을 우리 안에 두시고 그 영광을 드러내기 원하시는 그분의 부르심 때문에 살아간다. 우리의 존재 목적은 여기에 있다. 그 사명을 이루기 전까지는 죽을 수도 죽어서도 안 되는 운명을 지니게 된다. 나만이 할 수 있도록 만세 전부터 전능자가 계획하신 일이 있기 때문이다. 죽는 것도, 사는 것도, 먹는 것도, 열심히 공부하는 것도, 선한 일을 하는 것도, 내 것을 남들과 나누는 것도, 불의와 맞서 싸우는 것도, 이방인들과 같이 열심히 노력하여 무엇을 성취하는 것도, 오직 하나, 그분의 몸 된 지체로서 존재해야 할 목적 때문이다. 결코 자신을 포기하거나 미워해서도 안 되고, 자학하거나 목숨을 끊어도 안 되는 이유가 바로 여기에 있다.

크리스천들은 동물처럼 본능적으로 자신의 욕구를 채우기 위해서가 아니라 하늘의 부르심을 따라 살아간다. 생각이 바뀌고 시각이 바뀐 바울이 사람들이 가장 고상하게 여기는 것을 배설물로 여기며 살아가게 된 이유는 그 누구도 빼앗아 갈 수 없는 영원한 것을 하나님 나라에 쌓는 것이 가장 고귀한 일임을 알았기 때문이다. 가장 어리석은 것처럼 보이지만 영원히 없어지지 않을 참된 희생의 열매이며, 세상을 초월하여 어두움의 세력에게서 쟁취한 승리의 영광이다. 그리스도의 날에 그 일이 자랑이 되며, 그분의 영광이 된다. 하나님께서 그 영광을 받으시기 위해 만세 전부터 준비하신 거룩한 과업(Holy mission)을 완성하고자 하시며, 그 과업의 완성을 위해 우리의 생명을 보존해 주신다. 그리고 그분의 마음을 닮도록 훈련하신다. 아버지께서 예수 그리스도를 세상에 보내신 것같이 우리 또한 악한 세상에 보내시는 이유도 바로 이 때문이다.

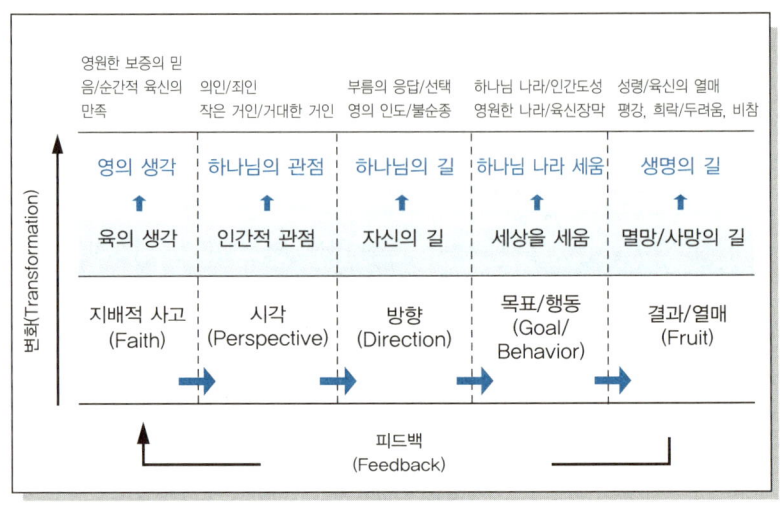

　하나님은 세상에 없는 신령한 하늘의 만나를 그분 나라에 속한 권속들에게 부어 주시기 원하신다. 풍랑 속에서도, 가난과 부유함 속에서도, 어떠한 상황 속에서도 참 자유를 누릴 수 있는 자들이 되기를 바라신다. 그 일을 위하여 오늘도 하나님은 영으로 우리와 함께하신다. 그러나 예수님께서 "내가 비옵는 것은 그들을 세상에서 데려가시기를 위함이 아니요."(요 17:15)라고 말씀하신 것처럼 풍랑이나 가난과 같은 어려움(고난)들을 세상에서 제거하시는 작업이 그분이 하시는 일은 결코 아니다. 세상에 굴복하는 일이 되기 때문이다. 그래서 오히려 광야와 같은 고난(어려운 환경)을 크리스천들에게 더하신다. 사실 나쁜 환경을 제거한다 할지라도 제2, 제3의 또 다른 어려운 환경을 만나게 된다. 하나를 해결해 줘도 또 다른 곳에서 문제는 또 다시 발생한다. 다시 주리고 목마르게 될 뿐이다. 영원한 해방을 위해서는 악한 환경을 제거해 주는 것보다 그와 같은 환경을 초월할 수 있는 믿음의 자격(능력)을 갖추게 하는 것이 더 중요하다. 세상 풍조나 환경에 끌려, 그것에 무릎을 꿇고 항상 타협을 하는 종의 자세를 버리고 정정당당하게 맞서 환경을 이기고 초월하여 지배할 수 있는 자격을 갖추게 하신다. 그 온전한 자격이 갖춰질 때 비로소 다시 주리지도 목마르지도 않는 영원한 해방을 누릴 수 있기 때문이다. 이 일을 위해 어둠의 세력을 이기는 그분의 나라를 세워야 한다. 인간 의지를 청산한, 그분의 나라를 위해 마련된(To save) 공동체를 세워야 한다. 그 과업을 완성하시기 위해 세상에 우리를 두신 주님의 뜻을 헤아려 보아야 한다.

크리스천들의 필요는 이미 충만으로 보증되고 약속되고 상속되었다. 하지만 그 약속을 결핍을 충족하기 위한 약속이나 보증, 혹은 상속으로 생각하는 것은 잘못된 판단이다. 그 충만의 약속은 살기 위한 보증이나 자신들의 자긍심을 높여 주기 위한 보증이 아니다. 또한 세상의 자랑을 위해 주신 보증이나 약속도 아니다. 만약 그 같은 약속이나 상속, 보증이라면 궁극적으로 에고[자아(Ego)]에 끌려 살아가는 이방인의 삶과 전혀 다를 바가 없다. 순간적인 만족을 추구하는, 다시 주리고 목마르게 될 쳇바퀴 인생에 불과하다. 그런 이유라면 굳이 크리스천들이 성숙해야 할 이유도 없다. 그러나 그 보증(약속/상속)은 곧 존재해야 할 이유 때문에 주어진 선물이다. 존재해야 할 이유가 있기에 충만의 보증이 절대적으로 필요해진다. 그분의 나라와 의를 성취하기 위한 자신만의 과업, 즉 누구도 감당할 수 없는 과업(Mission) 때문에 충만의 보증이 온전케 된다.

_ 제4부

하나님 나라 일
Kingdom Business

10. 하나의 소망, 하나의 목적, 하나의 사역
– One Hope, One Purpose, One Ministry

하나님은 한 분이시다. 주(主)도 하나며 성령도 하나며, 믿음도, 진리도, 세례도, 부르심도, 목적도 사역도 하나다. 몸 된 교회도 하나며 몸의 머리도 하나다. 머리의 생각에 따라 모든 지체들이 움직이듯이 지체들의 생각도 머리와 하나가 된다. 한 소망을 두고 하나 되게 하셨다. 에베소서는 "성도를 온전하게 하여[To prepare God's people, NIV] 봉사의 일을 하게 하며 그리스도의 몸을 세우려 하심이라."(엡 4:12) 라고 언급한다. 자칫 이 구절은 디모데후서 3장 15-17절에 있는 성경의 역할에 대한 언급으로만 여겨질 수 있다. 하지만 정확하게 말하자면, 지도자의 은사를 받은 자들의 역할을 말해 주는 구절이다. 이것을 통해 성경의 본질적 역할(Essential role)과 지도력의 역할이 동일한 것임을 확인할 수 있다. 진리도, 목적도, 하나님도, 말씀도, 지체들의 머리도 하나이므로 한 성령이 하나의 생각, 하나의 목적(소망)을 한 방향(Direction)으로 이끄시는 건 당연하다.

크리스천 지도력은 무엇인가? 그 정의는 결코 복잡하지 않고, 단순

명료하다. 크리스천의 바른 지도력은 바른 말씀을 전하는 것이며, 바른 말씀을 전하는 것이 곧 크리스천의 바른 지도력이다. 분열은 스스로 자기 몸을 파괴하는 일이다. 한 몸이 두 생각으로 분열되어 자신을 스스로 파괴해서는 아니 될 일이다. 하나의 일(One ministry) 곧, 하나의 몸을 세우는 일은 하나의 생각에서부터 이뤄진다. 이처럼 크리스천 지도력은 교회가 되는 그리스도의 몸(Body of Christ)을 세우는 일이며, 몸의 지체인 성도들(백성/지체) 곧 교회(The people of God)를 세우는 일이다(딤후 3:17; 엡 4:12). 지체 하나하나가 온전하게 될 때 비로소 몸 전체가 온전해진다. 따라서 지체들을 온전케 하는 일이 곧 몸을 세우는 일이 된다. 성도들이 머리가 공급하는 힘으로 영적 변화를 받아 온전케 되는 것은 곧 교회를 세우는 일이며, 이 일이 곧 하나의 소망, 하나의 부르심, 하나의 사역이며, 크리스천 지도력이 된다. 곧 그날에 지체들로 하여금 영광의 찬송이 되도록, 영원한 그분의 나라를 완성하는 사역(구원)에 쓰임받을 수 있는 선한 도구가 될 수 있도록 장성한 자로 준비되게 하시는 작업이다.

> 큰 집에는 금 그릇과 은 그릇뿐 아니라 나무 그릇과 질그릇도 있어 귀하게 쓰는 것도 있고 천하게 쓰는 것도 있나니 그러므로 누구든지 이런 것에서 자기를 깨끗하게 하면 귀히 쓰는 그릇이 되어 거룩하고 주인의 쓰심에 합당하며 모든 선한 일에 준비함이 되리라(딤후 2:20-21).

이 언급 역시 속사람의 성숙이 하나님의 선한 일을 위한 전제 조건임을 의미한다. 지도자의 바른 역할과 합당한 자격을 위해 교회 지도자인 디모데에게 친히 말씀하시는 내용이다. 변치 않는 하나의 역할을 비유를 들어 설명한 내용이다. 달음질하는 자가 방향 없이 달려가고, 싸움을 하는 자가 허공을 쳐서야 되겠는가. 그러므로 한 분 성령이 목적, 방향, 하나님의 말씀을 하나 되게 하신다.

왕 노릇 | God's Reign

농부들이 할 수 있는 일은 단지 땅을 갈아 씨를 뿌리고 물을 주어, 싹이 자라고 열매 맺도록 필요한 조건들을 제공하는 것뿐이다. 늦은 비와 이른 비, 일조량의 조절, 빛의 시간조절 등은 인간들이 손댈 수 없는 영역이다. 뿌려진 씨가 뿌리를 내리기 위해서는 이에 적절한, 옷자락이 젖을 정도의 봄비 같은 이른 비가 필요하다. 또한 뿌리 내린 작물이 성장하기 위해서는 보슬비가 아니라 소낙비 같은 많은 물과 강한 햇볕이 필수적이다. 결실의 시기에는 쏟아지다 멈추는 세찬 비, 강한 일조량, 그리고 적절한 바람이 필요하다. 하나의 조건이라도 제대로 갖추지 못하면 그 해 농사는 망치고 만다. 만약 뿌리 내리는 시기에 소낙비가 내리고 성장기에 보슬비가 내리면 어떻게 되겠는가? 농부는 거름과 물을 주고 김 매는 일만 할 수 있을 뿐이다. 늦은 비와 이른 비 그리고 일조량은 인간이 통제할 수 있는 영역이 아니다.

토기(옹기)장이만이 옹기를 만들 수 있듯이 구원의 사역 역시 늦은 비와 이른 비를 주시는 하나님 한 분만이 때가 찬 경륜에 따라 필요한 곳(Right place), 필요한 때(Right time)에 필요 적절(Right method)한 조건으로 자격을 준비시켜 주실 수 있다. 시공간(視空間)을 초월하여 완성되는 구원 사역은 결코 인간들이 손댈 수 있는 영역이 아니다. 심는 자와 물 주는 자, 추수하는 자를 택하여 '하늘과 땅을 일치(Conformity)' 시킬 수 있는 분은 오직 한 분, 하나님뿐이다.

지체는 스스로 자랄 수 없다. 머리카락 하나도 스스로 자랄 수 없다. 모세혈관부터 모근을 둘러싼 신경발달 근육에 이르기까지 수많은 세포들이 연합하여 영양분을 서로서로 공급해야 비로소 한 가닥의 머리카락이 자라게 된다. 전혀 관련이 없는 것처럼 보이는 기관들의 움직임도 사실은 유기적으로 연관되어 있다. 음식물을 소화시켜 에너지를 만드는 위, 해독작용을 하는 간, 피가 순환되는 모든 혈관이 영양분을 원활하게 공급해야 하나의 머리카락이 자라게 된다. 스스로 자랄 수 있는 것은 아무것도 없다. 나무를 떠나 가지 스스로 자생할 수는 없다. 그렇듯 오직 하나님께서 모든 것을 일치시켜 자라게 하셔야 자라게 된다(골 2:19). 이 모든 것을 일치시켜 통솔하는 머리만이 그 자격을 지닌다.

그렇다면, 인간 지도자가 해야 할 일은 무엇인가? 성도들(Followers)이 하나님의 경륜에 따라 쓰시기에 온전한(깨끗한) 도구가 되도록, 한 분 지도자 되신 머리의 뜻에 전적으로 순종하도록 가르치는 일이다. 사람이 비전을 제시하고 그 비전을 성취하도록 하는 세상 지도력과 반대의 일이 된다. 사람인 지도자를 따르게 하는 것이 아니라 그리스도를 따르고 순종하도록 하는 종(청지기)의 일이 곧 크리스천 지도력이다. 천사의 말로 심금을 울리고, 인간의 노력으로 기적을 창출하고, 비전으로 동기를 자극하여 화려한 부흥을 이루었다 할지라도 성도들로 하여금 머리 되신 그리스도에게 순종하게 하는, 온전케(성숙) 준비시키는 작업(Equipping)을 하지 않았다면 그 지도력은 그릇된(Wrong) 것이며 그 가르침 역시 바른 가르침이 될 수 없다. 모든 성경(Scriptures)은 이 하나의 일을 위하여 성령의 감동으로 기록되었으며, 모든 지도자(먼저 된 자)들에게 그 말씀을 가르칠 수 있는 은사를 허락하셨다.

어두움을 물리칠 수 있는 능력은 무엇인가? 사망을 삼킬 수 있는 능력은 무엇이며 영원히 쳇바퀴를 돌게 하는 속임수에서 벗어나게 하실 진리의 본체는 누구신가? 인간 스스로 사망의 권세를 이길 수 없기 때문에 하나님이신 그리스도는 이 땅에 인간으로 오셨고 모든 질고를 겪으셨으며 십자가에서 죽으셨다. 그 죽음이 우리의 죽었던 영을 소생(Restoration)시키고, 상실되었던 하나님의 형상을 회복시키셨다. 그리고 그 죽음을 통해 우리는 타락 전의 영원한 평강을 이 땅에서뿐만 아니라 영원한 그분 나라에서까지 누릴 수 있게 되었다.

영적인 변화는 결코 인간이 통제할 수 있는 영역이 아니다. 성령이 아니고서는 누구든 하나님 나라의 백성으로 거듭날 수 없고 거듭나지 않으면 영원한 하나님의 나라를 볼 수 없다(요 3:3). 죽은 영을 살리는 것은 오직 생명의 영이신 그분에 의해서만 가능한 일이다. 빛과 생명, 진리 되신 예수 그리스도에 의해서만 가능한 일이다. 성경은 그런 이유에서 그리스도를 지체들의 머리로 표현하여 설명한다. 몸의 지체들이 자라는 것은 오직 머리 되신 예수 그리스도의 통치하심으로 가능케 된다는 사실을 알리기 위함이다. 생명을 얻게 하는 것도, 생명의 풍성함을 더하는 것도, 열매를 맺게 하시는 것도, 영광의 찬송이 되게 하시는 것도 오직 빛과 생명, 진리 되신 예수 그리스도 한 분으로 말미암는다. 어두움을 내쫓는 존재는 오직 빛뿐이다. 그렇기 때문에 성경은 빛과 생명, 진리로 인도하는 우리 발의 등불과 같다(시 119:105). 성경 자체가 빛이나 생명, 진리는 아니다. 다만 빛과 생명, 진리로 인도하는 역할을 할 뿐이다. 빛을 비추고, 생명이 지배하도록 인도하며, 진리를 알려 거짓 속임수의 유혹에 빠지지 않게 하는 역할을 한다.

성경은 생명의 법을 제시하는 지침서 또는 사용설명서(Owner's manual)와 같다. 아무리 좋은 기기(Device)를 소유해도 그 기기를 사용할 수 있는 능력이 없다면 무용지물이 되고 만다. 이처럼 성경은 영혼을 사망에서 생명의 길로 인도하고, 생명의 풍성함을 누릴 수 있도록 생명의 법으로 인도하는 안내서와 같은 역할을 한다. 성경은 궁극적으로 오직 그리스도를 주인이자 지체들의 머리로, 또한 양무리를 인도하는 목자로 모실 수 있도록 어둠 속에 생명의 빛을 비추는 역할을 한다. 영원한 생명이 오직 그분에게 있고, 그분에게 속한 하늘의 신령한 의, 사랑, 평강이 그분이 왕으로 지배하는 나라의 속성이기 때문이다. 한 소망을 두시고 그 소망을 이루기 위해 성경뿐만 아니라 성경의 가르침도, 성경을 가르치는 지도력도, 그리스도가 모든 주체가 되도록 한 방향성(Vector)을 갖게 하신다. 성경은 그리스도께서 모든 일에 주권자시라는 의미로서 '왕 노릇(Reign)'이라는 은유적 표현을 쓰고 있다(롬 5:21).

때로는 '왕 노릇'이라는 표현을 매우 국소적 의미를 지닌 로마서만의 표현으로 국한할 수 있다. 그러나 왕 노릇이라는 단어는 로마서의 핵심 주제일 뿐만 아니라 성경의 모든 주제이며, 사역과 지도력의 모든 것이며, 크리스천들 삶의 모든 것(All about it)이 된다. 상황에 따라 그 표현을 각기 달리할지라도 구약과 신약에서도 그 개념이 핵심을 이루고 있다. 단순히 바울 한 사람이 주장하는 바가 아니라, 포스터의 주장처럼 왕 노릇은 성경 전체에 나타난 기독교 신앙의 초석(Cornerstone)의 하나가 된다.[61] 부제(Secondary)가 아니라 주제(Priority)이며, 동시에 사역의 전부가 된다(Whole business).

아브라함, 이삭, 야곱, 다윗과 같은 믿음의 선진들의 생애와 이스라엘 민족의 여정이 우리에게 보여 주는 구약의 교훈은 무엇인가? 그 여정은 하나님이 절대적인 주권자로 왕 노릇하시게 하는 믿음의 자세를 보여 주고 그 결과와 함께 그와 대조되는 인간의 의지나 노력, 주장에 의한 결과를 보여 준다. 영원히 변치 않는 보편적 진리를 모든 성경 독자가 깨달아 믿고 따르게 하기 위해서다.

하나의 몸, 하나의 머리(One Body, One Head)

교회란 무엇인가? 성경은 하늘의 평강(Shalom)을 위해 우리를 '한 몸(그리스도의 몸)'인 교회 공동체로 부르셨다고 말씀한다(골 3:15). 그리스도의 공동체 안에서는 연약한 것들이 오히려 요긴하게 사용된다. 몸된(One body) 교회야말로 우열을 초월하여 모든 지체들이 존귀함(Significance)을 누릴 수 있는, 그리스도께서 준비하신 영원한 평화의 장(場)이다. 반목 대신 화해와 사랑을 나누고, 땅에 살고 있으나 땅에 없는 하늘의 절대적 평화를 누릴 수 있도록 예비하신 장이다. 하늘에는 영광, 땅에는 평화를 위해 그리스도는 이 땅에 오셨다(눅 2:14, 19:38). 하나님 그리고 이웃 사이의 깨어진 평화를 회복시키기 위하여 친히 당신의 피값으로 교회인 당신의 몸을 세우셨고, 모든 지체들이 당신의 속성인 하늘의 평화를 누릴 수 있도록 지체들의 머리로 계신다. 그러나 그분이 지체들의 머리로 왕 노릇할 때만 그 평화는 가능한 일이다. 지체들이 머리의 생각에 순종할 때만 가능케 된다. 그날의 자랑과 그날의 영광도 이 조건이 충족되어야만 한다. 그리스도께서 하나님과 동등 됨을 취하지 않으시고 도리어 하나님께 당신의 모든 것을 포기하고 하나님을 머리로 섬기고 순종함으로써 세상이 그 앞에 무릎을 꿇는 영광에 이르렀듯이 그 영광은 오직 하나님 앞에 순종이라는 산제사만으로 가능케 된다. 교회란 그런 까닭에 '자기(에고충족)를 주장하려는 의지를 청산한 하나님 백성들의 공동체'다.[62]

크리스천 공동체를 무너뜨리는 가장 무서운 적은 크리스천 공동체 밖의 존재들이 아니다. 크리스천 공동체 안에 숨어서 스스로 좌초하게 만드는 무서운 세력이다. 두려움을 주는 무서운 모습이 아니라, 화려함으로 미혹하는 덫이다. 우리 안에 있는 또 다른 나를 자극하는 세력들이다. 자기를 주장함으로 자신의 의를 쌓고자 하는 육신에 속한 마음이 머리의 뜻을 거부하게 만들고 반목과 불화를 조장한다. 남을 지배하는 우월감을 통해서만 비로소 육신의 속사람이 기뻐할 수 있기 때문이다. 하지만 그것은 몸 안에 다른 세력을 구축하여 자신뿐만 아니라 다른 지체들까지 파멸로 인도하는 암적인 요소로 작용한다. 그렇기 때문에 하나님께서는 교회 공동체가 자기(에고충족)를 주장하려는 의지를 청산한 하나님 백성들의 공동체가 되도록 먼저 된 자들을 온전케 하시고, 또한 온전케 된 자들로 하여금 그 공동체 일원이 되어 그 몸을 세우는 선한 도구가 되게 하신다. 곧 자기 의를 쌓기 위해 자기를 주장하려는 그 의지를 포기하고, 예수 그리스도께서 지체들의 머리요, 선한 목자로서 왕 노릇하실 수 있도록, 그리스도를 믿고 따르고 순종하는 마음을 갖추게 하신다.

하나님은 그분의 경륜에 따라 모든 지체들을 존귀하게 하신다. 그 날에 자랑이 되며 영광이 될 수 있도록 만세 전부터 계획하셨다. 하지만 존귀도, 자랑도, 영광도, 그리스도께서 머리로서 왕 노릇하실 때 비로소 가능한 일이다. 하나님은 요셉을 높이 세워 그분이 기뻐하시는 그릇이 되게 하셨다. 또한 아브라함을 믿음의 조상이 되게 하셨고 바울로 하여금 이방인의 사도가 되도록 만세 전부터 그를 예비하셨다. 그러나 그분의 경륜에 순종하였기 때문에 비로소 그들에게 여호와 이레의 영광이 성취된 것이다. 그 일을 위해 하나님은 친히 그들을 낙심케 하셨고 시련(고통)을 주셨다. 그것은 자기 의를 쌓고자 하는 인간의 의지를 하나님의 뜻에 순종하는 마음으로 변화시키기 위해 육에 속한 생각을 제거하시는 작업이었다.

오직 그리스도께서 하나님과 동등 됨을 취하지 않으시고 도리어 당신의 것을 포기하시고 하나님을 머리로 섬겨 순종하였기에 하늘에는 기쁨, 땅에는 평화가 성취될 수 있었다. 그리고 세상이 그 앞에 무릎을 꿇는 영광에 이르시게 되었다. 순종을 통해 영광을 받으셨다. 그렇기 때문에 그날의 자랑과 영광이 될 수 있도록 자기(에고충족)를 주장하려는 의지를 청산한 하나님의 백성들이 그리스도가 머리가 되시는 공동체로 부르심을 받게 되었다.

최상의 선택(Best option)은 인간들이 추구할 수 있는 최선의 방식(Best choice)이다. 그러나 크리스천들에게 있어서 그 선택은 오히려 하나님과 원수 되게 하는 최악의 것(Worst choice)이 된다. 크리스천들의 최상의 선택은 곧 하나님의 부르심(Called)에 대한 바른 응답이다. 인간의 가장 지혜로운 것이 하나님의 미련한 것보다 못하고, 하나님의 가장 약한 것이 인간의 가장 강함보다 강하다. 가장 적절한 시기, 가장 적절한 장소, 가장 적절한 조건들을 고려하여 때가 찬 것을 아시고 행하시는 분은 오직 그분 한 분뿐이시다. 스스로 할 수 있다고 생각하는 인간의 의지적 선택을 포기하고 그분의 부르심(Called)에 순종으로 응답하는 것이 그분의 소망을 이루는 최선의 선택이 된다. 그러므로 교회[ek(out of)-klesia(to call)]란 어원적 의미에서 확인할 수 있듯이 '부름 받은 자들의 공동체(Called out ones/Assembled)'다. 크리스천들에게서 받으실 만한 제사는 피비린내 나는 외적 제사가 아니라 부르심의 상에 따라 하늘의 것과 땅의 것이 일치되게 하시는 머리 되신 그리스도에게 순종하는 제사이다(삼상 12:22; 시 95:7).

하나의 사역(One Ministry in the One Hope)

예배란 무엇인가? 그 의미는 '무릎을 꿇다(To kneel down)', '항복하다(To surrender)', '희생하다(To sacrifice)', '고개를 숙이다(To bow down)', '두려워하다(Fear)', '봉사하다(To Serve)', '경외하다(To reverence)'라는 의미다.[63] 한마디로 정의한다면 하나님 앞에 백기를 드는 것이 곧 예배다. 인간의 의지로 무엇을 성취하여 그분을 기쁘게 하겠다는 의지적 선택을 포기하고, 왕이신 그분만을 믿고 따르고 순종하는 자세가 곧 그분이 원하시는 영적 예배가 된다. 하나님은 그와 같은 예배자들을 오늘도 애타게 찾으신다(요 4:23). 그 외에 어떤 것으로도 그분이 기뻐하시고, 흠향하시는 참 예배(Genuine Worship)가 될 수 없기 때문이다(롬 12:1-2). 이스라엘은 버림을 받았다. 그 이유는 그분이 원

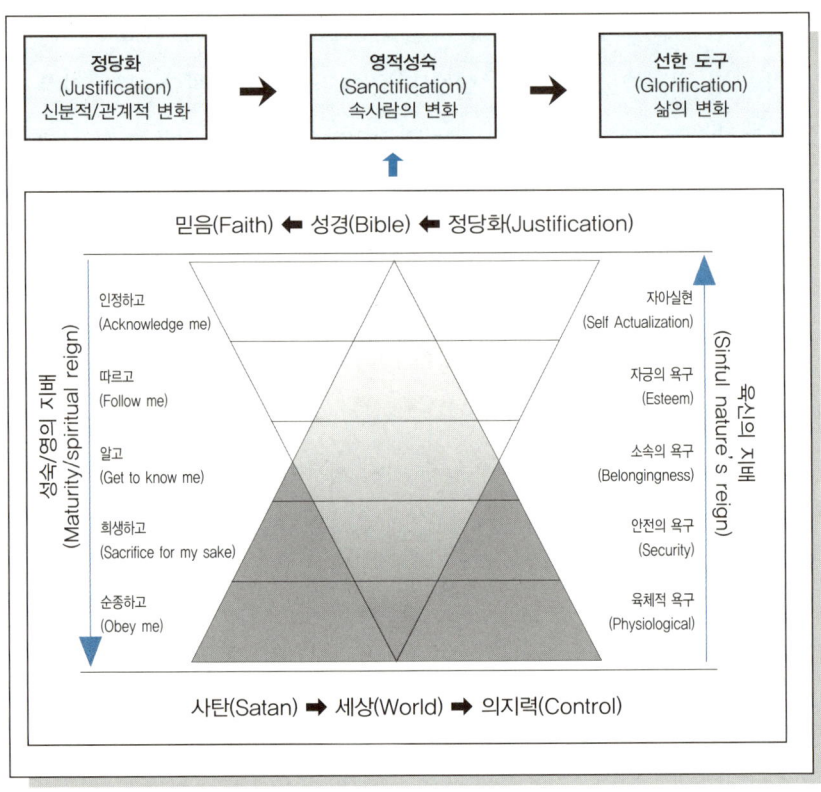

하시는 참된 예배인 전적인 순종 대신, 자기들의 의지로 만들어 낸 외적이며 물량적인 산물들을 하나님이 기뻐하시는 제사로 대치하였기 때문이다.

예수님은 "너희는 알지 못하는 것을 예배하고 우리는 아는 것을 예배"한다고 하셨다(요 4:22). 하나님은 오늘도 신령과 진정으로 예배하는 자를 찾으신다. 세상이 아는 예배가 아니라 세상이 알지 못하는 예배와 예배자를 찾으신다. 예배 의식이 아니라 항복(순종)하는 자들을 찾으신다. 애타게 그 예배하는 자를 찾으시는 것은 예배하는 자들이 없어서가 아니라 하나님이 원하시고 기뻐하시는 살아 있는 참 예배(Living sacrifice)가 없기 때문이다.

하나님의 나라는 세상에 속할 수 없다(요 18:36). 즉 그분의 나라는 인간이 경험할 수 없고, 측량할 수도 없는, 시간과 공간을 초월한 영역(Realm)이다. 예수님께서 주시는 평안은 세상이 주는 평안과 같지 않다고(요 14:27) 말씀하시는 이유도 그 때문이다. 세상이 주는 평안과 하늘의 평안의 차이는 무엇일까? 세상의 평안은 상대적이며 하늘의 평안은 절대적이다. 상대적으로 더 많은 것을 가지게 될 때 인간은 평안을 느끼게 된다. 하지만 더 가지지 못한 상대는 상대적으로 불안해한다. 상대적이다. 물건을 사는 사람이 저렴하게 사면 이에 반하여 파는 사람은 손해를 보기 마련이다. 한쪽이 이익을 얻으면 다른 한쪽은 손해를 보는 것이 이와 같은 상거래 방식(Exchange reward)의 당연한 이치다. 한 사람의 부자가 나오려면 필연적으로 수많은 자들이 가난해질 수밖에 없다. 세상에서는 결국 남의 것을 빼앗아야만 비로소 평안을 얻게 된다. 부자가 하늘나라에 들어가는 것이 낙타가 바늘 귀 속에 들어가기보다 어렵다는 말씀도 그런 이유 때문일 것이다. 오직 결핍이 없는 하나님 나라의 영원한 충만의 상속이 상대적 평안을 깨고 그분 나라에 속한 절대적 평안을 누리게 한다. 세상에 없는 하나님 나라의 평안을 인간에게 주시기 위해 주님은 오늘도 예배하는 자를 찾으신다.

그분은 이 땅에 그리스도로 오셨고 그 평화의 장을 위해 당신의 몸을 세우셨다. 그분의 나라는 결코 외적인 것이 아니다. 물량적 외모 추구는 평화를 깨뜨리는 악의 소산일 따름이다. 따라서 그분의 나라 역시 외적, 물량적 '땅'이나 '영토(Territory)'가 될 수 없다. 결코 그분의 나라를 세상 나라와 동일하게 인식하여, 보이는 세력 확장을 보이지 않는 그분 나라의 확장으로 왜곡시켜서는 안 된다. 사망의 법에 속한 세상의 생각으로 하나님과 원수 되는 일이 될 뿐이다. 하지만 불행하게도 그것을 그분을 위한 헌신으로 착각하여 땅에 속한 가시적 세력 확장을 그분 나라의 확장으로 왜곡시킬 수 있다. 악의 지배적 세력 때문이다.

하나님께 속한 천국(하나님의 나라)에 대해 예수님은 "여기 있다 저기 있다고도 못하니 하나님의 나라는 너희 안에(Within) 있느니라."(눅 17:21)라고 하셨다. 또한 그 나라는 침노하는 자가 빼앗고 세례 요한 때부터 지금까지 침노당해 왔다고 말씀하셨다(마 11:12). 또한 손으로 지은 가시적 예루살렘 성전을 헐고 손으로 짓지 아니한 보이지 않는 새로운 성전을 짓겠다고 하셨다(막 14:58). 말씀들을 살펴보면, 인간들이 연상할 수 있는 가시적, 물량적 풍부함인 특정 장소나 영토(Territory)와는 전혀 관련 없음을 확인할 수 있다.

예수님은 당신의 나라는 땅에 속하지 않았다고 말씀하신다(요 18:36). 만약 땅에 속한 양적 개념으로 천국을 생각한다면 그분 나라 역시 다시 주리고 다시 목마르게 되는 세상에 속한 나라가 될 뿐이다. 따라서 예수님께서 가르쳐 주신 천국의 의미는 여기저기에 있는 것이 아니라 하늘의 영역이 지배하는 곳이 곧 하나님의 나라임을 뜻한다. 하나님 나라의 주인이신 그리스도께서 왕으로 통치하시는 영역이 곧 하나님의 나라(천국)가 된다. 어두움, 사망, 거짓, 속임수가 사라지고 빛이요, 생명이요, 진리이신 그분이 지배하는 곳이 곧 하나님의 나라다. 천국은 이미 그리스도로 말미암아 믿는 자들 안에 도래하였고 침노(확장)당하다가 그리스도께서 다시 오시는 날 '새 하늘'과 '새 땅'과 함께 완성에 이르게 된다. 하나님 나라(Kingdom of God)를 '왕(King)의 나라(Kingdom)'로 표현하는 것도 그 나라 왕의 통치(Reign)가 곧 하나님의 나라가 됨을 설명해 준다.

기도의 내용(주기도문)까지 예수님은 친히 가르쳐 주셨다. 자유로워야 할 기도의 내용을 고정된 틀 속에 끼워 맞출 필요는 없지만, 그럼에도, 그렇게 가르쳐 주신 이유는 이방인들과 바리새인들의 잘못된 기도들을 바른 기도로 바로잡기 위해서였다. 바리새인들과 이방인들이 구하는 것은 결국 육신의 결핍을 충족하기 위한 간구들이었다(마 6:1-8). 사람들의 칭찬을 듣기 위해 사람들에게 보이기 위한 기도였으며, 무엇을 먹을까? 무엇을 입을까? 육신의 배를 채우기 위한 간구들이었다. 다시 맴돌다 사망에 이르게 되는, 육신에 속한 안전(Security)과 중요성(Significance)을 채우려는 땅에 속한 기도들이었다. 그래서 바리새인들에 대해서는 이미 자기 상을 받았다고 하셨고, 이방인의 기도에 대해서는 구하기 전에 저희들에게 있어야 할 것을 아신다고 말씀하셨다. 그래서 하나님과 원수 된 육신의 충족을 위한 간구를 물리치시고 누구도 빼앗아 갈 수 없는 하나님 나라의 기쁨을 누릴 수 있도록 새로운 기도를 가르쳐 주셨다. "[하나님의] 나라이 임하옵시며(Your kingdom come)"라는 기도문의 내용처럼 육신에 속한 악의 지배를 물리치기 위해 하나님의 통치가 임하시도록 간구하라는 가르침이었다. "[주님의] 뜻(Your will)이 하늘에서 이룬 것같이 땅에서도 이루어지이다.", "우리의 죄를 사하여 주옵시고", "우리를 시험에 들게 하지 마옵시고 다만 악에서 구하시옵소서." 등의 간구 내용들의 핵심 역시 그분 나라처럼 그분의 뜻이 이 세상을 침노하기를 바라는 내용들이다. 하나님과 원수 되게 하는 이방인들의 잘못된 방식에 대한 추구나 시선을 끌어 자부심을 갖고자 하는 바리새인들의 간구와는 달리 오히려 그 사슬에서 영원히 해방되게 하기 위해 그분이 바라시는 영의 지배가 왕 노릇하실 수 있도록, 즉 그분의 나라와 권세와 영광이 영원할 수 있도록 갈망하게 하는 내용의 기도이다.

선한 목자는 험한 계곡을 넘어 푸른 초장으로 양떼를 인도하신다. 생명을 얻되 더 풍성히 얻도록 당신의 백성을 험한 계곡으로 인도하신다. 따라서 험한 계곡을 거부하는 것은 그 풍성함을 거부하는 것과 같다. 크리스천들이 할 수 있는 최선의 선택은 무엇인가? 이 땅에 속하지 않은 그분 나라로 영혼을 인도하는 일은 땅에 속한 인간들이 할 수 있는 일이 아니다. 오직 인간의 의지적 육신에 속한 생각을 꺾고 그분의 사랑, 그분의 약속을 믿고, 그분을 따르고 순종하게 하는 일이다. 그분이 왕 노릇하게 하는 일이다.

에베소서는 "지식에 넘치는 그리스도의 사랑을 알고 그 너비와 길이와 높이와 깊이가 어떠함을 깨달아 하나님의 모든 충만하신 것으로 너희에게 충만하게 하시기를 구하노라."(엡 3:18-19)라고 말씀한다. 바울의 이 간구는 이방인들이 구하는 것처럼 결핍을 채우려는 간구가 아니라 도리어 우리의 머리 되신 그분의 충만하고 측량할 수 없는 깊고 넓은 사랑을 깨달아, 그분을 알고 믿고 따르고 순종할 것을 권하는 간구였다. 생명을 얻게 하심도, 그 생명을 풍성하게 하심도 오직 그분의 주권에 속한다. 의롭다 하심(Justification)도, 그분의 속성으로 의롭게 하심(Sanctification)도, 경륜을 따라 주신 일도, 주신 일을 따라 그날에 자랑과 영광(Glorification)이 되게 하기 위해 존귀하게 하심도, 선한 일을 위해 쓰임을 받는 도구가 되는 일도 모두 인간의 영역이 아니다. 주권자이며, 머리이시며, 선한 목자이신 그리스도의 일이며 그분이 왕 노릇하실 때 그 풍성함이 비로소 충만해질 수 있다. 그분을 통해(Through), 그분으로 말미암아(Of) 그분에 의해(By) 도래하고, 확장되며, 완성된다.

인간이 할 수 있는 크리스천의 일(사역)은 무엇인가? 그리스도의 몸 안에서 지체들의 역할을 묻는 질문이다. 성경은 사역, 즉 봉사하는 일이라 언급한다. 성경은 '하나님의 일(Work of God)'을 사역(diakonia/service/ministry)이라고 일컫는다. 동일한 의미로 '봉사(헌신/희생)하는 일'이다. 사역이라는 단어가 종(diakons)과 동일한 단어로 성경에서 사용되고 있다.[64] 종과 같은 역할이 곧 인간이 할 수 있는 유일한 하나의 '일'이며 그 일이 곧 사역이다. 무엇을 지시하고 이끌고 명령하는 일이 아니라 종처럼 주인을 위해 주인을 섬기(Diakonia/Ministry/Service)는 일이 곧 인간이 할 수 있는 사역임을 의미한다. 다른 말로는, 머리 되신 그리스도에게 모든 지체들이 순종할 수 있도록 서로서로 지체들을 세우는 일이 곧 크리스천 사역이다.

우리 모두는 역할은 달라도 하나의 일을 위해 부름 받았다. 지체 모두는 사도로, 가르치는 자로, 전도자로, 목양하는 자와 선생, 구제하는 자 등 각기 다른 역할로 부름을 받았다. 모든 지체들은 동등하게 소중한 사역자들(All ministers)로서 하나의 몸을 세우기 위해 부름 받은 자들이다. 세상을 이긴 하나님의 나라로서 승리의 영광에 동참할 수 있는 선한 도구가 될 수 있도록 부름을 받은 자들이다. 곧 머리 되신 그리스도에게 전적으로 순종하여, 온전한 몸을 세워 그분 나라를 완성하도록 부름 받은 자들이다. 하나님은 승리의 날에 모든 지체가 존귀케 되도록 하나의 소망을 두고 그 일에 모두를 동참케 하신다.

11. 힘을 부여하는 일
— Empowering God's People

　　예수님은 친히 "또한 지도자라 칭함을 받지 말라 너희의 지도자는 한 분이시니 곧 그리스도시니라."(마 23:10)라고 말씀(Proclaim)하셨다. 또한 자신보다 먼저 온 자는 모두가 강도이며 도적이라고 말씀하셨다. 양을 생명의 길로 인도할 수 있는 선한 목자는 그리스도 자신뿐이며 자신 외에는 그 누구도 존재할 수 없다는 사실을 분명하게 밝히시는 내용이다(요 10:8, 11). "만물을 그의 발 아래에 복종하게 하시고 그를 만물 위에 교회의 머리로 삼으셨느니라."(엡 1:22)라는 말씀은 지체들의 통치자는 오직 머리이신 그리스도가 되심을 의미한다. 시편기자 역시 "여호와께서 집을 세우지 아니하시면 세우는 자의 수고가 헛되며 여호와께서 성을 지키지 아니하시면 파수꾼의 깨어 있음이 헛되도다."(시 127:1)라고 언급한다. 영원무궁한 하나님 나라의 집은 당신의 나라에 속하여 그분만이 세우실 수 있기에 땅에 속한 자들이 대신할 수 없다는 사실을 분명히 한 구절이다. 이 구절들뿐만 아니라 비록 표현 방식들은 다를지라도 성경전체의 흐름 또한 지도자도, 목자도, 건축자도 그 건축을 위한 설계자(Master planner)도 오직 한 분뿐임을 명시하고 있다. 그렇기 때문에 만약 인간이 그 자리를 대신하고자 한다면 곧 속임수로써 하나님의 것을 도둑질하고 노략질하는 삯꾼과 다를 바가 없다고 예수님은 말씀하신다.

그렇다면 크리스천 지도자의 역할은 무엇인가? 요약해 본다면 크리스천 지도력이란 지도자 아래 지도자(Under-leader)의 역할이 된다. 크리스천 지도력의 역할은 그리스도의 몸을 세우는 일이다. 하지만 인간의 능력은 제한적이다. 아무리 유능한 지체가 있다 하더라도 시공을 초월하여 심는 자와 물 주는 자, 추수하는 자를 일치시켜 한 몸을 세우는 일은 인간 지도자가 할 수 있는 영역이 아니다. 오직 머리 되신 그리스도 외에 그 어느 누구도 몸 된 교회를 세우는 지도자의 역할을 감당할 수 없다. 그럼에도 은사를 받고 인간 지도자로 세워지는 이유는, 비록 머리와 같은 지도자의 역할은 할 수 없어도 다른 지체들이 온전해질 수 있도록 그들을 그리스도에게 인도(Leading)하는, '지도자 아래 지도자'의 역할을 할 수 있기 때문이다.

구체적으로는 바울의 정의(엡 4:12)처럼, 남을 지배하고 통솔하는 세상에 속한 개념의 지도력이 아니라, 지도자이신 예수 그리스도의 경륜에 따라 당신의 몸을 세우도록 지체들이 머리에 순종하게끔 성도들을 '준비시키는 자(Equipper)'가 인간 지도자가 해야 할 역할이다. 보다 엄격하게 말하자면 이 또한 '준비시키는 자 아래, 준비시키는 자(Under-equipper)'라고 정의하는 것이 보다 정확한 표현이 될 수 있다.[65]

하늘과 땅을 일치시켜 지체들을 온전한 그릇으로 준비시키는 일 역시 오직 그분만이 하실 수 있는 일이다. 광야를 예비해 놓으신 분도,

고통을 주시고 낙심케 함으로 말미암아 온전케 하시는 분도 오직 하나님 한 분이시다. 이처럼 인간에게 허락되지 않은 영역(Out of control)이 있다. 결국 머리 되신 그리스도의 뜻대로 모든 지체가 순종하여 한 몸을 세우는 온전한 도구의 역할을 감당할 수 있도록 성도들에게 힘을 부여(Empowering God's people)하고 그들을 세우는 일이 인간 지도자의 역할이 된다.

세상의 지도자는 자신이 잘하면 된다. 하지만 크리스천 지도력은 오히려 정반대가 된다. 그들(성도)로 하여금(Let them) 잘할 수 있도록 그들을 세우고, 그들을 섬기(diakonia)는 일이 곧 바른 크리스천 지도력이다. 사도, 전도자, 선지자, 목사, 선생이라는 은사를 하나님께서 허락하시고 지도자의 역할(Role/task)을 감당케 하신 목적이 바로 이 때문이다(엡 4:12).

세상 지도자들은 자신이 잘하였을 때 높이 평가된다. 자신의 능력, 자신의 수고, 자신의 업적이 남들에게 증명될 때, 비로소 유능한 지도자로 평가될 수 있다. 그러나 성경적 기준(Canon)으로 볼 때, 크리스천 지도력은 오히려 남들(성도들)이 잘하였을 때 비로소 인정받을 수 있다.

오래 전 어느 분과 대화 중에 그분이 출석하는 교회의 지도력에 대해 매우 흡족해하는 모습을 보았다. 비판이 난무한 현실 속에서 찾아보기 드문 긍정적 평가였다. 좋은 메시지와 그 메시지로 인한 교회 성장이 지도력에 대한 그분의 가치 평가기준이었다. 어쩌면 그 기준은 그분만의 가치평가 기준이 아니라 크리스천 대부분의 기준이 될 수 있다. 그러나 그토록 충성을 다하고 훌륭한 지도자 아래 있다는 자부심을 지닌 그분에게서 영적 변화는 거의 찾아볼 수 없었다. 자신의 의를 쌓고자 하는 의지를 그리스도를 위해 내려놓는 헌신과는 무관한 충성이었다.

크리스천 지도력의 역할은 투명하다. 그 역할은 다른 지체들이 잘할 수 있도록 성도들을 온전히 세우는 일(Up building)이다. 모든 지체가 온전할 수 있도록 서로서로 힘을 부여할 수 있는 능력을 지니게 하는 일이다. 지체 하나하나가 바로 세워졌을 때 비로소 몸이 온전하게 세워질 수 있기 때문에 이 일을 위해 하나님은 지도자의 은사를 허락하셨다. 천사의 말을 하고 세계 제1의 명성을 자랑하는 크리스천 지도자가 있다고 하자. 그러나 그가 만약 만세 전부터 계획하신 맡겨진 일을 감당할 수 있도록 성도들을 머리 되신 그리스도에게 순종하도록 세우는 일을 하지 않는다면 어떤 이유에서든 결코 바른 지도자로 주님께 인정받을 수 없다. 오직 하나의 소망과 하나의 목적인, 성도들을 온전하게 세우기 위해 힘을 부여하는 것이 크리스천 지도자의 바른 태도이다. 만약 하나의 사역 외에 다른 어떤 사역이 있다면 그것은 그분 영에 속한 사역이 아니라 세상의 지배를 받는 사람들의 일이 될 뿐이다. 지체들을 세우는 일 외에, 세상이 추구하는 가시적, 물량적 성과가 크리스천 지도력의 역할로 대치되고 정당화될 수도 있다. 하지만 자신을 속이고 더 나아가 하나님을 속이는, 하나님을 만홀히 여기는 일이 될 뿐이다.

반드시 심은 대로 거두게 된다는 경종의 메시지가 주어지는 이유도 바로 이 때문이다. 수많은 간증들이 난무하고, 간증집이 한국 기독교 사회에서 베스트셀러가 되고 있다. 하지만 '수가 성 여인'의 간증처럼 사망의 법에서 해방됨을 고백하고 증거하는 간증이나 간증집이 아니라면 이 또한 다른 지체들을 세우는 일이 아니라 세상을 세우는 선동적 역할을 할 뿐이다.

성경은 자신들의 죄를 서로 고백할 것을 요구한다. 죄를 고백하고 그 죄를 위해 기도하게 될 때 '온전[치료]해질' 것이라 말씀하고 있다(약 5:16, 공동번역). 하지만 크리스천 공동체 모임 안에서 추한 죄를 서로 고백하는 것은 찾아보기 힘들다. 죄를 서로 고백해야만 하는 것을 알면서도 그 수준에 이르지 못하는 이유는 무엇인가? 그 죄의 고백을 단지 허탄한 거짓말을 하고, 하나님과 남들을 속이고, 배신을 하고, 남을 미워하고, 당을 지어 모략을 꾸미고, 수군수군하며, 음행한 마음으로 간음하였던, 겉으로 드러난 행동에 대한 고백으로 잘못 인식하고 있기 때문이다. 만약 그렇다면 세상 사람들과 같이, 다시 더러워질 수밖에 없는 표면의 더러운 먼지나 들춰내어 닦아 주는 일에 불과할 것이다. 속사람을 치료하지 않는 한, 속사람의 더러움은 그 표면을 또 다시 더럽게 할 뿐이다. 한 성령이 두 말을 할 수 없다. 따라서 우리의 고백도 속사람을 고발하는 것이어야만 한다.

예수님은 복에 대하여 언급하셨다(마 5:1-12). 예수님께서 말씀하신 복이란 무엇을 의미하는 것일까? 세상 사람들이 생각하는 욕구나 채워 주는 복으로 해석한다면 진리가 하나가 아니라 둘이 되어야만 한다. 자녀가 되었으므로 다시 자녀가 되기 위해 노력할 필요는 없다. 이미 아버지의 충만이 자녀(양자) 된 크리스천들에게 상속되었는데 또 다시 그것을 추구하도록 한다면 이는 스스로 모순이 된다. 성경이 추구하는 하늘에 속한 복은 하나님 나라 즉, 하나님 나라의 주권이 왕 노릇하는 데 있다. 세상의 풍요로움이 복된 것이 아니라 "무릇 하나님의 나라에서 떡을 먹는 자는 복되도다."(눅 14:15)라고 하신다. 그리스도 영의 지배를 받아 그 인도하심으로 하나님 나라의 절대적 평안과 기쁨이 보장된 충만의 상속을 믿는 것이 참된(Real) 복이다. 이 일을 위해 목마른 사슴이 시냇물을 찾듯 심령이 가난해야 한다. 애통함이 있어야 한다. 사망을 물리치고 육을 이기도록 영의 지배를 갈망하는 가난한 마음(Hungry mind)뿐만 아니라 원치 않는 속사람의 지배로 인한 애통해하는 마음이 곧 하나님 나라의 없어지지 아니할 복을 누릴 수 있도록 하기에 예수님은 이를 참된 복으로 가르치고 계시다.

근본적 뿌리를 제거하는 치료를 위해서는 아직도 심층 깊이 에고(Ego)로 자리 잡고 있는, 내가 스스로 알지 못하는 뿌리 깊은 육신의 생각을 먼저 찾아야만 한다. 속사람이 치료되지 않는 한, 쳇바퀴를 맴도는 일을 계속할 수밖에 없기 때문이다. 그렇기 때문에 야보고 사도는 죄에 대한 근본적 고백과 이를 위한 서로의 기도로 속사람의 불순물을 찾아 치료함을 받고 서로가 '온전케(성숙케)' 세워져야 한다고 서술하고 있다.[66]

몸에 바이러스가 침투하면 지체 혼자 감당할 수 없다. 다른 지체가 도움을 줄 때 비로소 그 세력을 물리칠 수 있다. 이처럼 우리를 무너뜨리려고 하는 우리 안에 있는 또 다른 죄의 세력은 우리 혼자 힘으로는 감당할 수 없다. 그런 이유에서 서로가 서로를 도와 죄에서 해방되게 하고 몸을 바로 세우기 위해, 죄의 고백을 통해 치료받을 것을 주님은 바라고 계시다.

죄의 고백은 세상적인 가치로 볼 때는 부끄러운 일이다. 그러나 그리스도 안에서 그 고백이 결코 부끄러운 일이 될 수 없는 이유는 그 죄가 내가 한 일이 아니라 내 안에 있는 원치 않는 악의 세력이 그렇게 하도록 하였기 때문이다. 나타나지 말아야 할 것이 나타난 것이 아니라 당연히 나타나야 할 것이 나타난 것이다. 따라서 마땅히 그 대적을 위해 서로서로 고백해야만 한다. "내가 오늘 세상에서 거짓말을 했습니다. 바로 하나님의 충만을 믿는 믿음의 부족으로 인해 내 의지가 나를 지켜 줄 것이라는 불신앙의 마음을 품었던 것을 고백합니다. 그 치료를 위해 기도하여 주십시오."라고 말할 수 있다. 악의 세력을 물리치고, 악순환의 연결 고리를 끊기 위한 영적 성숙, 즉 온전케 되기 위해서는 성도가 서로 죄를 고백하고 그 치료를 위해 기도해야만 한다. 소그룹(셀/순/구역)이 존재해야 하는 이유도 이 때문이다. 대중 집회가 할 수 없는 영역이다. 간증이 있다면 이 때문이어야만 한다. 단지 하나님의 은혜로 내가 형통해졌다는 고백이 아니라 하나님의 말씀으로 인해, 다시 주리고 목마르게 될 육신의 사슬에서 해방되었다는 사실을 다른 사람들에게 알리는 것이 곧 크리스천의 간증이다. 영적인 힘을 부여하여, 아직도 휘청거리는 다른 성도를 육에서 영으로 세우는 일이다. 예수님은 "나와 함께 하지 아니하는 자는 나를 반대하는 자요 나와 함께 모으지 아니하는 자는 헤치는 자니라."(눅 11:23)라고 말씀하셨다. 매순간, 서로가 서로에게 힘을 부여하여 지체인 성도를 온전케 세우는 일(사역)이 아니라면 세상을 세우는 다른 목적이 된다는 것을 명심해야 한다.

예수님은 그리스도의 날 얼굴과 얼굴이 대면하듯 모든 게 밝혀지는 그날, 하늘에 계신 아버지의 뜻대로 행하지 않은 자들에게, 그들이 아무리 주의 이름으로 귀신을 쫓아내고 권능을 행했다 할지라도, 불법을 행하는 자들이라 지칭하시며 예수님에게서 떠나가라 명하실 것이라고 말씀하신다(마 7:22). 야고보 사도는 "선생 된 우리가 더 큰 심판을 받을 줄 알고 선생이 많이 되지 말라."(약 3:1)라는 언급을 하신다. 지도자의 은사를 부정하는 언급이 아니라 잘못된 지도력을 지적하고 바로 세우기 위한 말씀들이다.

우리 안에 그 한 가지 소망을 두시고 그 소망을 이루시는 분은 한 분뿐이시다. 힘의 분산은 자기 파괴를 초래한다. 인간이 할 수 있는 일은 형제자매나 이웃에게 예수 그리스도가 유일무이한 주인이 되도록 그들에게 힘을 부여하는 것이다. 배우자의 무관심 때문에 상대는 불안하고 초조해할 수 있다. 시기, 질투와 같은 방어기제 혹은 자신에게 관심을 돌리도록 하는 유치한 행동들도 이를 해결하려는 노력들이다. 그러나 근본적 문제 해결과는 무관한 육신에 속한 치료법에 불과하다. 때로 이웃과 이웃의 문제를 이웃 간의 문제로만 제한시킬 수 있다. 하지만 바울이 인간관계의 문제를 교회와 연관하여 정의한 것처럼 모든 세상의 문제는 하나님과 관계가 잘못되어서 발생한다. 결국 하나님 형상으로 회복되지 않는 한 인간들의 본질적 문제는 결코 해결될 수 없다. 상대로 하여금 자신에게 관심을 갖게 하기 위한 노력은 충족되지 못한 이기적 사랑을 채우고자 하는 육신의 생각일 뿐이다. 때로 인간의 노력이 상대의 관심과 환심을 잠시 머물게 할 수도 있다. 하지만 곧 다시 목마름으로 이어질 수밖에 없다. 많은 부분에서 문제가 해결되긴 커녕, 갈등의 골이 더 심화되어 집착으로 혹은 절망과 낙심이라는 더 깊은 수렁으로 빠지기도 한다. 모든 문제의 근본적 치료는 삐뚤어진 옛 지배적 생각에서 온전케 되는 것뿐이다. 나에게 관심을 갖도록 노력하는 것이 아니라 하나님과 바른 관계를 갖도록 지체를 세우는, 즉 서로서로가 온전해질 수 있도록 힘을 부여하는 일이다. 머리 되신 예수 그리스도와 바른 관계를 갖도록 할 때 비로소 이웃 간의 문제뿐 아니라 모든 근본적 문제가 해결될 수 있다. 나에게 관심을 보이도록 나를 세우고자 하는 이기적 사고를 떠나 모두가 온전한 지체가 되도록 서로를 세우는 일이 곧 크리스천이 취할 수 있는 온전한 선택이다.

자신을 세우는 것은 곧 한 몸 안에 또 다른 몸을 세워 자라게 하는 암적인 존재를 만드는 일이다. 한 방향이 아니라 두 방향으로 향하게 하여 결국 몸을 파괴하는 어두운 세력이 될 뿐이다. 우리를 핍박하는 자들을 대적하는 일 또한 크리스천의 바른 태도가 아니다. 잘못된 것을 지적하는 일은 더더욱 바른 태도가 될 수 없다. 악순환을 낳게 하는, 이방인들이 취하는 방식일 뿐이다. 이웃을 사랑하는 마음을 가지는 것이 그리스도께서 우리에게 주신 명령이다. 그러나 이것은 떡이나 금이 아니라 사망권세를 이길 수 있는 영적 힘을 서로가 서로에게 부여하는 일이다.

하나님 나라의 지도력 | The Kingdom Leadership

국가의 운명이 지도자 한 사람의 능력에 따라 좌우될 때가 많다. 훌륭한 지도자를 만나게 될 때는 태평성대를 이루게 되고 무능한 지도자를 만나게 되면 국민들 모두가 도탄에 빠지게 된다. 국가의 운명이 한 사람, 지도자에 의해 결정될 수밖에 없기에 역사는 그들의 흥망성쇠의 악순환을 역사의 중심으로 기록하고 있다. 그러나 크리스천 공동체의 운명은 그와 같은 세상의 운명과 동일할 수 없다. 도리어 크리스천 공동체는 그 악순환을 파괴하는 주역이다.

그분의 나라는 영원하다. 그분이 세우신 영원히 존재해야 할 공동체의 운명이 세상 풍조(World Pattern)처럼 지도자 몇 사람에 의해 흥망성쇠가 결정된다면, 잠시 존재하다 사라지는 세상 공동체와 다를 바가 없다. 따라서 크리스천 지도력은 그 악순환의 단절을 위해, 지도자를 세우는 일보다 오히려 지체들을 세우는 것에 초점을 맞춘다. 지도자가 아닌 지도자 아래 지도자의 역할을 말한다.

지도자들의 능력에 의해 세워진 기념비적이고 화려했던 수많은 교회들이 이제는 그 빛이 바래어 자취만 남긴 채 역사의 뒤안길로 사라졌다. 영원히 존재할 것으로 보였던 수많은 교회들이 60년의 수명을 다하지 못하는 역사적 증후군(Syndrome)을 보이고 있다. 곧 '세인트존의 신드롬'[67] 현상이다. 그 악순환의 원인은 지도자 아래 지도자의 역할을 감당해야 하는 인간 지도자들이 자신의 위치를 벗어나 유일무이한 지도자인 머리의 역할을 대신하였기 때문이다. 인간의 능력은 있다가 사라질 뿐이다. 또한 그 능력 역시 극히 제한적(Finite)이다. 아무리 유능한 지도력을 지녔다 할지라도 그 지도력의 능력은 시공간을 초월할 수 없다. 죽음은 모든 것을 무용지물로 만든다. 만일 사라질 수밖에 없는 인간 지도력에 의존하였다면 그 능력이 사라질 때 그 기념비적인 교회 공동체의 운명도 그 능력과 함께 사라질 수밖에 없다.

건강한 지체들 몇몇에 의해 몸이 지탱될 수는 있다. 그러나 연약한 지체로 인해 언젠가는 온 몸이 무너지게 된다. 결코 강한 지체 몇몇이 온 몸을 세울 수는 없다. 머리 외에 각 지체들의 기능은 누구든 손댈 수도, 통솔할 수도, 지배할 수도, 대신할 수도 없는 고유(Unique) 영역들이다. 다만 강한 지체가 할 수 있는 일은 다른 지체들의 일을 대신하고자 그 영역을 침범하는 것이 아니라, 연약한 지체들이 머리의 지배에 따라 자신의 기능(은사)을 잘 감당할 수 있도록 그들에게 힘을 부여해서 그들을 세우는 것이다. 즉 서로가 연합하여 온전케 하는 머리에게 순종하고 한 몸을 온전히 세우도록 하는 일이다.

죄가 들어온 후, 인간들은 끊임없이 자신이 하나님과 같이 되고자 하나님을 대항하며 살아왔다. 속임수로 자기 성을 쌓게 하는 사망의 법이 왕 노릇하였기 때문이다. 자신을 믿게 하는 사망의 생각이 결국 무너질 수밖에 없는 인간의 도성(바벨탑)을 우상으로 섬기며 살도록 하였다. 잘못된 생각이 유전되어 총명이 어두워지고, 굳어진 마음으로 인해 자신을 지혜롭게 여겨 무너질 수밖에 없는 것을 영원한 것으로 착각하며 그 속임수 속에서 살아간다. 미련해지고 허망해진 생각 때문이다.

인류는 그 누구도 무너뜨리지 못하도록 자기 성을 견고히 쌓기 위해 영구적으로 보이는 기계들을 만들고, 썩지 않는 플라스틱들을 만들고, 단단한 콘크리트와 아스팔트를 만들었다. 그것을 영원할 것으로 믿고 그 바벨탑을 쌓고 있다. 흙덩이 대신에 쇳덩어리로, 썩어서 생분해되는 재질 대신 썩어지지 않을 재질로 만들어진 물건들로 세상은 메워지고 있다. 스스로 안전성과 존엄성을 찾기 위해 인간은 하나님의 영역인 '영원성'에 대해 끊임없이 도전하고 있다.

그러나 지구는 점점 황폐해져 가고 있다. 스스로 생존할 수 있는 능력지수가 점점 줄어들고 있다. 지구 생태계는 문제가 발생할 때마다 스스로 회복(치료)되게끔 순환(Circulation) 작용을 해 왔는데, 그 기능을 상실한 지 이미 오래되었다. 우리 모두가 인정하는 것처럼 지구는 종말을 향해 치닫고 있다. 누가 파멸케 한 것이 아니라 인간 스스로 파멸을 자초한 것이며, 누가 무너지게 한 것이 아니라 잘못된 것을 옳다고 여기는 어리석은 생각으로 스스로 자기 무덤을 판 결과다.

자기 도성을 쌓고자 하는 어리석은 인간 의지가 만들어 낸 결과다. 만약 교회 공동체가 가이사의 것으로 하나님의 주권에 속한 그분의 나라를 세울 수 있다고 믿고 그것을 세우고자 한다면, 그것은 하나님을 조롱하는 것이며 스스로를 속이는 착각에 불과하다. 무엇으로 이 악순환을 끊을 수 있을까? 지금까지의 언급이 마치 지구의 신비나 운명을 말하고 있는 것처럼 보일 수도 있겠다. 그러나 사도 바울의 언급처럼 오히려 하늘의 큰 비밀을 말하고 있다(엡 5:32). 다시 목마름도, 굶주림도 없는 영원한 하나님 나라를 세우기 위해 몸 된 교회를 세우는 일을 말하고 있다(엡 5:32). 그래서 '하나님의 집(oikos)'과 동일한 의미의 단어인 지구의 '생태계(Ecology/oikonos)'를 성경은 몸 된 교회로 표현하고 있다.[68]

인간의 도성이 무너지면 비로소 그곳에 그분 나라의 도성이 세워진다. 그리스도께서 모범으로 보여 주신 비하(卑下)의 희생(순종)만이 영원한 그분의 집을 세울 수 있게 하는 바른 크리스천 지도력이 된다. 그러나 영원해야 할 공동체가 세상 공동체처럼 악순환을 계속하는 이유는 무엇인가? 생명의 촛대가 역사의 흐름 속에서 다른 곳으로 옮겨지는 이유는 무엇인가? 그 이유는 오직 하나, 말씀을 떠났기 때문이다. 지체들을 세우는 일이 아니라 세상 지도력처럼 무너질 수밖에 없는 모래성을 세웠기 때문이다. 하나님의 교회(성도)를 세운 것이 아니라 지도자 자신을 세웠기 때문이다.

가이사의 것은 가이사의 것이며 하나님의 것은 하나님의 것이다. 쓴물은 쓴물이며, 단물은 단물이다. 가라지는 가라지며, 알곡은 알곡이다. 심은 대로 거두게 될 뿐이다. 가라지가 알곡을 맺을 수는 없다. 믿음의 뿌리가 새롭게 변화되지 않는 한, 인간은 타락한 옛 지배적 본성에 따라 종노릇할 수밖에 없으며 자신들을 세우려고 자신의 의를 주장할 수밖에 없다. 하나님을 믿지 못할 때, 믿을 수 있는 것은 오직 자신뿐이기 때문이다. 결국 불신앙이 자기 도성을 쌓도록 한다.

자신의 도성을 포기하고 머리 되신 그리스도에게 순종하여 그분의 도성을 쌓을 수 있는 변화는, 자신을 믿는 마음에서 영원한 충족에 대한 상속을 믿는 마음으로 속사람이 변화되었을 때 가능한 일이다. 머리 되신 그분께 순종해야 그분 나라에 속한 영원한 성을 쌓을 수 있다. 순종을 거부하는 것은 옛 지배적 속성에 따라 사는 속사람의 생각 때문이다. 크리스천 지도력이 세상 지도력과 달리 눈에 보이는 무슨 성과나 결과에 치중하는 것이 아니라 도리어 보이지도 않고 성과도 없는 영적인 성숙에 그 역할과 목적을 두는 이유도 바로 이 때문이다.

결국 그분의 도성은 자기의 의지를 주장하려는 인간의 도성이 무너진 곳에 세워진다. 교회는 그 인간의 도성을 무너뜨리는 장(場)이다. 에서는 장자였다. 하지만 그의 운명은 어떻게 되었는가? 잠깐 있다 사라질 순간적인 필요를 채우려다가(세우려다) 영원히 망령된 길을 택한 자가 되었다.

성경의 모형들(Biblical Models)

성경은 훌륭한 지도력을 사례로 보여 주고 있다. 모세와 세례 요한이 그 대상이다. 성경은 그 후에 모세와 같은 선지자가 없을 것이라 말씀하였고(신 34:10), 여인이 낳은 자 중에 세례 요한보다 큰 이가 없을 것이라고 표현하며 요한을 극찬하였다(마 11:11). 그들의 지도력에 대한 뜻밖의 극찬은 어쩌면 세상 사람들에게 감추어진 비밀이 될 수 있다. 사실 그들은 성경에 나타난 다른 어떤 지도자들보다 흠이 많은 자들이었다. 하지만 성경은 모순되게도, 흠이 없는 요셉, 사무엘, 여호수아, 갈렙 대신 자신의 실수로 꿈에도 그리워했던 가나안에 결국 들어가지 못했던 모세를 훌륭한 지도자로 지목하고 있다. 또한 예수님과 동고동락한 제자들 대신 아침 이슬처럼 잠깐 나타났다 사라진 세례 요한이 그 훌륭한 지도자로 지목되었다. 무엇 때문일까? 영원한 그분 나라의 도성을 바라며 이 땅의 순간적인 자기 도성을 무너뜨리는 지도력을 가지고 있었기 때문이다. 영원한 집을 세우기 위한 온전한 그릇으로서 자기 역할을 제대로 수행하였기 때문이다.

모세는 눈이 흐리지도 기력이 쇠하지도 아니하였다. 그럼에도, 영원한 도성을 세우는 건축자인 하나님의 명령에 따라, 할 수 있었으나 할 수 없는 자로서 죽음을 향해 비스가 산으로 말없이 발걸음을 옮겼다. 세례 요한은 무엇 하나 이룬 것 없이 꽃다운 젊은 나이에 한 여인의 계교로 목 베임을 당한 자다. 또한, 오실 이가 당신입니까? 질문을 하였을 정도로 요한 역시 세상의 화려함을 그분의 나라로 착각하고 의구심을 가진 자였다. 그렇기 때문에 예수님은 너희가 무엇을 보려고 광야에 나갔더냐? 바람에 흔들리는 갈대냐? 너희가 무엇을 보려고 나갔더냐? 부드러운 옷을 입은 사람들이냐? 부드러운 옷을 입은 자들은 왕궁에 있다(눅 7:24-25)고 말씀하셨다. 이런 세례 요한이 훌륭한 지도자라는 평가를 받았다. 구부러진 길을 곧게 하는 지체의 역할은 누구의 몫이었을까? 세례 요한은, 그리스도는 흥하게 하고 자기는 쇠하기 위해 자신의 생명을 바쳤다. 영원한 하나님의 나라를 세우기 위해 없어질 육신의 장막을 무너뜨렸다.

세상의 시각으로 볼 때 모세와 세례 요한은 완전 실패자들이었다. 모세가 꿈에 그리던 가나안 땅은 남의 몫이 되었고, 젊은 나이의 세례 요한은 무엇 하나 이룬 것 없이 억울하게 세상을 떠났다. 하지만 자기 도성을 버리고 영원한 도성을 쌓는 중요한 역할을 하였기 때문에 그들은 모두 하나님께 큰 자라고 인정을 받았다. 그들은 하늘에서 큰 자들이 되었다. 모세와 세례 요한이 하나님께 극찬을 받은 것은 오직 수많은 믿음의 선진들처럼, 장차 나타날, 흔들리지 않는 영원한 나라(Unshakable kingdom)를 믿음으로 바라보았기 때문이다(히 11:10).

바울은 자신의 서신에서 여러 차례 자신을 본받으라고 말한다. 실제로 백 마디 말보다 한 번 몸으로 보여 주는 지도력이 더 소중한 가르침이 된다. 그러나 그가 언급한 '본받음'을 도덕적, 율법적 온전함에 대한 행위로 왜곡시켜서는 안 된다. 바울은 스스로를 죄인의 괴수라고 고백하였다. 그러므로 죄인인 그가 자신을 본받으라고 하는 것은 모순되는 발언이다. 하지만 "내가 그리스도를 본받는 자가 된 것같이 너희는 나를 본받는 자가 되라."(고전 11:1)라는 언급에서 그가 말하고자 했던 참된 의미를 찾을 수 있다.

지체들의 머리는 오직 예수 그리스도이시다. 머리 되신 그분이 친히 보여 준 모범은 무엇인가? 할 수 있으나 할 수 없는 자가 된 것이었다. "내 교훈은 내 것이 아니요 나를 보내신 이의 것이니라."(요 7:16), "내 뜻을 행하려 함이 아니요 나를 보내신 이의 뜻을 행하려 함이니라."(요 6:38), "내가 내 자의로 말한 것이 아니요 나를 보내신 아버지께서 내가 말할 것과 이를 것을 친히 명령하여 주셨으니."(요 12:49)라고 말씀하셨다. 행동뿐만 아니라 말 한마디조차 자의적인 것을 포기하고 보내신 자의 뜻에 절대 순종하셨다. 바울이 본받았던 그리스도의 지도력은, 곧 하나님이셨으나 스스로 인간으로 이 땅에 오셔서 종이 되신 그리스도의 모습이었다. 지체들의 머리는 그리스도이시다. 그러나 예수님은 자신의 왕좌를 버리고 성부 하나님으로 하여금 자신의 머리가 되시게 하였다. 무너뜨릴 수 없는 영원한 그분의 나라에 그분의 도성을 세우기 위해 철저히 당신의 도성을 무너뜨렸다. 빌라도 앞에서 예수님은 "만일 내 나라(하나님의 통치)가 이 세상에 속한 것이었더라면 내 종들이 싸워 나로 유대인들에게 넘겨지지 않게 하였으리라."(요 18:36) 하고 말씀하셨다. 제자들의 만류에도 불구하고 죽기까지 순종하셨던 것은 그렇게 하는 것이 그분을 보내신 하나님의 뜻이었기 때문이다. 영원한 하나님 나라의 도성이 세워지는 것을 바라보며 스스로 세울 수 있는 자신의 도성을 철저히 무너뜨리는 순간이었다. 그 비하(卑下)는 곧 승리의 열매가 되었다. 자신의 도성을 쌓게 하여 멸망으로 인도하는 악의 유혹을 물리치고, 보내신 자의 인도하심에 순종함으로 모든 만물들이 예수의 이름 앞에 무릎을 꿇는 영광에 이르게 되었다(빌 2:11).

예수님은 당신의 생애가 하나님께 영광이 되었듯이 그 제자들 역시 그 영광에 이르기를 간절히 소망하셨다(요 17:4-22). 제자들로 하여금 죽기까지 순종하였던 당신을 본받고 따르도록 하셨다. 제자들에게 하늘의 모든 권세를 허락하셨다. 모든 족속을 그리스도의 제자로 삼으시기 위해서였다(마 28:18-20). 당신의 도성을 무너뜨려 승리의 영광에 이르셨던 것처럼, 제자들로 하여금 당신의 영광이 그들의 영광이 되도록 다른 지체들을 세우게 하는 일이었다. 가르칠 뿐만 아니라 지킬 수 있도록 모든 크리스천들에게 주신 마지막 부탁(Commitment)의 말씀이셨다. 그렇기 때문에 바울은 자신이 본받은 그리스도의 그 마음(비하)을 본받으라고 말하고 있다.

그리스도는 이 땅에 오셨다. 그러나 당신 자신을 세우기 위해 이 땅에 오신 분이 아니었다. 섬김을 받으려고 오신 것이 아니라 도리어 섬기러 오셨다(마 4:10). 당신 자신을 구원하기 위해 죽으신 분이 아니었다. 우리를 구원하시기 위해 십자가에서 대속물이 되셨다(마 20:28). 하나님과 원수 되는 것은 무엇인가? 세상 풍조다. 섬기려는 마음(영)이 아니라 섬김을 받으려고 하는 마음(육)이다. 세상에 속한 그 대적을 통칭하여 '위계' 또는 '위계체제(Hierarchical system)'라고 정의한다.

시대 상황적 사례들(Situational illustrations)

세상의 조직체는 피라미드(Pyramid-▲)식 구조를 형성한다. 위(Top)에서 아래(Down)로 향하는 위계(Hierarchy)질서 지배체제 시스템(System)이다. 상부(Top)의 지시에 따라 하부(Bottom)가 움직이는 종속체제다. 즉 약육강식과 적자생존으로 불화와 반목을 낳는 인간의 도성, 즉 에고이즘과 결과주의를 낳는 매슬로(Meslow)의 체제도 이에 해당된다. 자신을 세우기 위해 남을 지배하고 몸통인 자신을 보호하기 위해 꼬리를 희생시키는 체제다. 중간 지도자 역시 상사(Top)를 세우며 하부 조직을 희생시켜 자신을 세우는 상부상조의 역할을 하게 된다. 세상이 그런 체제를 택할 수밖에 없는 이유는 그 위계만이 육신의 욕망을 충족시켜 주기 때문이다. 세상이 화평하지 못하고 불화와 반목이 지속되는 이유는 바로 그 체제를 벗어날 수 없도록 본능적 생각이 그렇게 이끌기 때문이다. 그래서 그 불화와 반목에서 벗어나 하나님 나라의 화평을 이루기 위해 크리스천 지도력이 주어진다.

크리스천 지도력은 세상의 지도력(▼)과 대조가 된다. 몸통을 위해 꼬리를 자르는 것이 아니라 도리어 꼬리를 세우기 위해 몸통인 자신의 도성을 무너뜨리도록 한다. 예수님께서 친히 그렇게 하셨다(요 10:11). 섬김을 받기 위해 자신을 세우도록 하는 역할이 아니라, 오히려 다른 지체들을 세우는 섬김을 위해 부름 받은 자들이 크리스천 지도자들이다. 충만의 본체이신 그리스도를 믿음으로 말미암아 인간 도성을 쌓게 하는 삐뚤어진 생각이 바른 생각으로 변화되도록 가르치고 지키게 하는 역할이 그들에게 주어졌을 뿐이다.

모든 지체들은 동일한 권속들이다. 결코 인간 지도자의 하수인이 될 수 없다. 하나님은 모든 지체들에게 독자적인 고유한 사명을 주어 그분의 경륜에 따라 한 몸을 이루도록 하셨다. 하나님께서 예수님에게 주신 사명(Mission/Vision)은 십자가의 대속물이 되는 일이었다. 모든 것을 송두리째 새롭게 바꾸는, 전에도 후에도 없는 중대한 역사적 사건이었다. 그래도 예수님은 제자들에게 당신이 감당해야 할 그 사역에 동참할 것을 강요하신 적이 없다. 당신의 종이 되게 하신 것이 아니라, 오히려 친히 보내신 자의 종이 되었던 것처럼, 제자들에게도 예수님을 보내신 분의 종이 되도록 가르치셨다(요 17:4, 18-19). 당신의 일은 당신만이 할 수 있는 일이며, 제자들의 일 역시 당신이 할 수 없는 제자들의 일이었기 때문이다. 그렇기 때문에 사도 요한에게 맡겨진 사명과 베드로의 사명이 동일할 수 없었음에도, 그것을 동일선상에 놓고 저울질한 베드로의 잘못된 생각을 예수님은 단호히 물리치셨다(요 21:18-22).

인간 지도자가 할 수 있는 일은 무엇인가? 자신의 공적을 위해 비전을 내세워 조직을 세우는 것이 아니라 하나님이 계획하신 한 소망을 위해 다른 지체들을 세워 하나의 교회를 세우는 일이다. 즉 사람들로 하여금 자신의 하수인으로 복종케 하는 것이 아니라, 머리 되신 그리스도께 순종하고, 다른 지체들도 그분께 순종하도록 하며, 그분을 통해 자신이 세움 받은 것처럼 다른 지체들도 세워지게 하는 일이다. 어떤 결과를 낳는다 할지라도 세상에 속한 위계체제는 없어질 순간적인 것을 세우는 것으로 하나님과 원수 된 육신에 속한 일이 된다.

바른 지도력과 옳지 못한 지도력은 가라지와 알곡처럼 쉽게 구분될 수 없는 유사성을 가진다. 그런 의미에서 위계체제에 속한 것이냐 아니냐 하는 것은 지도력의 옳고 그름을 판단하는 척도가 된다. 성경은, 크리스천 지도력이란 성도를 온전케 하는 일이며 그리스도의 몸인 교회(지체)를 세우는 일이라고 말하고 있다. 그분이 각 지체들을 위해 만세 전부터 준비하신 고유한 사명(비전)에 책임을 갖도록 하는 일이다. 외적인 물량에 가치를 둔 인간의 생각이나 판단이 그분 나라에 속한 영원한 진리의 말씀을 대신할 수 없다.

효과적인 지도 체제에 대한 연구 결과들이 근래에 들어 종종 발표

되곤 한다. '생존 게임(Survival game)'은 그중 대표적인 연구 사례다. 실제로 극도로 추운 지방이나 극도로 더운 지방에 군인들을 투입하여 어떤 지도 체제가 생존에 있어서 효과적인가를 실험해 본 연구였다. 존슨과 존슨(Johnson & Johnson)의 워크숍(Workshop)에 의하면, 생사의 극한에서 가능한 한 많은 대원들의 의견들이 수렴될 때 생존 확률이 높아지는 것으로 나타났다.[69] 더욱이 주목할 만한 것은 지도자가 지정되지 않은 상태와 지정된 상태에서 그 결과를 볼 때, 지도자가 없는 팀이 훨씬 더 그 생존율이 높게 나타나는 것으로 연구 결과가 발표되었다. 이 연구의 결론은 지도자를 세우게 되면 많은 팀원들의 의견이 수렴되지 않고 대신 지도자 자신의 주장이 결정적 순간에 많은 영향력을 미치게 됨을 보여 준다. 결국 훌륭한 한 사람의 생각보다 많은 사람들의 생각이 모일 때 생존율이 높아진다는 사실을 증명해 주고 있다. 다른 범주의 사례(아래)들 역시 동일한 결과를 보여 준다.

　모순되게도 미국의 경우, 기성 교회들보다 이단들이 더 급성장하고 있다.[70] 급성장한 그들 지도 체제에서 공통점을 유추할 수 있는데, 먼저는 기성교회 체제와 달리 그들의 지도 체제는 평신도들이 중심에 자리 잡고 있다는 사실이다. 대부분 그들의 체제는 위계체제가 아니다. 비록 그들이 잘못된 복음을 전할지라도, 많은 사람들이 참여하는 지도 체제가 한 사람의 지도 체제보다 동기 부여에 있어서 월등하게 효율적이라는 사실을 입증해 주고 있다. 아침에 하늘이 붉고 흐리면 오늘은 날이 궂겠다는 천기는 분별할 줄 알면서 시대의 표적은 왜 분별할 수 없느냐고 예수님은 말씀하셨다(마 16:3). 또한 너희가 잠잠하면 돌들이 말하게 될 것이라 말씀하신다(눅 19:40). 진리의 말씀을 외형적으로만 따르는 이단 집단들이 기존 교회를 향해 조롱하는 것이 무엇인지 시대적 분별력이 필요한 시점이다.

시험 자료(Data)는 '성취지향 방식(Task oriented)'과 '관계지향 체제 방식(Relationship-oriented)'을 비교, 분석하고 있다. 단기적 성과를 볼 때는, 성취지향 방식이 관계지향 방식보다 효과적인 것으로 나타났다.[71] 이에 반하여 장기적 성과를 볼 때는, 관계지향 방식이 성취지향 방식보다 월등한 것으로 나타났다. 결국 단기적으로 어떤 목적을 세워 놓고 그 일을 성취하도록 하는 방식은 순간적으로 가시적 효과를 낼 수는 있어도 장기적으로는 역효과가 나타난다는 사실을 보여 준다. 자동차 대리점에서 두 팀으로 나누어 어느 팀이 더 판매 실적이 좋은지 그 결과를 살펴보는 실험을 하였다. 한 팀은 자신이 지금까지 쌓은 실적과 앞으로의 실적을 비교하여 보너스를 지불하도록 하는 방식이었다. 그리고 다른 팀은 개별적 성과와 달리 하나의 그룹을 형성하여 그 그룹의 지난날 평균 실적과 앞으로의 실적을 비교하여 성과급을 지불하는 방식이었다. 그 결과, 처음에는 개인에게 보너스를 지급했던 앞 팀의 실적이 좋았으나, 시간이 흐를수록 그룹으로 일한 팀이 월등한 성과를 거두게 되었다. 어쩌면 한국 교회가 급성장하였다가 시간이 흐름에 따라 쇠퇴기를 맞게 된 것도, 효과적으로 성도들을 세우는 사역이 아니라 순간적으로 무엇을 성취하겠다는 성취지향 방식의 사역 때문일지도 모르겠다.

지도자 중심(Leader-oriented)의 지도 체제인 '피라미드형'과 성경이 주장하는 지체 중심의 지도 체제(Followers/people-oriented)를 살펴볼 때, 전자는 반사적(Reaction) 행동, 후자는 반응적(Response) 행동이 나타나는 것이 일반적 현상이다. 지시에 따라 일하는 관료주의 방식과, 모든 구성원들이 책임자로서 책임의식을 갖고 참여하는 것(Lordship)은 너무도 판이한 결과를 낳을 수밖에 없다. 세상이 이끄는 대로 사는 것과 나에게 주어진 소명(비전)을 성취하기 위해 오히려 세상을 주도적으로 이끌며 사는 것, 그 결과의 차이는 매우 클 수밖에 없다. 비록 세상의 지도 체제의 방향성과 목적이 다를지라도 효과적인 지도 체제가 무엇인지 보여 주는 교훈으로 볼 수 있다.

피지도자들에게 권한(영향력)을 주어 그들이 스스로 자신의 역할을 잘할 수 있도록 세워 주는 것이 크리스천 지도력의 최선의 선택이다. 판단이나 비판, 정죄가 아니라 어린아이와 같이 온전치 못한 지체들을 돕고 그들을 격려하고 온전히 세우는 일이다. 억압하는 자들을 원수로 대적하는 것이 아니라, 그 억압하는 자들이 바르게 세워지도록 그들을 사랑하는 일이다. 화목하게 하는 자 아래 화목하게 하는 자(Under-reconciliator)들이다. 머리 되신 그리스도에게 의지하도록 하여 잃어버린 하나님의 형상을 회복하게 하고, 하나님과 인간들의 단절된 관계를 다시금 회복하게 하는 역할이다.

주류 교단(Mainstream)들이 시간의 흐름과 더불어 쇠퇴기를 맞게 된 것은 부인할 수 없는 역사적 현상이다. 미국의 경우 그 대표적인 교단이 장로교, 감리교이다. 종교학자들은 기존교회들의 쇠퇴는 '영적인 일(Spiritual matter)'을 떠날 때 나타나는 공통적 현상이라고 그 원인을 분석한다. 영적인 일 외에 다른 것들이 그 일을 대신하게 될 때 교회의 쇠퇴 현상이 반복적으로 발생한다고 결론짓는다.

성경이 모든 지체들에게 바라는 바, 그리스도의 일꾼으로 하늘의 비밀을 맡은 자들에게 주는 요구사항은 오직 하나다. 그것은 이미 언급한 것처럼 오직 충성뿐이다(고전 4:2). 성경은 업적이나 성과나 명성이 칭찬의 기준이 아니라 경륜에 따라 주인이 맡긴, 곧 주신 일(Mission)에 대한 충성도가 그 평가 기준이 된다고 말씀하신다. 성경은 그분의 집이 완성되는 마지막 날, 모든 지체들의 일(Work)들이 하나님의 경륜에 따라 계획하신 그 자리에 놓여 있는지 테스트하실 것이라고 언급한다(고전 3:13). 결국 지체들의 머리 되신 그리스도에게 순종했는지 불순종했는지가 그 테스트의 척도가 된다. 양적인 성과에 대한 판단이 아니라 그분의 뜻에 따른 충성에 대한 질적인(Quality) 판가름이 될 것이라고 성경은 분명히 명시하고 있다. 인간 자신의 도성을 쌓았던 불필요한 공적들은 마지막 그날 불타 없어지고 다만 그분이 세우시고자 하는 그 집만이 남게 될 것이다. 충성을 하되 자신들의 집을 쌓은 일이 있었다면, 구원은 받게 되지만 불 가운데 받게 될 것이라고 성경은 말씀한다(15절).

이스라엘이 버림을 받았다. 그 이유는 자신에게 맡겨진 역할에 충성을 다하지 못했기 때문이다. 구원 사역을 위해 선민으로 택함 받았지만 건축자의 청사진을 외면하고 오히려 청사진을 만든 자의 역할을 자신들이 대신하고자 하였다. 또한 하나님의 이름으로 자신들의 도성을 쌓았다. 동일한 원리적 측면에서 그분의 청사진에 따라 모든 지체들은 마지막 날에, 맡겨진 사명에 대한 충성의 시험이 주어진다. 부적격자는 간단하게 분류될 수 있다. 그분의 도성이 아니라 공적이나 업적으로 스스로 자기 도성을 쌓은 자들이다(고전 3:15).

지도자들만을 마지막 시험의 대상으로 국한하려는 것은 동일한 권속의 특권을 스스로 무너뜨리는 잘못된 생각이다. 모든 지체는 다른 지체들을 세우는 사역자들(All ministers/all priesthoods)이 된다. 그리스도 안에서는 주신 역할이 다를 뿐 우열이나 열등이 존재할 수 없고, 은사가 다를 뿐 신분(Status)이 다를 수는 없다. 돌보는 자, 가르치는 자, 복음을 전하는 자, 하나님의 말씀을 대신 전하는 자, 심는 자와 물 주는 자, 추수하는 자로 그 역할이 구별될 뿐이다. 그러나 피라미드식의 위계질서 체제는 하나님의 경륜을 파괴한다. 은사를 신분의 높낮이로 구분하고, 각기 다른 역할들을 우열로 구분하여 결국 그리스도의 몸을 세우기 위한 지체로서가 아니라 지도자 자신을 위한 지체가 되도록 만든다. 지도자를 세우기 위해 다른 지도자들을 세우는 일을 한다. 곧 노략질하는 것이다. 하나님의 나라를 위해 세운 종들을 자신의 종으로 삼는 일이다.

이 체제를 어떤 사람은 '배수관 시스템(Main Pipe System)'이라고 언급한다. 가장 큰 배수관 밸브를 닫으면 모든 기능들이 마비된다. 머리의 지시에 따라 움직여야 할 수억만 개의 지체들이 하나의 지체에 의해 모든 기능들이 마비된다면 그분이 세우시고자 하는 그분의 몸은 결코 세워질 수 없다. 그분의 몸을 세우는 일이 아니라 도리어 그 몸을 파괴하는 존재가 된다. 아무리 화려하게 보인다 해도 경륜자의 청사진에 따라(머리의 지시에 따라) 온 몸을 세우는 지도 체제가 아니라면, 인간의 도성(육신/세상)을 쌓는 것에 불과하다. 그리고 그 인간의 도성은 무너지지 않을 것처럼 보이나 모래 위의 집과 같이 결국 서서히 무너지게 된다. 그러므로 그 도성을 쌓도록 우리를 부추기는 세력이 존재한다는 점을 항상 염두에 두어야 한다. 그 세력은 속임수로 끊임없이 인간 사고의 복잡한 틈새를 공략하는 마귀의 세력이다.

한곳에 머물러 있어야 할 생명의 촛대가 때에 따라 그 장소가 옮겨지고 있다. 이유는 오직 하나, 그 땅이 말씀을 떠났기 때문이다. 지체 하나하나가 온전해지도록 말씀을 가르치고, 머리 되신 예수 그리스도에게 순종하도록 이끌어야 할 지도력이 변질되어 지도자 자신의 비전, 이상, 계획에 순종하도록 성도들을 이끌고 있다. 육신에 속한 세상 풍조가 그 지도력을 오염시켰기 때문이다. 생명의 촛대를 다시 되찾을 수 있는 길은 오직 그 속임수에서 벗어날 수 있도록 말씀(성경)으로 무장하는 일이다. 성경을 대면하는 그 자체나, 성경의 가르침 자체가 아니라 하나님의 목소리, 즉 성경 속에 감추어진 비밀이자 변치 않는 영원한 진리인 그분의 말씀으로 돌아가는 일이다.

_ 제5부

끝나지 않은 투쟁
Unfinished Spiritual Warfare

12. 편견에서 자유
– Freedom from Sinful Thoughts

　　어느 교육학자는 "소화되지 않은 여분의 지식은 독으로 남게 된다."라고 경고하였다. 지식을 쌓는 무분별한 자세와 그릇된 편견을 가르쳐 주는 교훈이다. 성경 말씀을 읽는 것만으로 크리스천들을 칭찬할 수는 없다고 클라인(Klein)이 언급한 이유도 바로 이 때문일 것이다. 무엇을 뿌리든 심은 대로 거두게 되는 것처럼, 육신의 생각은 육신의 열매를 맺게 한다. 또한 영의 생각은 성령의 열매를 맺게 한다. 동일한 의미에서 말씀 대면 역시 옛 지배적 뿌리인 편견과 왜곡의 상태로 말씀을 인식하게 되면 육신을 위한 편견의 열매를 낳고, 영의 지배적 생각으로 말씀을 대면하면 의와 화평의 열매를 맺게 된다. 말씀 대면이 영적 생명을 낳게 한다는 무분별한 인식은 도리어 독과 같은 역할을 할 수도 있다는 점에서 매우 신중하게 경계해야 할 부분이다.

　　예수님은 마귀의 시험을 받으셨다. 그 시험을 물리친 무기는 무엇이었는가? 성경 말씀이었다. 그러나 성경 구절들이 예수님의 무기로만 사용되었던 것은 아니었다. 예수님을 유혹하였던 마귀의 무기는 무엇인가? 그 역시 성경말씀이었다(마 4:10-11). 성경의 글 자체에 절대적 가치를 두고 말씀을 아무 여과(Filtering) 없이 직관적이며 문자적으로 인식하게 될 경우, 적을 물리치는 무기가 아니라 도리어 해가 되는 독이 될 수 있다. 광명의 천사로 위장하여 인간들을 파멸로 인도하는 어두움의 세력을 과소평가하는 것은 매우 위험하다. 하나님 나라를 세우기 위해 마련된 말씀조차 사탄의 나라를 세우는 무기로 악용될 수 있다는 것을 명심해야 한다.

성경은 곧 하나님의 말씀이다. 그리고 성경은 누구나 읽을 수 있도록 만민에게 공평하게 열려 있다. 마치 사용하는 사람에 따라 유용한 도구가 되기도 하고 흉기가 되기도 하는 돈이나 칼과 같다. 성경은 성령의 감동으로 쓰인 글로서, 성령의 지배하에서는 하늘의 비밀인 풍성함을 알게 하는 하나님의 목소리로, 성령이 아닌 다른 영의 지배하에서는 도리어 땅의 풍성함을 추구하는 편견의 목소리로 감동을 받는다. 성경을 읽는 대면 자체가 생명의 풍성함을 열매 맺게 하는 것이 아니다. 편견을 낳는 세력과 싸워 이길 때에야 비로소 풍성함을 쟁취할 수 있다. 결국 영적 싸움이 없는 성경 말씀 대면 자체는 생명의 풍성함이 아니라 도리어 독이 되어 사망의 풍성함을 낳게 한다.

적은 누룩을 조심하라고 예수님은 말씀하셨고 바울 역시 적은 누룩이 온 덩어리에 퍼지게 된다고 경고하였다(마 16:6; 눅 12:1; 고전 5:6; 갈 5:9). 동일한 누룩을 소재로 예수님은 "마치 여자가 가루 서 말 속에 갖다 넣어 전부 부풀게 한 누룩과 같으니라."라고 천국을 누룩으로 비유하셨다(눅 13:21; 마 13:33). 누룩이 천국을 위한, 혹은 사망의 나라를 위한 역할을 할 수 있다는 사실을 보여 주고 있는 말씀들이다. 성경 말씀이 사망을 낳게 하는 인간의 욕구 충족을 위한 무기가 될 수도 있다는 의미이다. 그렇기 때문에 육체(Sinful nature)로부터 자유롭게 하시기 위해 주신 말씀이 도리어 육체를 위한 도구로 전락될 수 있다고 바울은 경고하였다. 동일한 말씀이라 해도 영과 육의 생각에 따라 하나님을 기쁘시게 하는 말씀들이 될 수도 있고 사람들을 기쁘게 하는 상부상조나 공생공존과 같은 글들로 인식될 가능성도 있다.

적은 누룩이 온 덩이를 망가뜨린다. 좋은 영향도 나쁜 영향도 전염(Contagious)되고 동화되기 마련이다. 유익한 균(Bacteria)만 있는 것이 아니라 무익한 균도 존재한다. 적은 상처가 온 몸을 파괴할 수 있다. 세상 풍조에 오염된 인간의 사고는 그 자체로만 남아 있지 않고 교회 문화가 된다. 성경 말씀을 초석으로 세운 조직체들이 도리어 잘못된 누룩처럼 교회 문화(Even church culture)를 잘못된 방향으로 선도해 가며 편견의 소리를 위한 대변자 역할을 할 수 있다. 성경의 경고처럼 부끄러움을 도리어 하나님의 영광으로, 거짓을 진리로 바꾸어 종래는 자기뿐만 아니라 그와 같은 일을 하는 자들을 옳다고 인정하도록 보편화시키는 일을 할 수도 있다(롬 1:32). 작은 불씨가 온 집을 불태우듯 비록 소소한 것에서부터 출발했어도 결국은 온 교회를 망가뜨릴 수 있다. 생명으로 향한 소망만이 누룩처럼 퍼지는 것이 아니다. 사망으로 향한 타락(변질) 역시, 누룩과 같이 퍼진다. 그런 이유에서 스티븐 아터번(Stephen Arterburn)은 몸을 세우기 위한 "교회 문화마저도(Even church culture), 우리에게 어려움을 가중시킬 수 있다."라고 경고한다.[72] 문화가 쉽게 대중화되는 것처럼 잘못된 편견적 암시는 그 자체로 끝나지 않고 암의 전이처럼 다른 지체들까지 사망의 구렁으로 넘어지게 하는 역할을 한다.

사탄은 인간의 눈으로 쉽게 분별할 수 있는 모습으로 우리에게 다가오지 않는다. 사탄의 존재를 쉽게 판단할 수 있다면 바울이 "이 사망의 음침한 골짜기에서 누가 나를 건져내랴!" 하고 뒤늦게 우리 안에 있는 또 다른 사망의 법의 존재를 깨닫고 한탄할 이유도 없었다. 추수 때가 다가와야만 가라지와 알곡을 구분할 수 있을 정도로 가라지는 알곡과 유사하다. 오히려 더 화려한 모습으로 자신의 정체를 포장하여 인간의 눈을 속인다. 눈으로 쉽게 확인할 수 있고 배격할 수 있는 일이라면, 모이기를 더욱 힘쓰고 매일 먹는 음식처럼 하나님 말씀을 매일 대하고 악의 세력에서 해방되기 위해 쉬지 않고 기도하고 성도가 성도를 세우는 일에 열심을 다할 필요가 없을 것이다.

사탄의 지혜는 인간의 지혜보다 높다. 인간 스스로 감당할 수 있다면 굳이, 먼저 강한 자를 결박해야 그 강한 자의 집에 들어가 그 세간을 늑탈할 수 있다는 언급(마 12:29)도, 힘이나 능력이 아닌 여호와의 힘으로만 가능하다(슥 4:6)는 언급 또한 불필요해진다. 악의 세력은 인간이 알아차릴 수 없는 화려한 미끼로 덫을 놓는다. 돌이나 바위를 뚫고 들어가는 낙숫물이나, 스스로 퍼져 나가는 누룩처럼 한 지체를 무너뜨리고, 또 그 지체가 다른 지체를 무너뜨려 온 몸을 무너지게 하는 힘을 가지고 있다. "영을 다 믿지 말고 오직 영들이 하나님께 속하였나 분별하라."(요일 4:1)라고 경고한 이유도 이 때문이다.

갈라디아서는 "스스로 속이지 말라 하나님은 업신여김을 받지 아니하시나니 사람이 무엇으로 심든지 그대로 거두리라."(갈 6:7)라고 언급하고 있다. 이어서 "육체를 위하여 심는 자는 육체로부터 썩어질 것을 거두고 성령을 위하여 심는 자는 성령으로부터 영생을 거두리라." 말하고 포기하지[피곤치] 않으면 때가 이르매 거둔다고 설명하고 있다 (갈 6:8-9). '씨와 그 열매', '쓴물과 단물'이라는 비유 등도 이 구절의 의미와 근본적으로 그 맥을 같이한다. 이 말씀의 본질적 의미는 사망을 물리치기 위해, 생명으로, 진리로, 빛으로 그리스도의 영으로 활동하시는 그분(성령)의 지배가 왕 노릇하기를 바라시는 말씀들이다.

그러나 이 말씀이 편견적 사고를 부추기는 무기로 변질될 수 있다. 영으로 활동하시는 그분의 다스리심이 왕 노릇하기를 바라는 성경말씀과 대조적으로, "포기하지 아니하면 때가 이르매"라는 말씀을 부각시켜 인간들의 의지인 열심을 자극하는 말씀으로 충분히 변질시킬 수 있기 때문이다. 자기 의를 쌓는 주장을 포기하라는 권면의 말씀이 오히려 무엇이든 열심을 다하고 포기하지 않으면 그 대가가 주어진다는 뜻으로 왜곡될 우려가 있다. 육신의 열매를 바라보도록 하는 육신의 생각을 부채질하는 말로 변질될 수 있다는 말이다. 이 말씀은 세상이 추구하는 육신의 욕망을 배설물로 여기고 성령의 다스리심을 받으라는 말씀이다. 육체는 육체의 열매를, 영은 영의 열매를 맺는 것이 변하지 않는 진리이기 때문이다.

사실 이 구절은 성령의 지배 촉구와 상관없이 열심을 위한 지체들의 동기 부여를 위해 자주 인용되는 성경구절이다. 각 교회들이 그들의 어떤 이상이나 꿈, 목표를 설정하고 그 성취를 위해 열심을 자극하는 무기로 이 구절을 사용하고 있다. 배설물이 되어야 할 세상의 자랑을 미끼로 삼아, 열심을 자극하는 동기부여로 이 구절이 쓰일 수 있다는 것을 경계해야 한다.

달란트 비유는 또 다른 대표적 사례가 된다. 본뜻과 전혀 달리, 이 구절 또한 편견의 목소리를 하나님의 말씀으로 대치시키고 보편화시킬 수 있는 대표적 성경구절이다. "무릇 있는 자는 받아 풍족하게 되고 없는 자는 그 있는 것까지 빼앗기리라."(마 25:29)라는 구절은 언뜻 보기에 열심을 자극하는 내용들로서 결과나 성과, 물질의 소유를 합리화시키는 구절로 인식될 수 있다. 행위에 기초를 둔 이단들은 자신들의 잘못된 교리를 정당화하기 위해 필수적으로 이 본문을 주 무기로 인용하고 있다. 행동을 낳게 하는 동기 부여로써 헌신, 열심, 충성, 희생을 강요할 수 있는 매우 적절한 구절이다. 그런 이유에서 이단들뿐만 아니라 기성 교회들조차 이 구절을 잘못 인용하고 있다. 하지만 클라인(Klein)의 언급처럼 이 같은 잘못된 인용은 순수한 하나님의 음성을 듣기 위해 먼저 선행되어야 할 우리 안의 편견에 대한 싸움을 회피하고 성경을 글자 그대로 대면한 결과에서 비롯된 것이다.

달란트 비유는 인간 이성으로는 이해하기 힘든 몇 가지 의문(Code)점을 지니고 있다. 먼저는 많이 남긴 자를 '착하고 충성된 종'으로, 적게 남긴 자를 '악하고 게으른 종'으로 언급하였다는 점이다. 편견적(육신)인 시각으로 볼 때, 결국 물량적으로 많이 남긴 자만이 선한 자들로 정당화될 수 있고, 적게 남긴 자는 도리어 그 나라 법에 대치되는 '악(Evil)'한 자들로 보여질 수 있다. 그렇다면 결과(외모/물량/성과/공적)에 최대 가치를 둔 세상에 속한 결과주의나 에고이즘과 다를 바가 없다. 결국 외모를 취하지 않으시는 하나님의 속성과 정면으로 대치되며 모순이 되는 비유가 된다. 궁극적으로 속사람의 변화와 관련 없이 겉사람의 행동에 최대 가치를 두는 율법주의와 같아진다.

풀어야 할 또 하나의 의문은 "악하고 게으른 종아"라는 언급에서 살펴볼 수 있다. 종의 게으름에 대한 주인의 책망은 지극히 당연한 결과로 받아들일 수 있다. 하지만 게으르다고 하여 '악(Evil)'하다고 정의하는 것은 논리적으로 이해할 수 없는 또 하나의 수수께끼다. 마지막 구절은 "이 무익한 종을 바깥 어두운 데로 내쫓으라 거기서 슬피 울며 이를 갈리라 하느니라."(마 25:30)이다. 이 말씀은 예수님께서 비유 끝에 자주 사용하셨던 말씀으로 영원한 형벌로써 지옥에 떨어진 자들의 고통을 상징하시는 말씀이다. 만약 게으름으로 인한 물량적 결과로 지옥에 가게 된다면, 이것은 믿음으로 말미암은 구원과 정면으로 대치되는 가치 기준이 된다. 또한 불화와 반목을 사라지게 하고 화평으로 채우는 말씀이 물량적 결과 추구로 인해 도리어 두려움이나 교만을 낳는 원인이 된다. 결국, 결핍을 채우기 위해 육신의 종이 된 인간들이 외적 결과를 이루지 못하면 두려움(Fear)과 좌절, 분노를 느끼고, 성취할 때는 교만(Pride)으로 인한 즐거움과 쾌락에 빠지는 육신(죄와 사망/정글)의 법에서 우리를 해방하는 말씀과 정면으로 대치된다.

어원적 의미를 볼 때 비유(parable)라는 단어는 비교(Comparison) 혹은 유사(Similitude)라는 헬라어에서 나왔다(Encyclopedia Britannica). 'A'와 유사한 'B'를 사례로 들어 'A'를 보다 선명하고 분명하게 설명하기 위해 사용되는 수사학 장르(Genre) 중의 하나가 비유다. '악하고 착한 종'을 비유(B)로 들어 'A'라는 본질을 설명하고자 한다면 막연히 오늘 이곳 우리에게 주어진 말이 아니라 그때 그곳 그 청중들에게 주어진 말로써 'A'를 설명하기 위해 예수께서 이 비유를 사용하셨을 것이다. 그때 그곳에서 말씀의 대상인 'A'의 정체는 과연 누구였을까? 그 정체를 찾아내는 것이 곧 모든 의문을 풀 수 있는 열쇠가 된다. 요아킴 예레미아스(Joachim Jeremias)는 이에 관하여 악한 종을 구체적으로 '율법학자(서기관)'들로 지목하고 있다.[73]

누가복음에서 "화 있을진저 너희 율법교사여 너희가 지식의 열쇠를 가져가서 너희도 들어가지 않고 또 들어가고자 하는 자도 막았느니라 하시니라."(눅 11:52)라고 예수님은 서기관(율법학자)들을 맹렬히 비난하신다. 율법사들(종)에게 주어진 역할은 무엇이었을까? 그것은 말씀을 해석하고 가르치는 일이었다. 성경은 당신 자신을 증거하고 있다고 예수님께서 말씀하신 것처럼 구약은 구세주로 오실 메시아에 대해서, 신약은 오신 메시아에 대해서 기록하고 있다. 그러므로 하나님의 부름을 받은 종, 서기관(율법사)들은 오실 그분에 대한 구약 성경 예언의 메시지를 해석하고 예수 그리스도가 그 메시아임을 전해야 할 의무가 있었다. 율법학자들이 이스라엘 지도자로서 특권을 누릴 수 있었던 것은 천국으로 인도할 수 있는 매우 소중한 지식의 열쇠를 가지고 있었기 때문이다. 그러나 서기관들은 그 천국에 이를 수 있는 지식의 열쇠를 가지고 있으면서도 충성을 다해 감당해야 하는 그들의 임무, 즉 예수 그리스도가 메시아임을 전하지 않았을 뿐만 아니라 도리어 그 메시아의 사역을 방해하였다. 자신은 물론, 다른 사람까지 천국 문에 들어가는 것을 가로막았다면 그 종은 자신의 임무를 소홀히 했을 뿐 아니라 악한 행위보다 더 악한 일을 한 것이나 마찬가지다. 그러므로 마땅히 그들에게는 밖에 나가 이를 가는 지옥의 슬픔(고통)이 주어질 수밖에 없다. 달란트 비유에 나오는 악한 종을 율법학자들과 동일시할 수 있겠으나, 넓은 의미로는 구세주(메시야)이신 예수 그리스도를 거부한 유대인들이 그 악한 종의 비유 대상이 될 수 있다. 주인의 아들마저 죽이는 '악한 종들의 비유(막 12:1-11)'는 이를 잘 대변해 주고 있다.

이스라엘은 선민이라는 특권을 부여받았다. 그것은 자신의 나라뿐만 아니라 자신들을 통하여 만민(All nations)이 구원받을 수 있도록 부여받은 특권이었다. 중요한 임무를 부여받은 청지기로서의 특권이었다. 그러나 도리어 그 특권을 자신들의 육신의 결핍을 채우기 위해 악용하고, 다른 사람들까지 천국 문에 들어가는 것을 가로막았다면 게으르고 악한 종의 모습이 아닐 수 없다. 마땅히 바깥 어두운 데서 이를 가는 결과를 초래할 수밖에 없을 것이다. 그런 의미에서 달란트 비유는 물량적(물질적)으로 결핍을 채우도록 하는 헌신이나 희생을 촉구하는 인간 의지력을 자극하는 것이 아니라, 도리어 주인이 준 임무에 대한 충성을 요구하는 것임을 알 수 있다. 따라서 청지기를 판단하는 기준이, 주신 일에 대한 '충성도'가 될 수밖에 없다. 주신 일에 대한 충성을 묻는 "충성된 종아, 게으른 종아"라는 언급이 비유의 마지막 결론이다(마 25:23).

비록 같은 하나님의 말씀이라 할지라도 성령의 감화를 받을 때는 하나님의 목소리로 들리고, 편견이 배제되지 않은 상태에서는 편견을 합리화하는 육신의 소리로 들릴 수도 있다. 돈은 절대적으로 필요한 도구다. 그러나 돈은 만악의 뿌리가 될 수도 있다. 이처럼 하나님의 음성은 하나님의 음성으로 끝나지 않고, 생명의 말씀도 생명의 말씀으로 끝나지 않는다. 또한 편견의 목소리는 편견의 목소리로 끝나지 않으며, 왜곡은 왜곡으로 그치지 않고 마치 적은 누룩이 온 덩이에 퍼지듯이 온 공동체로 전이(Contagious)된다. 무엇을 위한 씨앗을 뿌렸는지가 이토록 중요한 것이다. 한 알의 밀이 교회 공동체에 얼마나 중요한 역할을 하게 되는지 교훈을 주고 있다.

13. 새 술은 새 부대에
– New Winskins

소그룹(Small groups) 활동은, 하나님이 오늘날 우리에게 주시는 성경적(Biblical) 명령인 동시에 시대 상황적(Situational mandate) 명령이 된다. 소수의 지체만으로는 수많은 지체들을 돌볼 수 없다. 그러므로 지체가 지체를 돌보는 소수의 모임(3-12명) 활동은 몸 된 유기적 교회의 목적을 실현시킬 수 있는 중요한 매체가 아닐 수 없다. 초대교회는 이스라엘 공동체와 달리 소그룹 모임에서 출발하였다. 소그룹 모임은 급변하는 현대 문명의 구조와 이미 도래한, 영으로 예배하는 이 시대에, 복음을 전하는 '새 부대(New wineskins)'로서 그 역할(활동)을 하게 되었다. 그 생명력은 유연성(Flexibility)과 유동성(Mobility)에 있다.

다양한 사회활동이 불가능했던 농경사회에서는 중앙집권 시스템이 사람을 모이게 하는 데 효과적이었다. 그러나 작업이 고도로 분산화되고 전문화된 현대 문명 속에서 하나로 통일시키는 중앙집권(Centralization)적 시스템은 그 효율성이 떨어진다. 예컨대 교인들이 교회 주위에 거주하였던 과거에 비해 지금은 교통수단의 발달로 먼 곳에서 교회에 출석하는 성도가 늘어나게 되었다. 그 결과 모든 성도들이 일시에 모이는 것은 주일 외에는 사회 구조적으로 불가능하게 되었다. 그런데도 과거의 시스템을 그대로 유지하고자 한다면 결국 낡은 부대가 된다. 중앙 집권식과 같은 수요 집회가 약해지는 이유도 이 같은 비효율적인 낡은 부대와 같은 시스템 때문일 것이다. 양적 교회성장을 기준으로 언급하는 것이 아니라 지체를 온전케 할 수 있는 적절한 구조를 말하는 것이다. 세상은 표준화(Standardization)된 시대에서 점점 개별화(Customization)된 시대로 변화되고 있으며, 중앙에서 바깥으로 점점 분산화(Decentralization)되고 있다.

분산화와 맞춤형식 개별화를 충족할 수 있는 소그룹 활동이야말로 지체들을 온전하게 할 수 있는 적절한 새 부대이므로, 시대적, 상황적 명령을 수행하기에 적합하다. 수시로 자유자재로 모일 수 있는 이 구조는 영적 생명을 지탱시킬 수 있는 새 부대(New wine skin)로서 유동성과 유연성을 지닌다. 그런 의미에서 한국 교회가 소그룹 활동에 눈을 떠 가는 것은 매우 고무적인 일이 아닐 수 없다.

인간의 노력으로 하나님의 나라가 성장하는 것이 아니라 오직 머리 되신 그리스도에 의해 그분의 나라가 확장(Spread)되고 완성된다. 가장 효과적인 성장의 길은 사탄보다 지혜롭지 못한 인간의 능력으로써가 아니라, 능히 사탄을 물리칠 수 있는 머리 되신 그리스도에게 순종함으로써 충성을 다하는 것뿐이다. 온전할 수 있도록 성도들을 준비시키는 일이다. 그러나 하나님 말씀조차 역으로 자기의 무기로 활용하는 사탄은 하나님 나라를 세울 수 있는 소중한 도구인 소그룹 활동마저 자신의 무기로 사용하기 위해 사력을 다하고 있다. 하나님 나라의 영원한 안전과 중요성을 믿도록 지체들을 세워야 할 소그룹 활동이 세상 지도자 자신들의 안전과 중요성을 확보하는 도구로 변질되고 있다. 즉 사회적 욕구를 채우기 위한 세상의 동아리(Club)와 같은 사교 모임으로 변질되고 있음을 볼 수 있다. 악과 싸우도록 만들어진 영적인 모임이, 상부상조나 공생공존처럼 중간 지도자들을 세워 자신을 세우는 위계체제를 위한 무기로 사용될 수 있다. 물론 분산화, 개별화되는 시대 속에서 소그룹 활동은 양적 성장을 위한 중요한 수단이 아닐 수 없다. 그러나 소그룹 활동의 궁극적 목적은 결코 양적인 성장이 될 수 없다. '때로는 좋은 것이 좋은 것이다.' 라고 생각할 수 있다. 교회가 성장(양적)하였다면 복음을 위한 모임으로서 성장했다고 판단할 수 있기에 무엇을 어떻게 하든 상관없이 하나님 나라의 성장으로 정당화할 수 있다. 하지만 이런 생각을 품도록 하는 것은 하나님의 지배적 생각이 아니라 결과(물량)를 추구하도록 하는 마귀의 지배적 생각일 따름이다.

예수님은 "먼저 그의 나라와 그의 의를 구하라 그리하면 이 모든 것을 너희에게 더하시리라." 하고 말씀하셨다. 우선순위(Priority)에 대한 언급이다. 처음 단추를 잘못 끼우면 마지막 단추는 낄 구멍이 없게 된다는 괴테의 명언처럼 우선순위는 어떠한 행동에 대한 결과를 결정 짓는 매우 중요한 요건이 된다. "좋은 것은 좋은 것이다.", "큰 것은 무조건 좋은 것이다.", "교회를 배척(Anti-Christ)하는 사람도 많은데, 교회의 성도 수가 늘어나는 양적 성장은 그리스도 공동체에게 유익하므로 그 우선순위는 상관없다."라는 논리를 내세울 수도 있다. 하지만 가이사의 것이 곧 하나님 나라의 것이 되며 육신의 풍성함이 곧 영의 풍성함과 동일하게 여겨질 위험이 있다.

하나님의 나라는 여기저기 있는 것이 아니다. 인간의 생각으로 그분의 나라를 판단하여 여기나 저기가 된다면 그분 나라 또한 있다가 사라지는 허상이 될 뿐이다. 그분 나라가 우선시될 때 양적 성장은 부산물로 온다. 변치 않는 진리는 뿌린 대로 거둔다는 사실이다. 먼저 하나님의 의와 나라를 구하게 될 때, 예수님의 말씀대로 그 모든 것이 더하게 될 것이다. 양적인 물량으로 육신의 배를 채울 수는 있어도 그분의 나라를 세울 수는 없다. 따라서 소그룹 활동뿐만 아니라 예배의식, 찬양, 선교, 전도 프로그램, 기도 등 그 어떤 기능(수단)도 그분 나라를 세우기 위한 도구가 되려면 생명의 성령의 법이 지배하도록 하는 일이 우선되어야만 한다. 그렇지 않으면 몸을 세우기 위한 기능들이 오히려 몸을 파괴하는 매체로 사용될 수 있다.

세상 곳곳에서 혼돈으로 파멸케 하는 무서운 영적 싸움이 시시각각 전개되고 있으므로 먹을 것, 입을 것을 위해 고군분투할 것이 아니라 영적 승리를 위해 항상(Always) 깨어, 쉬지 말고 기도하라고 주님은 말씀을 통해 명령하셨다(엡 6:10-18). 사탄은 보암직하고 탐스러운 물량적 형상을 미끼로 삼고, 복잡한 틈새를 교묘히 노려 말씀을 왜곡하고 있을 뿐만 아니라 예수 그리스도의 이름으로 모이는 모임에까지 침투하여 그 모임을 편견을 따르는 육신의 도구로 만들어 버리고 있다.

루터는 '하나님이 하나님 되게 하라(Let God be God)'고 주장한다. 다른 의미로는 말씀으로 하여금 말씀되게 하라는 언급과 같다. 종들을 위한 말씀이 아니라 하나님의 말씀을 위한 종이 되어야만 한다는 의미이며, 편견의 목소리가 아니라 하나님의 진정한 뜻을 전하는 생명의 말씀이 되도록 하라는 권면이다. 빛이 사라지면 어두움이 도래한다. 진리가 사라질 때 속임수가 난무하게 되고, 생명인 말씀을 떠나면 사망이 왕 노릇하게 된다. 그 암흑의 시대 속에서 루터는 이 말씀을 외쳤다. 말씀 왜곡이 확대되고 모든 교회 기능들조차 흑암을 세우는 도구가 되었을 때였다. 세상의 물량적 기준에 의한 판단이나 인간의 짧은 이성에 의한 판단을 접어 두고, 처음 사모하였던 절대적 가치인 하나님 말씀으로 돌아갈 때 비로소 어두움이 빛으로, 사망이 생명으로 변화(Sanctification)될 수 있다. 어두움의 그늘, 사망의 저주, 일그러진 생각 그리고 영원히 맴돌 수밖에 없는 육신의 수레바퀴에서 죄와 사망을 뚫고(Breakthrough) 빛과 영원한 생명, 화평에 이르러 자유하게 된다. 암흑을 물리칠 수 있는 유일한 길은 오직 말씀(Logos)뿐이었기 때문에 암흑시대 속에서 그는 말씀으로 말씀되게, 하나님으로 하나님 되게 하라는 슬로건을 외쳤다. 그러나 사람들은 그 말씀으로 돌아가지 않고 사람들의 말로 돌아서고 말았다. 사탄의 계교에 넘어갔기 때문이다. 인간들이 기뻐하는 설교가 편견을 따르는 육신을 위한 것이라면 그 역시 사탄의 악한 속임수에 넘어간 결과다. 예수님의 말씀처럼 자기 도성을 세우는 삯꾼에게 노략질을 당한 것이다.

하나님은 성경독자들이 말씀 속에서 하나님의 음성을 듣기 원하신다(시 95:7; 사 28:23; 욥 33:31; 마 22:5). 주 여호와는 중심을 보신다 하셨고 순종이 제사보다 더 낫다고 말씀하셨다(삼상 15:22, 16:7). 예수님 역시 피리를 불어도 너희는 춤추지 않았고 우리가 애도하는 노래를 불러도 너희는 슬피 울지 않았다고 말씀하셨다(마 11:17).

양식이 없어 주림이 아니며 물이 없어 갈함이 아니요 여호와의 말씀을 듣지 못한 기갈이라(암 8:11).

동분서주하지 말고 꼭 필요한 것 그 하나(듣는 일)만 하라고 하셨다. 그렇기 때문에 영원히 빼앗아 갈 수 없는 것을 택한 마리아는 칭찬을 받았다(눅 10:41-42).[74]

세미하고 작은 목소리(Still small voice)에 잠잠히 귀를 기울이는 경청(Attention)의 마음을 요구하시는 말씀들이다. 예수님은 하나님의 자녀 된 우리들이 그분의 진정한(순수한) 목소리에 귀 기울이기를 원하신다. 죽음도 슬픔도 고통도 배고픔도 눈물도 없는 영원한 하나님의 나라, 생명의 풍성함으로의 초대이다.

| 미주 |

1. 사망에서 생명으로

1) Perry Yoder, *From Word to Life*, (Pennsylvania: Herald Press. 1980), 52.

2. 편견

2) William W. Klein, Craig L. Blomberg, and Robert L. Hubbard, *The Introduction to Biblical Interpretation* (Texas Dallas: Word Publishing, 1993), 8.

3) Ibid., 19.

4) Ibid., 16.

5) Ibid., 19.

6) 본서에서는 말씀 왜곡의 원인인 일그러진 편견을 장애물로서 다루고, 본서가 아닌 다른 책을 통해서는 문화적 편견을 다룰 것이다. 일그러진 편견이 성경이 추구하고자 하는, 성경의 본질적 의미를 방해하는 요소라면, 문화적 편견과의 싸움은 그 본질적 의미를 찾는 접근 방법을 방해하는 요소가 된다.

7) Colin Brown, Ed., *The New International Dictionary New Testament Theology* vol.1., (Michigan: Zondervan Publishing House, 1986), 585-587.

8) Richard J. Foster, *Celebration of Discipline* (San Francisco: Harper Collins Publishers, 1988), 5-6.

9) Arnold J. Heinrich, *Freedom from sinful thoughts*, (Pennsylvania, The Bruderhof Foundation Inc., 2002)

10) Brown, V. 2., 674.

11) Ibid., V. 1., 675, Brown은 육신을 셋으로 요약하여 그 의미를 정의하고 있다.

12) Crabb, Larry, *Effective Biblical Counselling* (Michigan: Zondervan Publishing House, 1977), 91-92.

13) Foster, 5.

3. 끌리게 하는 힘

14) Paul Hersey and Kenneth H. Blanchard, sixth edition, *Management of Organizational Behavior* (New Jersey: Prentice Hall, 1993), 20.

15) Ricky W. Griffin, Fifth edition. *Management Edition*, (New Jersey: Houghton Mifflin Company, 1966), 487.

16) Ibid., 487.

17) Crabb, 59-73.

18) Griffin, 475.

19) Griffin, 475.

20) Adapted from Hersey's *Management of Organizational Behavior*.

21) Hersey, 26-27.

22) John W. Santrock, sixth edition, *Life-Span Development*, (Madison, Wi: Brown & Benchmark, 1997), 36.

23) Herbert Lockyer, Sr., *Nelson's Illustrated Bible Dictionary*, (Tennessee: Thomas Nelson Publishers, 1986), 952.

24) Brown vol. 3., 468-473.

25) Arnold J. Heinrich, *Freedom from sinful thoughts*, (Pennsylvania, The Bruderhof Foundation Inc., 2002), plough online, http://www.plough.com/ebooks pdfs/FreedomFrom.pdf; accessed 22 August 2006.

26) C. Peter Wagner, *Your Spiritual Gifts* (CA: Regal Books A Division of Gospel Light. 1979), 137.

27) J. Robert Clinton, *Leaders. Leadership and the Bible*, (CA: Barnabas Publishers, 1993), 16.

28) . V. Philip Lewis, *Transformational Leadership* (Tennessee: Broadman & Holman Publishers, 1996), 7.

4. 영원히 비참한 수레바퀴

29) William H. Shaw, *Moral Issues in Business*, 7th Edition. (CA: Wardsworth Publishing Co 1998), 57.

30) Ibid.

31) Ibid., 58.

32) Hersey, 19-20.

33) Shaw, 54.

34) 에고이스트들은 인간이 이기적으로 창조되었기 때문에 에고충족만이 문제 해결을 위한

최상의 선택이라고 주장한다. 하지만 하나님이 없는 사람들에게나 최상의 방법일 뿐이다. 이기적으로 창조된 것이 아니라 타락으로 인한 결과이므로 타락 이전으로 회복되는 것은 그리스도를 통하여 근본적으로 해결된다.

35) Ibid., 53-54.

36) Ibid., 53.

37) Ibid., 52.

38) Ibid.

39) Foster, 21.

40) Ibid., 6.

41) Arnold, 15.

42) Crabb, 72.

5. 충만의 상실과 회복

43). Ibid., 61.

44) 어린 아이들에게 장난감을 마련해 주고 그들이 노는 모습을 관찰한 결과, 그와 같은 공통된 결론에 이르게 된다. 수업 시간에 방영된 비디오 자료(The class of Adult Development and Learning Assesment at Azusa Pacific University)

45) Ibid., 84.

6. 끝나지 않은 과업

46) Living Bible, 롬 3:22.

47) David Watson, *I Believe in the Church* (Michigan: William B. Eermans Publishing Co., 1978), 114.

48) Arnold, 7.

7. 구원에 이르는 지혜

49) Vine W.E., Unger, Merrill F., and White, William Jr., *Vine's Complete Expository Dictionary* (Nashville, Tennessee: Tomas Nelson Publishers, 1985), 576.

50) Calvin, *Institutes of the Christian Religion* Vol. 1., ed., John T. McNeill (Philadelphia: The Westerminster Press 1960), 35.

8. 온전케 하심

51) Brown, vol. 3., 349.

52) R. Paul Steven,, *Liberating the Laity*, (Illinois: Intervarsity Press, 1985), 33.

53) Ibid., 111.

54) Brown, vol. 3., 349.

55) F. F. Bruce, *Journal Notes from Bruce,* "*idolphin onlines*" http://www.ldolphin.org/bruce.pdf; accessed January, 21, 2004. 14.

56) Santrock., 405-406.

57) 개역개정은 "너희 이기는 것이 어디냐?" 대신에 "너희 승리가 어디 있느냐?"로 번역하였고, 공동번역과 표준번역과 우리말 성경은 "너희 쏘는 것이 어디 있느냐?" 대신에 "너희 독침이 어디 있느냐?"로 번역하고 있다. 의미는 동일하나 표현법이 다른 것을 볼 수 있다.

9. 선한 도구

58) Greg Ogden, *The New Reformation*, (Grand Rapid, Michigan: Zondervan Publishing House, 1990), 110.

59) 김세윤, 제2 수정판, 「예수와 바울」(Seoul Korea: 도서출판 참말, 1993), 292.

60) 라인홀드 리버(Reinhold Niebuhr)는 인격체인 인간의 존엄성(Moral man)을 지닌 그("He")가 동물이나 사물인 그것("It")으로 인식되는 잘못된 사회(Immoral society)를 지적하였다. 외모를 추구하는 물량적 가치관의 지배 현상 때문이다. 그리스도로 말미암은 하나님 형상의 회복은 곧 인간의 존엄성이 가시적 물질적 소유물로 결정되는 가치관에서 인격적 존엄성의 가치관으로 인식이 변화되는 데 있다. 이를 위한 장이 곧 교회다.

10. 하나의 소망, 하나의 목적, 하나의 사역

61) Forster., 6-7.

62) 김세윤, 98.

63) M. Franklin Segler, *Christian Worship* 2nd edition, reversed by Bradley Randall, (Nashville, Tennessee: Boardman & Holman Publisher, 1996), 6.

64) *Vine's Complete Expository Dictionary*, 562.

11. 힘을 부여하는 일

65) Steven, 39.

66) 공동번역은 "모두 온전(성숙)해질 것입니다." 또한 영어 성경들은 연장선상(so that…)에서 기도로 말미암은 죄의 치료(Healed)로 번역하고 있다. 본문의 의미를 올바로 전달하는 번역물들로 사료된다. 치료하는 단어(Heal, iaomai)를 병을 고치는 것으로만 생각할 수 있다. 그런 이유에서 병이 낫도록 서로 죄를 고백하라는 말로 해석하여 결국 모든 병은 죄에서 기인된 것으로 이해하여 죄의 원인을 사탄으로 보고 사탄을 내쫓게 될 때 병이 낫는다고 주장한다. 하지만 이 단어는 문자적인 의미로 병의 치료에만 국한되는 것이 아니다. 이 단어는 어원적으로 볼 때 '죄에서 해방[To free from errors and sins(Brown, vol.2, 166)]'이라는 의미를 또한 지니고 있다.

67) 'Saint John's Syndrome'은 교회가 새롭게 설립된 후 30년을 정점으로 하락하다가 60년이 되면 그 흔적만 남게 된다는 이론이다. 수많은 기성 교회(Main stream churches)들이 부흥하였다가 점점 쇠퇴하는 것을 발견할 수 있다. 그 대표적인 사례가 미국의 장로교회와 감리교회다. 강 건너 불구경이 아니다. 한국 교회 역시 그 신드롬의 제물이 된다면 역사의 수레바퀴를 피할 수 없다. 종교사회학에서는 그 이유를 부흥과 함께 그 몸집이 커지므로 그 몸을 지탱하기 위해 영적인 일(Spiritual matter)을 떠났기 때문이라고 결론짓는다.

68) Howard A. Snyder, *Liberating the Church*, (Illinois: Inter-Varsity Press, 1983), 68-69.

69) Davis W. Johnson and Frank P. Jonson, sixth edition., Joining Together,(Boston, MA: A Viacom Company, 1997), 262-266.

70) 몰몬교나 여호와의 증인 등이 그 대표적인 사례다. 평신도들을 중심으로 한 지도체제다.

71) Johnson and Jonson, 173.

12. 편견에서 자유

72) Stephen Arterburn, *Lose it for Life*, (Nashville, Tennessee: Integrity Publisher, 2004), 2.

73) 요아킴 예레미아스, 제4판 『예수의 비유』 (경북, 칠곡:분도 출판사, 1988), 58.

13. 새 술은 새 부대에

74) 쉬운 성경: "마르다야, 마르다야, 너는 너무 많은 일 때문에 걱정하며 안절부절 못하는구나. 그러나 필요한 일은 오직 한 가지뿐이다. 마리아는 그 좋은 쪽을 선택했으니 빼앗기지 않을 것이다."